Steffen Dobbert
Ulrich Thiele

Nord Stream

Wie Deutschland Putins Krieg bezahlt

Klett-Cotta

Klett-Cotta
www.klett-cotta.de
J.G. Cotta'sche Buchhandlung Nachfolger GmbH
Rotebühlstr. 77, 70178 Stuttgart
Fragen zur Produktsicherheit: produktsicherheit@klett-cotta.de

Cover: Rothfos & Gabler, Hamburg
unter Verwendung einer Abbildung von © Mauritius Images/
Armin Staudt/Alamy/Alamy Stock Photos
Gesetzt von Dörlemann Satz, Lemförde
Gedruckt und gebunden von GGP Media GmbH, Pößneck
ISBN 978-3-608-96627-5
E-Book ISBN 978-3-608-12371-5

Bibliografische Information der Deutschen Nationalbibliothek
Die Deutsche Nationalbibliothek verzeichnet diese Publikation in der
Deutschen Nationalbibliografie; detaillierte bibliografische Daten
sind im Internet über http://dnb.d-nb.de abrufbar.

Inhalt

Vorschau: Der Tag vor der Eskalation 9

I **Ein Volksaufstand und seine Folgen** 11

Gazproms Imperium 13
Ein wirklich nützlicher Idiot 21

II **Neue Revolution, neue Pipeline** 25

Eine Idee in Schwerin 27
IM Rolf Jakob bekommt eine Auszeichnung 34
Wer ist bereit, bis Mitternacht zum Maidan zu gehen? 40
Eklat in Brüssel 45
Karneval und die Himmlische Hundertschaft 52

III **Russlands Krieg und Deutschlands Beitrag** 67

Ein Inoffizieller Mitarbeiter fliegt auf die Krym 69
Niemals trinken, was in Moskau serviert wird 75
Party mit Putin 81
Drei Werften und ein Auftragsmord 96
Flug MH17: »Tschüss Vati!« 104
Soldaten, die sich verlaufen haben 114

Der erste Russlandtag im Hotel der Spione 118
Explosionen im Waffenlager 125

IV Ein Netzwerk gegen Kriegs-Sanktionen 131

Sechs Schüsse auf ein Symbol der Freiheit 133
Bärenjagd im Bundestag 140
Erdgasspeicher zu vergeben 148
Ein Autogramm für Oksana 158
Die Currywurst-Connection trifft sich zum Austernessen 165

V Der Vorposten des Kreml 173

Eine Landesbehörde wird zum Spion Putins 175
Fördermittel für Russlands Kriegswirtschaft 181
Ein Preis für Gazproms Vogelfalle 189
Die »Nordstreamler« recherchieren für die Bundeswehr 198
Manuela Schwesig übernimmt 205
Angela Merkels Teufelsprojekt 212
Biete Hotelübernachtungen, erwarte Umweltprüfung 221

VI Vorbereitungen für den großen Krieg 233

Nowitschok im Parfümfläschchen 235
Die Vertuschung des Schmieröl-Skandals 239
Putin tanzt 248
Im Kanzleramt wird mit Kriegsflüchtlingen gerechnet 255

»Nord Stream 2 killt die Ukraine« 262
Mord im Tiergarten 272
Olaf Scholz will Nord Stream 2 retten 277
Mecklenburg-Vorpommern gegen die Vereinigten Staaten von Amerika 285
Der Merkel-Biden-Pakt 295
Pragmatische Lösungen der Bundesnetzagentur 303
Die Bunkerrunde der Bundesregierung 312

VII Krieg und Sprengung 323

»Die Heuchelei ist zum Kotzen« 325
»Attraktive« Aspekte der Zeitenwende 331
Ein DJ für Deutschlands Gasspeicher 338
Eine Steuererklärung verbrennt im Kamin? 345
Alarmstufe Gas 349
Die mysteriöse Reise der Andromeda 354
Russland-Dinner in der deutschen Botschaft 359

VIII Nachwort: Über einen historischen Fehler 367

Danksagungen 375
Quellen und Anmerkungen 379

Vorschau: Der Tag vor der Eskalation

Montag, 21. Februar 2022

In Schwerin wird in der Poststelle der Staatskanzlei ein roter Brief abgestempelt. Russische Briefmarken kleben auf dem Umschlag. Im Inneren liegt eine handgeschriebene Karte für die Ministerpräsidentin. Der Text endet mit »herzlichen Grüßen aus einem verschneiten Moskau«.

▪ ▪ ▪

In einem Vorort von Brüssel packt Klaus-Dieter Borchardt seine Sporttasche. Als stellvertretender Generaldirektor Energie war er für Nord Stream 2 bei der EU-Kommission zuständig. Der ehemalige Spitzenbeamte nimmt seinen Schläger, macht sich auf den Weg zu einem Tennismatch und ist sich sicher: Ein noch größerer Krieg ist in Europa unvorstellbar.

▪ ▪ ▪

Im russischen Staatsfernsehen wird um 21:40 Uhr Moskauer Zeit unerwartet das Programm geändert. Wladimir Putin erscheint zwischen zwei russischen Flaggen und stellt eine rhetorische Frage: »Eine Überwindung des Kommunismus wollt ihr? Wir zeigen euch, was eine echte Überwindung des Kommunismus für die Ukraine bedeutet.«[1]

▪ ▪ ▪

In Berlin verfolgt Olaf Scholz Putins Rede vor dem Fernseher im Kanzleramt. Er ist allein. Vor wenigen Stunden hat der russische Präsident ihn und Emmanuel Macron angerufen und vorgewarnt.

▪ ▪ ▪

In Kyjiw[2] steht Kira Bondar in ihrer Küche. Die ukrainische Gasmarktexpertin schaut aus dem Fenster in den Himmel ihres Landes. Ihre Kinder schlafen schon. Neun Jahre hat sie vor dem gewarnt, was jetzt geschieht.

I

Ein Volksaufstand und seine Folgen

Gazproms Imperium

Kommunismus und Faschismus sind Geschichte. Der Sieg im Kalten Krieg und der Wunsch der Menschen nach Freiheit werden in Mittel- und Osteuropa zu Demokratie führen. So lautet der Traum vieler westlicher Politiker, während die Geschichte dieses Buches beginnt.

Wladimir Putin ist am Anfang des 21. Jahrhunderts noch kein Diktator. Seine imperialistischen Pläne sind jedoch nicht nur auf den Trümmern Tschetscheniens erkennbar. Nach der Übernahme des Präsidentenamtes errichtet er mit Verbündeten aus gemeinsamen KGB-Zeiten ein System, das ihm und seinen Vertrauten absolute Kontrolle sichern soll.[1] Um die »frühere Macht« Russlands wiederzuerlangen, ist sich Putin sicher, seien »natürliche Ressourcen« der Schlüssel.[2] Sein Gaspipelinesystem, behauptet er, während der deutsche Bundeskanzler Gerhard Schröder ihn 2003 in Jekaterinburg besucht, sei »eine Schöpfung der Sowjetunion«. Die Kontrolle darüber werde der russische Staat behalten. Dass etwa 39 000 Kilometer des sowjetischen Gastransportsystems einem anderen Nachfolgestaat der UdSSR gehören, ignorieren Putin und sein Freund aus Deutschland. Kein Wort über die Ukraine. Dafür kündigt der junge russische Präsident etwas an: Sollte die EU Russlands Kontrolle über das Gasimperium nicht anerkennen, werde sie einsehen müssen, dass »Russlands Hände stärker« seien.[3]

Wer Wladimir Putins Kampf um Vergeltung für den Zerfall der Sowjetunion verstehen möchte, muss Gazprom kennen. Russlands größter und mächtigster Staatskonzern ist das bedeutendste Erdgasunternehmen der Welt. Die Konzernzentrale befindet sich bis 2021 in Moskau, danach vor den Toren St. Petersburgs im höchsten Wolkenkratzer Europas. Etwa eine halbe Million Gazoviki, wie Gazproms Manager genannt werden, arbeiten weltweit für den Energie-Giganten, der nicht nur Gas fördert, liefert und verkauft.

Unter dem Namen Gazprom wird auch Erdöl produziert, werden weltweit Banken, Flug-, Bau-, Versicherungs- sowie Investment-Gesellschaften geführt. In der Erdumlaufbahn kreisen Satelliten von Gazprom Space Systems. Eine Privatarmee mit Panzern und Kampfhubschraubern gehört zum Gazprom-Imperium. Und als Stütze von Putins System der Machtvertikale kontrolliert Gazprom-Media die wichtigsten russischen Zeitungen, Fernseh- und Radiosender.

Symbol für die Abschaffung der Pressefreiheit im Putinismus ist der TV-Sender NTW. Das N steht für Nesawissimoje, unabhängig. Besser formuliert: Bei NTW stand es dafür. Während 80 000 Menschen im ersten, von Boris Jelzin begonnenen, Tschetschenien-Krieg sterben, berichtet NTW kritisch darüber und wird zum beliebtesten TV-Sender Russlands. Nachdem Putin im Kreml übernommen hat und NTW über den zweiten Tschetschenienkrieg ähnlich berichten möchte, stürmen maskierte Männer mit Maschinenpistolen die Geschäftsräume des Senders. Der NTW-Geschäftsführer landet im Gefängnis. Er darf es wieder verlassen, nachdem er die Kontrolle über NTW an Gazprom-Media abgegeben hat.[4]

Gazprom ist kein normaler Konzern. Gazprom ist ein postsowjetisches Hybrid-Gebilde, das aus Wirtschaft, Politik und Geheimdienst besteht. Niemand außer Putin weiß, wo das Unternehmen Gazprom endet und die einflussreichste Waffe des Putinismus beginnt. Mit den Worten eines Chefs einer der unzähligen Gazprom-Tochtergesellschaften: »Gazprom ist eine politische Firma«.[5]

Kyjiw, Sonntag, 21. November 2004

Weil vor der Stichwahl zum ukrainischen Präsidenten Wahllisten gestohlen und Wählergruppen bestochen wurden, versammeln sich trotz eisiger Temperaturen immer mehr Demonstranten auf dem Maidan, dem Unabhängigkeitsplatz in der Hauptstadt der Ukraine. Sie fordern eine Wiederholung der gefälschten Abstimmung.

In orange Schals gehüllt, bauen sie binnen weniger Tage eine Bühne samt Leinwand und eine Zeltstadt auf. Ein Schrei nach Demokratie ertönt in Kyjiw. Er ist so laut, dass er auch in Moskau vernommen wird.

Seit dem Zerfall der Sowjetunion hat der Kreml durch ihm gefügige Präsidenten und Gazprom stets den ukrainischen »Bruderstaat« kontrolliert.[6] Die Ukraine hat sich auch deshalb nicht in eine funktionierende, sondern in eine Schein-Demokratie gewandelt – ähnlich wie Russland und Belarus. Doch nun gewinnt nach Wochen des friedlichen Protests am 26. Dezember 2004 nicht Putins Mann, sondern Wiktor Juschtschenko die Wiederholung der Präsidentschaftswahl. Nun hat die Orange Revolution den Kandidaten ins Präsidentenamt gebracht, der im Wahlkampf einen Giftanschlag überlebt hat und für eine von Moskau unabhängige Ukraine eintritt.

Hannover, Montag, 11. April 2005
Keine fünf Monate später: Zum Auftakt der Hannover Messe ist Wladimir Putin zu Gerhard Schröder gereist. Die beiden Regierungschefs essen gemeinsam Steinbutt, klönen bis ein Uhr nachts und freuen sich, dass eine Idee Wirklichkeit wird.[7]

Obwohl schon drei mehrgliedrige Röhrensysteme russisches Gas in die EU transportieren (durch die Ukraine, Belarus und die Republik Moldau), beschließen Gazprom und die deutschen Unternehmen Eon Ruhrgas sowie BASF (über das Tochter-Unternehmen Wintershall) in Schröders Wohnort eine Grundsatzplanung. Sie wirkt wie eine russische Reaktion auf das Unabhängigkeitsvotum in Kyjiw und wird später den Namen Nord Stream 1 bekommen: eine neue Gaspipeline, die Russland und Deutschland mit zwei Strängen direkt verbinden und auf dem Grund der Ostsee verlaufen soll.

Noch während er lebe, soll die Umgehung der Ukraine fertiggestellt werden, hat der Vorstandsvorsitzende von Gazprom schon vor der Wahlwiederholung in der Ukraine gesagt.[8] Danach geht alles sehr schnell. Schröder und Putin wollen den Deal, weshalb sich Gazprom und die deutschen Energie-Unternehmen schnell einigen. Das Milliarden-Projekt wird mit der von Gazprom in der Schweiz gegründeten Nord Stream AG umgesetzt. Und fast zeitgleich kündigt der Konzern an, den eigentlich bis 2009 gültigen Liefervertrag mit der Ukraine[9] einseitig zu ändern. Statt weiter russisches Erdgas zum Fixpreis von 50 Dollar je 1000 Kubikmeter zu erhalten, soll die Ukraine im kommenden Winter 230 Dollar zahlen – mehr als das Vierfache.[10] Putins Reaktion auf den ukrainischen Wunsch nach Unabhängigkeit ist eindeutig. Am **Sonntag, dem 1. Januar 2006** führen in der

Moskauer Dispatching-Zentrale Gazproms Mitarbeiter einen Befehl von ganz oben aus. Die Gaslieferungen an die Ukraine werden gedrosselt.[11] Der Energie-Krieg der beiden ehemaligen Sowjetrepubliken hat begonnen.

Geheimdienstarbeit sei Informations-Beschaffungsarbeit, Agenten müssten Informationen nicht nur sammeln, sondern zu etwas Neuem zusammenführen. Das hat der ehemalige KGB-Offizier und FSB-Chef Putin kurz nach seiner Machtübernahme als Präsident verraten.[12] Im Kampf gegen die Ukraine nutzt der Kreml nun diese Methode. Gegenüber der deutschen Öffentlichkeit rechtfertigt Gazprom die neue Pipeline mit einem neuen Gasfeld nördlich des Polarkreises. Die Vorkommen im arktischen Stockmann-Feld, angeblich das größte Gasfeld der Erde, werden auf 3,7 Billionen Kubikmeter geschätzt. Putin spricht von Reserven, die für die nächsten fünfzig bis siebzig Jahre reichen und »eine absolut stabile Lage in Europas Wirtschaft und Energiepolitik herstellen würden, besonders in Deutschland«.[13] Die Realität wird anders aussehen: Beide Stränge von Nord Stream 1 werden bis 2012 gebaut, doch das Stockmann-Feld ist bis heute nicht erschlossen.

Für eine andere »Zusammenführung« von Informationen nutzt der Kreml einen Gehilfen in Deutschland. »Gigant Gazprom« lautet der Titel einer erfolgreichen TV-Dokumentation des Filmemachers Hubert Seipel, die durch den öffentlich-rechtlichen TV-Sender ARD an Millionen Zuschauer ausgestrahlt wird. Zwischen markigen Worten von Wladimir Putin, Gerhard Schröder und dem ehemaligen Stasi-Agenten Matthias Warnig lässt Seipel darin Gazproms stellvertretenden Vorstandsvorsitzenden Alexander Medwedew ausführlich zu Wort kommen. Die Ukraine habe

»angefangen, unser Gas aus der Pipeline zu klauen«, behauptet Medwedew vor der Kamera, ohne dass Seipel diese Aussage hinterfragt. Keine Stimme aus der Ukraine kommt in seinem Film zu Wort. Die vertragswidrigen Preiserhöhungen durch Gazprom werden nicht erwähnt. Im deutschen Fernsehen wird Kyjiw vor einem Millionenpublikum zum Schuldigen des Gasstreits erklärt. Nord Stream 1 erscheint dadurch als eine logische Konsequenz, um das angebliche Problem einer angeblich stehlenden Ukraine zu umkurven. Für Seipel, der Putin mehrfach trifft, lohnt sich der Gazprom-PR-Film doppelt. Er wird neben seinen Honoraren von deutschen TV-Sendern über eine Briefkastenfirma mehr als 600 000 Euro von einem Putin-nahen Oligarchen aus Russland kassieren.[14]

Nord Stream 1 wird so der perfekte Vorgänger für Nord Stream 2. Und in Gerhard Schröder hat Wladimir Putin den perfekten »nützlichen Idioten« für beide Projekte gefunden.[15]

Schröder genießt es, als Putins Vertreter in Berlin die Ausstellung »MACHT, PRACHT, HERRLICHKEIT« eröffnen. Sie ehrt Zar Alexander den Zweiten, der mit dem deutschen Kaiser verwandt war und im 19. Jahrhundert die Verbreitung von ukrainischen Schriften verbot. Schröder lädt Putin ein, im deutschen Parlament zu reden. Schröder lächelt, als Putin mit ihm in Dresden, der Stadt, in der Putin für den KGB gearbeitet hat, die Galerie »Alte Meister« besichtigt. Schröder initiiert mit Putin das »Russlandjahr in Deutschland«, und er freut sich, dass er mit Putin in die Sauna gehen darf. Schröder gefällt es, als Putin ihn zu seinem sechzigsten Geburtstag in Hannover beehrt – zusammen mit einem vierzigköpfigen Kosakenchor. Schröder ist zufrieden, als Putin hilft, damit er und seine vierte Frau ein Mädchen und einen Jungen aus St. Petersburg adoptieren können. Und Schröder antwortet eindeutig, als er im deutschen Fernsehen gefragt wird, ob Putin ein »lupenreiner Demokrat« sei. Er sei davon »überzeugt«, sagt der deutsche Bundeskanzler.[16]

Berlin, Donnerstag, 8. September 2005

Zehn Tage vor seiner Abwahl veröffentlicht Gerhard Schröder einen Zeitungsartikel über Nord Stream 1 im *Handelsblatt.* Heute seien Deutsche und Russen »einander so eng verbunden wie nie zuvor«, schreibt er und schlussfolgert anlässlich der geplanten Pipeline, dass »die deutsch-russischen Beziehungen weit über den Bereich der Wirtschaft« hinaus gehen.

Nachdem der Artikel erschienen ist, trifft sich der Noch-Bundeskanzler am Rand des Berliner Tiergartens in einem Hotel mit Wladimir Putin. Eigentlich war dieser Termin erst für Oktober 2005 in Moskau geplant. Nach der Vorverlegung erscheint es so, als ob Putin und Schröder ihren Gas-Deal noch vor der Bundestagswahl besiegeln wollen. Beide sind bei der Unterzeichnung des Vertrags dabei. Teil der Abmachung ist eine deutsche Staatsbürgschaft für einen Gazprom-Kredit. Sollte das Projekt scheitern, müsste Deutschland mit maximal 900 Millionen Euro plus Kreditzinsen haften – eine der höchsten Staatsbürgschaften in der Geschichte der Bundesrepublik.[17]

Es sei »ein historischer Tag«, sagt Schröder direkt nach der Unterzeichnung durch die Unternehmensvertreter. »Ich nehme für mich in Anspruch, dass ich in langen Gesprächen mit dem Herrn Präsidenten für ein Umfeld gesorgt habe, das diese Form der Zusammenarbeit ermöglicht hat«, so Schröder mit Stolz in seiner Stimme. Putin erwidert, er könne nur sagen, »dass wir ungeachtet der innenpolitischen Situation in Deutschland und ungeachtet dessen, ob er seine Position behalten wird oder nicht, mit dem Herrn Bundeskanzler weiterhin sehr gute Beziehungen unterhalten werden«.[18]

Wenige Wochen nach der Bundestagswahl, 15 Tage nach Rückgabe seines Parlamentsmandats wird Schröders Gazpromisierung offiziell: Er übernimmt den Aufsichtsratsvorsitz der Nord Stream AG. Wegen der »europäischen Bedeutung des Projekts«, wie er sagt.[19] Vielleicht auch wegen der 250 000 Euro Jahresgage, die er neben seinen Bezügen vom deutschen Staat nun offiziell von den Russen bekommt. Ein Kommentar in einer polnischen Zeitung deutet den Vorgang als »größte Korruptionsaffäre in Europa«[20].

Ein wirklich nützlicher Idiot

Im Herbst 2005 ist Gerhard Schröder nicht mehr Bundeskanzler. Seine Partei hat gegen Angela Merkels CDU knapp verloren. Die Verträge für Nord Stream 1 sind jedoch unterschrieben. Und Wladimir Putin braucht seinen Sauna-Freund nun vor allem wegen dessen internationaler Kontakte als Ex-Kanzler und Ex-SPD-Vorsitzender. Im **Mai 2007** greift Schröder deshalb zum Telefon und klingelt bei seinem alten Bekannten Göran Persson in Schweden an.

Um Nord Stream 1 zu bauen, ist Gazprom neben Deutschland auf Schweden, Finnland und Dänemark angewiesen. Laut internationalem Recht dürfen Leitungen nur dann auf dem Meeresgrund der zweihundert Seemeilen umfassenden ausschließlichen Wirtschaftszone (AWZ) eines Landes verlegt werden, wenn die Umweltgesetze des Landes eingehalten werden. Wenn die Pipeline die ausschließlichen Wirtschaftszonen der russlandkritischen baltischen Staaten und Polens umgehen soll, müssen die skandinavischen Länder also vom Projekt überzeugt werden.

Göran Persson, der alte Bekannte des Bundeskanzlers, führte die Sozialdemokratische Arbeiterpartei Schwedens elf Jahre lang, zehn Jahre war er Ministerpräsident. Und eigentlich ist Persson ein Kritiker von Nord Stream 1. Im Sommer vor Schröders Anruf hat er im schwedischen Nachrichtenmagazin *Veckans Affärer* gedroht, die Pipeline zu verhindern: In einer Zeit, in der der Klimawandel ein immer größeres Problem werde, biete Erdgas keine Alternative zu Erdöl, hat er gesagt und gedroht: »Wer glaubt, man könne einfach eine Leitung durch die Ostsee legen, liegt falsch. So etwas geschieht nicht, ohne dass es von schwedischer Seite aus gründlich untersucht wird, und wir könnten gut die Bremse ziehen und Stopp sagen.«

Nach ihrem Telefonat sind Schröder und Persson zum Mittagessen verabredet. Und einen Tag nach dem Lunch lässt der Schwede verkünden, er habe eine neue Aufgabe bei der PR-Firma JKL. Großkunde von JKL ist Eon Ruhrgas, einer der Anteilseigner von Nord Stream. Der neue Teilzeit-Job verschafft Persson neben seinen Bezügen vom schwedischen Staat knapp 200 000 Euro.[21] Kritik an Nord Stream 1, wie zuvor in *Veckans Affärer* zu lesen, wird er danach nicht mehr äußern.

Auf der schwedischen Insel Gotland, die von Nord Stream 1 umrundet werden soll, gibt es ebenfalls Kritiker des Bauvorhabens. Professor Kjell Larsson von der Insel-Universität befürchtet Konsequenzen für die ohnehin sauerstoffarme Meeresumwelt. Umweltgifte, die durch die Verlegearbeiten freigesetzt werden, könnten die Winterquartiere der langschwänzigen Eis-Enten stören, schreibt er in einer Stellungnahme. Nachdem die Nord Stream AG anbietet, 870 000 Euro für die Erforschung der Enten zu spenden, und klar ist, dass Larsson für die Universität die Studie leiten soll, sind die Winterquartiere der Langschwanzenten für den Professor offenbar kein Problem mehr.

Ähnlich läuft es mit zunächst skeptisch eingestellten Lokalpolitikern der Insel. Nachdem die Nord Stream AG 9,7 Millionen Euro für Renovierung, Ausbau und Miete des

Hafens auf Gotland versprochen hat und dem Museum auf Gotland mit 345 000 Euro für archäologische Untersuchungen hilft, verstummen die Gegner des Projekts.[22]

Um Finnlands Go zu erreichen, ruft Schröder ebenfalls einen alten Bekannten an. Im Juli 2008 klingelt er bei Paavo Lipponen. Der ehemalige Ministerpräsident ist Mitglied der finnischen sozialdemokratischen Partei. Als Regierungschef des skandinavischen EU-Landes war er zu ähnlicher Zeit wie Schröder an der Macht. Dazu hat Lipponen eine interessante Vergangenheit. Laut eines finnischen Enthüllungsbuchs[23] soll er ab 1969 unter dem Codenamen Mungo XV/326/71 mit dem Ministerium für Staatssicherheit der DDR kooperiert haben. Möglich, dass der Finne damals Matthias Warnig oder Wladimir Putin kennengelernt hat. Warnig, mittlerweile Geschäftsführer der Nord Stream AG, war vor 1989 »Offizier im besonderen Einsatz« der Stasi und hat als Industriespion im Ausland gearbeitet. Nach Schröders Anruf kommt Lipponen jedenfalls gerne nach Berlin und trifft sich mit Warnig und dem ehemaligen Kanzler. Danach unterschreibt Lipponen einen lukrativen Beratervertrag mit der Nord Stream AG.

Auch in Dänemark legen Schröder und Warnig sich ins Zeug. Die Dänen, die noch nie Erdgas aus Russland bezogen haben, bekommen einen Liefervertrag für zwanzig Jahre angeboten. Bedingung: Dänemarks Zustimmung zur Umweltverträglichkeit der Pipeline. Der Energiekonzern Dong Energy (ab 2017 Ørsted), der mehrheitlich dem dänischen Staat gehört, wickelt den Deal ab. Die Verhandlungen übernimmt der sozialdemokratische ehemalige stellvertretende Staatssekretär des Finanzministers. Nach seinem Job bei Dong Energy wechselt Kurt Bligaard Pedersen in hochdotierte Posten von Gazprom-Firmen.

Nord Stream 1 wird so zu einem Erfolg Wladimir Putins. Durch die auf dem Meeresboden verlegten beiden Pipelinestränge kassiert Gazprom Jahr für Jahr Milliarden-Beträge aus Deutschland.

Kann der russische Präsident diese Art der Energieaußenpolitik mit Nord Stream 2 erweitern? Und wie könnte Gazprom dabei mit dem Nordosten der Bundesrepublik, wo die Gasleitungen das Festland der EU erreichen, zusammenarbeiten?

II

Neue Revolution, neue Pipeline

Eine Idee in Schwerin

Schwerin, Donnerstag, 7. Februar 2013

Die Temperaturen liegen mal über, mal unter dem Gefrierpunkt, ab und zu ein Niederschlag, der sich nicht entscheiden kann, ob er Schnee oder Regen sein will. Erwin Sellering sitzt in seinem Büro in der Staatskanzlei.

Schwerin ist die kleinste Landeshauptstadt Deutschlands. Politiker in Mecklenburg-Vorpommern kokettieren gerne damit, um hervorzuheben, dass Schwerin dafür den schönsten Parlamentssitz habe: Rechts von der Staatskanzlei steht nur einen Steinwurf entfernt das Schweriner Schloss auf einer Insel im Schweriner See. Seit 1990 ist der historische Prachtbau mit seinen 15 Türmen Sitz des Landtags. Und links von Sellerings Amtssitz beginnt schon die Schweriner Altstadt mit dem Kaffeehaus Röntgen, dem Weinhaus Wöhler und dem St.-Marien-Dom.

Sellerings Stimmung dürfte heiter sein. Bei der Einweihung des ersten Bauabschnitts von Nord Stream 1 hat er 15 Monate zuvor lächelnd neben dem russischen Präsidenten gestanden. In seinen Behörden wird bereits an der Genehmigung für die Verdopplung der beiden bestehenden Pipelines gearbeitet. Und heute will sich eine Institution persönlich vorstellen, die über die russische Botschaft mit dem Kreml verbunden ist. Das Ostinstitut, wie es sich selbst nennt, ist ein gemeinnütziger Verein aus Wismar. Es hat sich den deutsch-russischen Beziehungen verpflichtet und ist an die Hochschule Wismar angegliedert, wo es publiziert, Wirtschaftsjuristen für den russischen Markt ausbildet und Veranstaltungen organisiert. Zu den Mitgründern des Vereins gehört der russische Vizebotschafter.[1] Vergangenes Jahr hat Sellerings Landesregierung das Ostinstitut mit einem Forschungsfonds in Höhe von 180 000 Euro ausgestattet.

In einem Brief, der Sellering Ende Januar erreicht hat, schlägt das Ostinstitut eine harmlos klingende Veranstaltung vor: einen »Russlandtag«. Unternehmen aus Mecklenburg-Vorpommern und Russland sollen in Nordostdeutschland zusammenkommen und Beziehungen aufbauen. Eine Art Forum soll entstehen, ein Netzwerk, das auch für andere Pläne nützlich sein kann.

Sellering, der nicht aus Mecklenburg-Vorpommern stammt, gefällt die Idee. 1949 im nordrhein-westfälischen Sprockhövel geboren, studiert er nach dem Abitur Rechtswissenschaften in Heidelberg, Bochum und Münster. Vier Jahre nach der Friedlichen Revolution zieht er mit seiner damaligen Frau und den beiden Töchtern in den Nordosten, wo er als Richter und Vizepräsident am Verwaltungsgericht Greifswald arbeitet. Im selben Jahr wird er SPD-Mitglied. Politik, so schildert Sellering es einmal, sei für ihn eine Möglichkeit, im neuen Umfeld anzukommen.

Der hauptberufliche Wechsel von der Judikative in die Exekutive folgt im Jahr 1998. Sellering wechselt von Greifswald nach Schwerin. Zwei Jahre später wird er Justizminister, 2006 Sozialminister. 2008 folgt der Höhepunkt: Der Mann aus Sprockhövel wird Ministerpräsident und tritt an der Ostseeküste ein bedeutendes Erbe an. Sein Vorgänger gilt als Landesvater, wie er im Buche steht. In Mecklenburg-

Vorpommern geboren, ist Harald Ringstorff in der Region und in der SPD verwurzelt. Bei den Bürgerinnen und Bürgern ist er beliebter als der Neue von der SPD, der nicht durch eine gewonnene Wahl, sondern durch Ringstorffs Rücktritt ins höchste Landesamt gekommen ist.

Sellering macht seinen »Herkunftsmangel« mit einer betont ostdeutschen Identitätspolitik wett. Er weist die Kategorisierung der DDR als »Unrechtsstaat« zurück, weil sie, so Sellering, die Lebensleistungen aller in der DDR Geborenen abwerte. Und er prägt eine Russland- und Kremlaffinität, mit der er um Stimmen von Wählern buhlt, die in Zeiten der deutsch-sowjetischen Freundschaft aufgewachsen sind.[2]

Die Vertreter des Ostinstituts betreten die Staatskanzlei in der Schloßstraße, gehen die Treppe hoch und dann nach links, wo sich das Büro des Ministerpräsidenten befindet. Andreas Steininger, Mitgründer und geschäftsführendes Vorstandsmitglied des Vereins sowie Professor für Wirtschaftsrecht an der Hochschule Wismar, schüttelt Sellerings Hand. An seiner Seite: Wolfgang Clement, Mitgründer und Präsident des Ostinstituts, Ex-Ministerpräsident Nordrhein-Westfalens sowie ehemaliger Wirtschafts- und Arbeitsminister unter Gerhard Schröder. Als Schröder und Putin Nord Stream 1 ermöglicht haben, hat Clement 2005 die Bürgschaft der Bundesregierung für einen Gazprom-Kredit unterzeichnet. Seit 2006 sitzt er im Aufsichtsrat des deutschen Energiekonzerns RWE, der seit 2011 mit Gazprom kooperiert.

Die Stimmung im Büro des Ministerpräsidenten ist gut. Die Gruppe sitzt an einem runden Tisch, alle trinken Kaffee. Sellering scherzt und versteht sich gut mit Clement. Beide teilen ihre Herkunft aus Nordrhein-Westfalen und die russlandpolitischen Interessen. Das Ostinstitut möchte eine weitere Professur für osteuropäisches Wirtschaftsrecht an der Hochschule Wismar – Sellering sagt als Ministerpräsident »Unterstützung« des Landes zu. Für den Russlandtag, an dem die russische Botschaft bereits Interesse signalisiert hat, geht Sellering noch weiter und verspricht »organisatorische und ideelle Unterstützung«.[3]

Kyjiw, Dienstag, 12. Februar 2013

An die Werbung von Blumenläden hat sich Kira Bondar[4] gewöhnt, der Valentinstag kündigt sich jedes Jahr ähnlich an. Neu ist, dass an ihrem Geburtstag die Familie zu viert ist. Die hochgewachsene Frau mit den schulterlangen Haaren geht mit den Kindern und ihrem Ehemann oft durch Kyjiws Parks und an den Ufern des breiten Dnipro-Flusses spazieren. Dabei redet sie über die Zukunft ihrer Familie und die ihres Landes.

Am Tag nach ihrem Geburtstag teilt die Ökonomin mit ihrem Handy unter Freunden ein Foto von der »schlimmsten Straße der Ukraine«. Auf der südwestlich von Kyjiw verlaufenden Autobahn reiht sich ein Schlagloch ans andere. Die Behörden sagen, das Wetter im Winter sei der Grund dafür. Bondar und ihre Freunde glauben, dass wegen der Korruption im Land Steuergelder verschwinden, mit denen Schlaglöcher repariert werden könnten.

Stralsund, Dienstag, 2. April 2013

Im nördlichsten Bergamt Deutschlands, in der Hansestadt Stralsund, kommt eine umfangreiche Sendung der Nord Stream AG an. »Antrag auf Genehmigungen für Errichtung und Betrieb von bis zu zwei Erdgasleitungen« steht im Betreff. Angehängt ist ein Projektinformations-Dokument, eine PR-Broschüre, die der Landesbehörde Mecklenburg-Vorpommerns erklärt, warum und wie Nord Stream 2 bis 2019 gebaut werden soll. Die beiden neuen Stränge werden demnach ähnliche Eigenschaften haben wie die schon in Betrieb genommenen Stahlrohre von Nord Stream 1. Länge pro Leitungsstrang: 1250 Kilometer, Durchmesser: 1,153 Meter. Durch jede Leitung sollen jährlich 27,5 Milliarden Kubikmeter Erdgas fließen. Die Kapazität der Nord-Stream-1-Pipelines von 55 Milliarden Jahreskubikmetern Erdgas soll so verdoppelt werden.

Bei einem Preis, wie ihn die EU im Durchschnitt 2006 gezahlt hat (240 Dollar je 1000 m^3),[5] wären das für alle vier Nord-Stream-Stränge zusammen etwa 26,4 Milliarden Dollar jedes Jahr, eine Summe, die knapp 9 Prozent des Haushaltes der Bundesrepublik Deutschland im laufenden Jahr 2013 entspricht.[6]

Im Projektinformations-Dokument, das eine Grundlage für das Genehmigungsverfahren bilden wird, heißt es, die Bauarbeiten in der Ostsee seien »ohne signifikantes Risiko durchführbar«, auch in der »Nähe von Gebieten, in denen Ankern wegen des Vorhandenseins chemischer Kampfstoffe nicht empfohlen ist«. Generell sei das Risiko bei Arbeiten am Meeresboden »unbedeutend«. Die vierzigtausend Tonnen chemische Waffen und hunderttausend Minen, die aus Zeiten des Zweiten Weltkrieges am Grund der Ostsee liegen, werden nicht problematisiert. Das »preisgekrönte Logistikkonzept (Deutscher Logistik-Preis 2010)« werde es ermöglichen, »rund 200 000 betonummantelte Stahlrohre mit einem Gewicht von je 24 Tonnen« in »höchst effizienter und umweltfreundlicher Weise« zu verlegen. Ohnehin, argumentiert Gazprom, sei der Bau von Pipelines unter dem Meer sicherer und besser als an Land, wo das Gastransportsystem der Ukraine »technische und nicht technische Risiken aufgrund wirtschaftlicher und anderer Konflikte« berge. Langfristig sei die ukrainische »Bauart veraltet« und »untauglich«, heißt es im Dokument. Nord Stream 2 dagegen stelle »mit hochmoderner Technologie eine technisch solide Lösung für jahrzehntelange russische Gaslieferungen an die EU dar«. Verschwiegen wird eine Statistik, wonach das ukrainische Gasleitungssystem in zwanzig Jahren Nutzung eine Störfall-Quote von 0,06 Ereignissen pro tausend Kilometer hatte, das russische Gasleitungssystem in derselben Zeitspanne jedoch fast vier Mal so viele.[7] Dafür wird im Dokument behauptet, Nord Stream 2 werde »frei von nicht technischen Risiken« und frei »von Beeinträchtigungen durch Dritte« sein. Nutzungsdauer: »mindestens fünfzig Jahre«.

Schwerin, Freitag, 5. April 2013

Wieder kommt Andreas Steininger in die Staatskanzlei nach Schwerin, heute ohne den Vereinspräsidenten seines Ostinstituts. Die organisatorischen Feinheiten überlässt Wolfgang Clement Steininger, der diesmal mit Andrea H. einen Konferenzraum mit Blick auf den Schweriner See betritt. Andrea H. ist »Leiterin internationale Angelegenheiten« in der Staatskanzlei. Sie soll mit Steininger und der Industrie- und Handelskammer (IHK) Rostock die nächsten Schritte für den Russlandtag klären. Normalerweise sind solche Besprechungen mit Beamten zäh. Mit Andrea H. ist das anders. Sie wirkt bei der Organisation, die sie offenbar als sinnstiftend empfindet, enthusiastisch.

Steininger, der in den 1990er und 2000er Jahren in Russland gelebt und über russisches Recht promoviert hat, will mit dem Russlandtag das aus seiner Sicht negative Russlandbild korrigieren. Er meint, der Westen übergehe russische Interessen.[8]

Gazprom kommen Steiningers Überzeugungen gelegen. Bereits im November 2007, zwei Jahre vor der offiziellen Gründung des Ostinstituts, haben sich Gazoviki mit der Landesregierung in Schwerin getroffen. Gazprom wolle sich langfristig »als Partner in MV einbringen«, haben Beamte des Wirtschaftsministeriums in einem Vorbereitungspapier für das Treffen damals geschrieben. Gemeint sei »mehr als ›nur‹ Kultursponsoring«, so die Beamten. »Denkbar wäre z.B., dass Gazprom wissenschaftliche und wirtschaftliche Beziehungen MV – RU unterstützt.« Für das Ostinstitut wird Gazprom später der bedeutendste Spender.

Die Besprechung in der Staatskanzlei läuft reibungslos. Die Aufteilung für die kommenden Monate ist schnell klar: Das Ostinstitut kümmert sich ums Inhaltliche, die Staatskanzlei ums Organisatorische. Erwin Sellering persönlich will sich bemühen, hochrangige und russlandfreundliche Politiker als Referenten zu gewinnen. Seine Staatskanzlei soll sich um Sponsoren kümmern. Und die Industrie- und Handelskammer (IHK) Rostock soll Wirtschaftsvertreter für den Russlandtag einladen. Dass die IHK bis vor Kurzem einen ehemaligen Stasi-IM als Hauptgeschäftsführer hatte, stört die Planung nicht.[9]

IM Rolf Jakob bekommt eine Auszeichnung

Göhren-Lebbin, Mittwoch, 22. Mai 2013

Die Landesbeauftragte für die Stasi-Unterlagen hat kritisiert, dass mehrere Führungspersönlichkeiten der Industrie- und Handelskammern im Land hochrangige SED-Funktionäre waren. »Die alten Netzwerke sind noch aktiv«, hat sie anlässlich der Verabschiedung der Hauptgeschäftsführerin der IHK Neubrandenburg, Petra Hintze, gesagt. Bevor Hintze 1990 bei der IHK anfing, war sie in der SED-Bezirksleitung und Vize-Vorsitzende des Rates für Handel gewesen. Erwin Sellering hat Hintze dennoch gelobt: Sie sei »zur richtigen Zeit am richtigen Ort« gewesen – »nämlich dort, wo [...] ihre Stärken genau zu ihren Aufgaben passten«.[10] Als Hauptgeschäftsführerin der IHK hat Hintze wiederum öffentlich von Nord Stream 1 geschwärmt (»Wichtig ist der Imagegewinn«).[11]

Seit Sellering auch noch behauptet hat, es sei verfehlt, »die DDR als totalen Unrechtsstaat zu verdammen«,[12] sind die Opfer der SED-Diktatur auf ihn nicht gut zu sprechen. Noch unbeliebter hat er sich bei ihnen gemacht, als er nicht zur Gedenkfeier des fünfzigsten Jahrestags des Mauerbaus in der ehemaligen Grenzstadt Zarrentin erschienen ist. Der Ministerpräsident war lieber auf einen Segeltörn nach Rostock gefahren.[13]

Den heutigen Termin in der Mecklenburgischen Seenplatte hat Sellering seinem Wirtschaftsminister überlassen. Die Landesregierung und die Industrie- und Handelskammern verleihen einmal im Jahr die Unternehmerpreise MV. Geehrt werden Chefinnen und Chefs, die sich um die Region verdient gemacht haben. Der goldschimmernde Sonderpreis fürs Lebenswerk geht an Dietmar Enderlein, einen ehemaligen hochrangigen Stasi-Mitarbeiter.

Der im Jahr 1943 geborene Enderlein hat unter dem Decknamen »Rolf Jakob« seine Institutsmitarbeiter bespitzelt, ihre Forschungsarbeiten und ihre Post durchsucht. Der Professor für Medizin und Kommandant der Militärmedizinischen Sektion in Greifswald berichtete auch über Offiziersschüler an der Militärakademie Leningrad, bei denen »Mängel in der Berufsmotivation« erkennbar waren. IM »Rolf Jakob« war im Gegensatz dazu laut seiner Stasi-Akte »sehr ehrgeizig« und spionierte zur vollsten Zufriedenheit seiner Auftraggeber. Seine Systemtreue ging mit Annehmlichkeiten wie Auslandsreisen einher, etwa im Rahmen einer Delegation der DDR-Armee nach Finnland im Jahr 1988. Seine Freizeit verbrachte Enderlein gerne in seiner Datsche bei Greifswald oder auf seinem Boot. Da mehrere Offiziere ihre Bungalows ganz in der Nähe hatten, ergaben sich für ihn »Möglichkeiten der Lösung von Aufgaben im Freizeitbereich«. Im Juni 1989 war Enderlein einer der drei ranghöchsten Sanitätsoffiziere der DDR[14] und wurde wegen seiner besonderen Staatstreue »IM im besonderen Einsatz«,[15] eine Qualifikation, die nur jene Spione erreichten, die spezielle Kenntnisse oder besondere Positionen innehatten.

Nach der Wiedervereinigung startete Enderlein eine zweite Karriere. Im Sommer 1990 unterschrieb er einen günstigen Pachtvertrag über den Komplex der Militärmedizinischen Sektion und gründete mit ehemaligen Kameraden die Medigreif-Unternehmensgruppe.[16] Medigreif betreibt Reha-Kliniken, Sozialunternehmen und hat sich mit Fördergeldern des Landes zu einer Institution in Mecklenburg-Vorpommern entwickelt.

Nach der Preisvergabe an den ehemaligen IM »Rolf Jakob« spricht der Vorsitzende der DDR-Opfer-Hilfe von einem »Schlag ins Gesicht« für ehemals politisch Verfolgte. Enderlein habe sich nicht um demokratische Grundwerte verdient gemacht.[17] Enderlein reagiert selbstbewusst. »Es gibt Lokomotiven, die fahren immer vorne an, egal in welche Richtung der Zug fährt«, sagt er.[18]

Und was sagt der Ministerpräsident? Sellering hält sich mit öffentlichen Äußerungen zurück. Vielleicht ahnt er, dass er mit dem Geehrten und dessen Familie noch zusammenarbeiten wird. Vor zwei Monaten, als er Enderlein auf dessen Party zum Geburtstag gratuliert hat, machte er jedenfalls deutlich, was er über dessen Vergangenheit denkt. »Vor Enderleins Lebensleistung muss man einfach den Hut ziehen«.[19]

Stralsund, Mittwoch, 26. Juni 2013

»Hören Sie mich? Gut, dann heiße ich Sie herzlich willkommen zur Antragskonferenz für das Verfahren Nord Stream Extension«, sagt die Mitarbeiterin des Bundesamts für Seeschifffahrt und Hydrographie. Moment mal, irgendetwas stimmt nicht. »Sie hören nichts?«, wiederholt sie die Beschwerden aus dem Publikum. »Wir haben hier ein technisches Problem, die Polen hören, glaube ich, nichts.«

Die Nord Stream AG und die beiden deutschen Genehmigungsbehörden für die neue Pipeline (das Bergamt Stralsund sowie das Bundesamt für Seeschifffahrt und Hydrographie Hamburg) haben an einem sommerlichen Vormittag ins Intercity Hotel nach Stralsund geladen. Ausgangspunkt des Treffens war ein Brief von Wladimir Putins Umwelt- und Ressourcen-Minister, der alle Anrainerstaaten der Ostsee aufgefordert hatte, am Espoo-Verfahren für Nord Stream 2 teilzunehmen. Im finnischen Espoo wurde 1991 die Espoo-Konvention, ein völkerrechtlicher Vertrag der UN, unterzeichnet. Demnach verpflichten sich Länder bei grenzüberschreitenden Bauprojekten vor der Zulassung, Behörden und Öffentlichkeit anderer möglicherweise betroffener Nachbarstaaten durch so genannte Umweltverträglichkeits-Prüfungen zu beteiligen. Russland hat die UN-Konvention nicht ratifiziert. Damit aber Nord Stream 2 genauso wie Nord Stream 1 gebaut werden kann, möchte der Kreml wieder ein Espoo-Verfahren, bei dem Russland sich wie eine Vertragspartei der UN-Konvention verhalten werde – so weit Russland dies »gemäß seinen eigenen Gesetzen für möglich hält«, wie der Minister aus Moskau in seinem Brief an alle Anrainerstaaten der Ostsee geschrieben hat.

Mehrere Vertreter Polens haben sich für die heutige Veranstaltung angemeldet. Beim Betreten des Konferenzraums wurden ihre Personalien kontrolliert. »Der Termin ist nicht öffentlich«, stellt ein Mitarbeiter des Bergamts Stralsund klar. Ein Vertreter der Nord Stream AG, Jens Lange, klärt eine andere Frage des Tages: »Es ist draußen ein Büfett aufgestellt, Sie sind herzlich eingeladen.«

Der Generaldirektor für Umweltschutz in Polen meldet sich für seine Behörde zu Wort: Er erwarte eine Begründung, warum das Projekt überhaupt notwendig sei. Antwort des

Bundesamtes: Das habe man zu Protokoll genommen. Vom Vertreter der Nord Stream AG kein Kommentar. Ähnliche Bedenken hat ein Mitarbeiter aus dem polnischen Wirtschaftsministerium. Nach den Bewertungen seiner Behörde sei eine Erweiterung von Nord Stream 1 gar nicht notwendig, um mehr Gas in die EU zu transportieren. Die bestehenden Pipelines hätten dafür genug Kapazitäten. Antwort des Bundesamtes: Das nehme man zu Protokoll. Vom Vertreter der Nord Stream AG kein Kommentar.

Im Publikum sitzt auch ein Vertreter der Bundeswehr, Peter H. Er hat offenbar Zweifel an der Behauptung der Nord Stream AG, das Projekt sei frei »von Beeinträchtigungen durch Dritte«. Wenn die Bundeswehr Schießübungen in der Ostsee mache, sei das Szenario einer Havarie »nicht weit hergeholt«. Der Schaden wäre »nicht unbeträchtlich«, sagt er. Berechnungen der Bundeswehr hätten gezeigt, dass die Gasausfuhr infolge einer Havarie die »Druckwellensituation einer Wasserstoffbombe« auslösen könnte. Jetzt antwortet die Nord Stream AG. »Selbstverständlich« werde das Risiko einer Beschädigung untersucht, sagt ein Mitarbeiter des Unternehmens. »Voraussetzung dafür ist natürlich, dass die Bundeswehr […] Eingangsdaten zur Verfügung stellt.« Aber erst einmal sind alle Anwesenden eingeladen, im Saal des Hotels gemeinsam zu Mittag zu essen.

Warnemünde, Montag, 2. September 2013

Es ist ein leicht verregneter Spätsommertag. Die *Spirit of Europe* mit dem deutschen Segelweltmeister Tim Kröger macht in Warnemünde fest.[20] Urlauber, die an dem Hochgeschwindigkeits-Segelboot vorbeigehen, schauen neugierig. Kröger und sein Team, die von der Nord Stream AG gesponsert werden, bereiten sich auf das in wenigen Tagen startende »Nord Stream Race« vor. Dabei folgen sie auf dem Wasser der am Boden verlegten Pipeline. Die erste Regatta führte von St. Petersburg nach Greifswald. Nun sollen die Boote in zwei Wochen in Flensburg starten und in St. Petersburg ins Ziel segeln. Kröger hofft auf das von Gazprom spendierte Preisgeld: hunderttausend Euro.

Wer ist bereit, bis Mitternacht zum Maidan zu gehen?

Kyjiw, Dienstag, 19. November 2013

Es sind keine leichten Tage für Kira Bondar. Ihr Ehemann kann sich nur eingeschränkt um die Kinder kümmern. Er hat Krebs. Vor Jahren haben Ärzte die Krankheit erstmals bei ihm diagnostiziert. Die OP verlief damals erfolgreich. Aber mittlerweile haben die Ärzte wieder bösartige Zellen entdeckt.

Gegen Mittag betritt Bondar ihre Bank. Auf dem Weg zum Geldautomaten stoppt sie kurz. An einen Pfeiler des Bankgebäudes hat jemand zwei Papier-Fahnen mit Klebestreifen an die Wand geklebt: die ukrainische und etwas überlappend die Fahne der EU. Bondar freut sich über das kleine Symbol und erinnert sich an ihre Zeit in Deutschland.

Im Sommer vor etwa zehn Jahren ist sie erstmals aus Kyjiw nach Deutschland gereist. Es ist jene Zeit, als Erwin Sellering in Mecklenburg-Vorpommern seine Parteikarriere plant und Wladimir Putin in Moskau sein System der Machtvertikale errichtet. Bondar studiert drei Jahre internationales Management in einer mittelgroßen deutschen Stadt. Danach arbeitet sie für ihre Masterarbeit bei einem Autokonzern. Als sie 2004 nach Kyjiw zurückkehrt, tragen viele ihrer Freunde Orange. Auch Bondar unterstützt Wiktor Juschtschenko, den Hoffnungsträger der Orangen Revolution. Doch bei den nächsten Präsidentschaftswahlen im Jahr 2010 kommt es nach einer Stichwahl zum Comeback des zuvor gegen Juschtschenko unterlegenen Wiktor Janukowytsch. Der ehemalige Automechaniker Janukowytsch, der seine Laufbahn als Gouverneur des Gebiets Donezk begonnen hat, gilt als politischer Arm von Gazprom und ukrainischen oligarchischen Clans. In der Stichwahl gelingt ihm mit 49 zu 46 Prozent der Sieg gegen Juschtschenkos ehemalige Premierministerin Julija Tymoschenko, die ihre hochgesteckten Haare als blonden Zopf trägt.

Nach seinem Wahlsieg tauscht Janukowytsch die Führung des staatlichen ukrainischen Gaskonzerns Naftogaz aus und unterschreibt ein folgenschweres Abkommen mit dem russischen Präsidenten. Laut der Charkiw-Verträge bekommt die Ukraine von Gazprom Rabatte auf Erdgas und überlässt dafür den strategisch wichtigsten Teil der Krym-Halbinsel mindestens für weitere 25 Jahre der russischen Schwarzmeerflotte. Für etwa vierzig Milliarden Dollar Preisnachlass auf Erdgas verzichtet die Ukraine auf militärische Selbstbestimmung auf der Krym. Die Öffentlichkeit bekommt keine Möglichkeit, das Abkommen vor der Ratifizierung zu lesen. Bedenken, dass die Charkiw-Verträge gegen die ukrainische Verfassung verstoßen, ignoriert Janukowytsch. Die zu Sowjetzeiten übliche Kontrolle Moskaus über die Ukraine soll durch das Abkommen für die nächsten Jahrzehnte erhalten bleiben, so Putins Plan.

In der ganzen Ukraine verschlimmert sich nach der Wahl die Korruption. »Die Familie«, wie viele das kriminelle Netzwerk des Präsidenten nennen, bereichert sich hemmungslos. In der Hauptstadt lässt Janukowytsch beispielsweise einen 1,6 Hektar großen Villenkomplex für sich errichten – mit

Bowlingbahn, römischen Statuen, Streichelzoo, Straußenfarm, vergoldeter Kapelle, Boxring, Spa, Oldtimer-Sammlung, ausgestopftem Löwen, goldenen Klobrillen und fünfhundert Räumen. Öffentliche Bauvorhaben kommen derweil nicht voran.

Kira Bondar hat nicht für Janukowytsch gestimmt. Aber die Wirtschaftsexpertin geht davon aus, dass der nun amtierende Präsident wenigstens in einer Sache sein Wort hält. Im Wahlkampf hat Janukowytsch zwar seine guten Verbindungen zu Putin betont, aber auch versprochen, die europäische Integration werde in seiner Amtszeit Priorität haben.[21] Bondar hofft auf das seit Jahren ausgehandelte Assoziierungs- und Partnerschafts-Abkommen mit der EU, das das ukrainische Parlament bereits paraphiert hat. Kommende Woche ist der ukrainische Präsident auf einem Gipfel der östlichen EU-Partnerschaft nach Vilnius eingeladen. Auf der Tagesordnung steht die Unterzeichnung des Abkommens.

Kyjiw, Donnerstag, 21. November 2013

Noch bevor Janukowytsch sich auf den Weg nach Vilnius gemacht hat, verkündet sein Premierminister, dass die Ukraine das Abkommen mit der EU doch nicht unterzeichnen werde. Die Entscheidung wird mit »der Notwendigkeit« begründet, »normale Handelsbeziehungen mit Russland wiederherzustellen«[22]. Damit hat sich der Präsident gegen eine Mehrheit im Volk entschieden. Laut einer repräsentativen Umfrage sprechen sich 59 Prozent der Ukrainerinnen und Ukrainer sogar für einen EU-Beitritt aus.[23]

Dass Putin in den vergangenen Wochen eine Art Handelskrieg begonnen hat, um Janukowytsch zu beeinflussen, weiß Kira Bondar. Kontrollen für ukrainische Importe nach

Russland wurden erhöht und eine Woche lang sogar alle Waren aus der Ukraine blockiert. Auch mit einer Visapflicht für Menschen mit ukrainischem Pass hat der Kreml gedroht. Dass Janukowytsch diesem Druck so schnell nachgibt, hat Bondar jedoch nicht für möglich gehalten. Sie ist entsetzt. Um 18:58 Uhr liest sie einen Post eines Bekannten auf Facebook: »Okay, im Ernst: Wer ist bereit, heute bis Mitternacht zum Maidan zu gehen? Likes zählen nicht. [...] Sobald wir mehr als tausend Zusagen haben, organisieren wir uns.«

Bondar teilt den Post unter ihren Freunden, spricht mit der Babysitterin und ihrem Ehemann, schnappt sich eine Packung Süßigkeiten und setzt sich ins Auto. Als sie im Zentrum der Stadt ankommt, ist es kühl auf dem Unabhängigkeitsplatz: fünf, sechs Grad. Nieselregen fällt. Einige hundert, vor allem Jüngere haben sich auf dem Maidan versammelt. Sie wollen Janukowytschs Wortbruch nicht hinnehmen. Polizisten sieht Bondar nicht, dafür viele Freunde, Kollegen und Journalisten, die mit Kameras die Demonstration im Internet streamen. Eine gute Stunde bleibt sie bei den Demonstranten.

Während sie auf dem Weg zurück mit ihrem Auto über Kyjiws Straßen rollt, denkt sie an ihre Mutter, mit der sie oft über die Orange Revolution geredet hat. Heute ist wieder ein 21. November, wie im Jahr 2004.

Kyjiw, Freitag, 29. November 2013

Am Abend sind es mehrere tausend Menschen, die friedlich auf dem Maidan demonstrieren. Einige von ihnen schwenken EU-Fahnen. Die Sängerin Ruslana Lyschytschko, die 2004 den Eurovision Song Contest mit ihrem Lied »Wild Dances« gewonnen hat, liest während der Kundgebung eine

Resolution vor: »Wir erklären, dass wir weiter für eine europäische Ukraine kämpfen«, ruft sie. Und: »Wir fordern Janukowytschs Rücktritt!«

Kyjiw, Samstag, 30. November 2013, 3:30 Uhr nachts

Kira Bondar schläft in ihrer Wohnung bei ihrer Familie. Die Sonne ist über Kyjiw noch nicht aufgegangen, als auf dem Unabhängigkeitsplatz Gewalt ausbricht. Berkut, auf Deutsch Königsadler, heißt die Spezialeinheit des Präsidenten, die direkt dem Innenministerium unterstellt ist. Die Beamten stürmen den Platz, werfen Gasgranaten und prügeln mit Schlagstöcken auf Demonstranten ein.

Die Begründung des Innenministeriums: Da auf dem Maidan eine große Tanne für das nahende Weihnachtsfest errichtet werden muss, sei die Räumung nötig.

Eklat in Brüssel

Brüssel, Mittwoch, 4. Dezember 2013

Klaus-Dieter Borchardt beginnt seinen Arbeitstag in seinem Büro in der Rue de la Loi. Vormittags liest er die von der Presseabteilung zusammengestellten Nachrichten und erledigt Routine-Aufgaben. Von den Entwicklungen auf dem Maidan in Kyjiw hat er nur kurz gelesen. Wenige internationale TV-Sender und Zeitungen haben bisher ausführlich über die Proteste berichtet. Nach der Mittagspause zieht er sich seinen Mantel über und geht zu Fuß vom Berlaymont-Gebäude vorbei am Schumann-Kreisel durch den Leopold-Park bis zum Europäischen Parlament. Borchardt ist seit April ein Direktor der Energie-Abteilung der Europäischen Kommission. In seiner neuen Funktion ist er vor einigen Monaten erstmals in seinem Leben in die Ukraine gereist und hat sich mit Janukowytschs Energieminister getroffen.

Geboren im vorpommerschen Greifswald, kommt Borchardt ursprünglich aus dem heutigen Mecklenburg-Vorpommern. Sein Lebensweg ist geografisch entgegengesetzt zu dem Erwin Sellerings verlaufen: Drei Jahre vor dem Bau der Mauer sind seine Eltern aus der DDR in die BRD umgezogen. Sein Vater hatte in Greifswald ein Betonwerk geleitet.

Nach dem Abitur studiert Borchardt Rechtswissenschaften in Hamburg, promoviert in Westberlin an der Freien Universität und bewirbt sich beim Juristischen Dienst der

Europäischen Kommission. 1987 beginnt er in Brüssel seinen Dienst für die EU-Institution, für die er mittlerweile länger als ein Vierteljahrhundert arbeitet. Mit seiner belgischen Frau wohnt der Jurist in einem Vorort von Brüssel, wo er in seiner Freizeit Tennis spielt.

Borchardts Arbeitgeber ist quasi die Regierung der Europäischen Union. Neben dem EU-Parlament und dem Europäischen Rat, in dem die Mitgliedsländer direkt vertreten sind, bestimmt die Kommission die Politik der Bürgerinnen und Bürger der EU. Nur sie darf EU-Gesetze vorschlagen und muss über die Einhaltung des EU-Rechts wachen.

Nach seinem Fußweg kommt Borchardt an einem Eingang des Altiero-Spinelli-Gebäudes des Europäischen Parlaments an. Zur selben Zeit tagen ein paar Kilometer weiter in den Räumen der europäischen Nato-Zentrale die Außenminister des Nato-Russland-Rates. Während der deutsche Außenminister Guido Westerwelle die Gewalt gegen Demonstranten in Kyjiw verurteilt, sagt sein russischer Kollege Sergej Lawrow, es werde ein völlig »verzerrtes Bild der Lage« in der Ukraine wiedergegeben. Lawrow fordert, dass sich »niemand in diese Situation einmischt«. Was in Kyjiw geschehe, sei »eine innere Angelegenheit«.[24]

Borchardt betritt den Saal im Europäischen Parlament. Vor der Bühne reihen sich die Sitze des Publikums ähnlich wie in einem Hörsaal. Von den etwa zweihundert Zuschauerplätzen ist deutlich weniger als die Hälfte besetzt. Abgeordnete, Mitarbeiter von Abgeordneten, Lobbyisten, Journalisten: Die Einladung zur Veranstaltung haben vor allem Fachleute angenommen.

Thema der Veranstaltung ist Süd Stream. Schaut man sich die Pläne des Kreml auf einer Europa-Karte an, sehen

Nord und Süd Stream wie Geschwister aus. Beide Pipeline-Projekte sollen direkte Erdgas-Verbindungen zwischen Russland und der EU schaffen. Durch Nord Stream 1 und 2 sollen jährlich 110 Milliarden Kubikmeter Erdgas am Grund der Ostsee an der Ukraine vorbeigeleitet werden, durch Süd Stream sollen es jährlich 63 Milliarden Kubikmeter am Grund des Schwarzen Meeres sein. Zusammen würden beide Projekte mehr als doppelt so viel Erdgas transportieren, wie Deutschland im Jahr verbraucht. Ähnlich wie für Nord Stream hat der Kreml auch für Süd Stream schon Vorkehrungen getroffen. Bilaterale Abkommen mit Bulgarien, Serbien, Ungarn, Griechenland, Slowenien, Kroatien und Österreich sind unterschrieben, auch durch den Einsatz Wladimir Putins.

Am 1. September 2009 treffen sich in Danzig der damals neu gewählte bulgarische Ministerpräsident Bojko Borissow und Putin. Die beiden sprechen über ein in Bulgarien geplantes Atomkraftwerk, in das Gazprom investieren will, und über Süd Stream. Die neue Pipeline soll nach der Durchquerung des Schwarzen Meeres in Bulgarien anlanden und über bulgarisches Territorium weiter nach Westen verlaufen. Dafür möchte Putin die Genehmigung Bulgariens, möglichst schnell. Ansonsten könne es sein, dass Bulgarien »einen kalten Winter riskiert«.[25]

Der bulgarische Regierungschef reagiert wie von Putin erhofft. Für Borissow hat seine Energiepolitik aber einen Nachteil: Wegen Protesten der bulgarischen Bevölkerung gegen Energiepreiserhöhungen und Sparmaßnahmen muss seine Regierung im Februar 2013 zurücktreten. Ein Übergangs-Kabinett übernimmt in Sofia. Das Amt des stellvertretenden Energieministers geht an Bojan Stojanow. Der Kreml hat mittlerweile seinen Einfluss auf Bulgariens Gesellschaft und Politik erweitert. Eine Tochtergesellschaft einer russischen Staatsbank hat strategische Investitionen finanziert, prorussische Parteien wurden unterstützt, und Gazprom hat einen Sponsorenvertrag mit dem beliebten Erstliga-Fußballclub Levski Sofia abgeschlossen.

Bojan Stojanow wird im Frühjahr 2013 abends von einem alten Bekannten ins La Casa del Habano in Sofia gerufen. Als Stojanow in der Bar ankommt, wird er zu seiner Überraschung von einem zweiten Mann empfangen. Stojanow kennt den Russen nicht, der sich als Alexander Babakow vorstellt. Babakow gilt als Vertrauter Putins, ist Chef des russischen Tischtennisverbands und in Europa so gut vernetzt, dass er später für die Partei der französischen rechtsextremen Politikerin Marine Le Pen neun Millionen Euro Kredit aus Russland organisieren wird.

»Er wollte meine Temperatur in Bezug auf Süd Stream messen«, wird Bojan Stojanow, der stellvertretende Energieminister, nach dem Abend in der Bar sagen. Und: Babakow habe ihm »mit wenigen Worten« gesagt, dass es für Stojanow »sehr angenehm« werden könnte, wenn er »mitmachen und helfen würde«[26].

Klaus-Dieter Borchardt hat von diesem mutmaßlichen russischen Bestechungsversuch in Bulgariens Hauptstadt nichts mitbekommen. Er weiß auch nicht, dass Stojanow das Angebot abgelehnt hat. Als der EU-Beamte auf der Bühne im Saal des Europäischen Parlaments Platz nimmt, sitzt neben ihm ein EU-Parlamentsabgeordneter aus Bulgarien, der Borchardt vor einigen Wochen zu dieser Veranstaltung eingeladen hat. Neben ihm haben auch die serbische Energieministerin und zwei Russen Platz genommen: Alexander Medwedew, Vize-Vorstand von Gazprom, und Anatoli Jankowski, Vize-Energieminister des Kreml. Das Setting entspricht Borchardts Erwartungen. Der bulgarische EU-Parlamentsabgeordnete möchte Gazprom ein Forum geben, damit sich andere Parlamentarier für Nord und Süd Stream interessieren. Ziel der beiden Russen ist es, möglichst viele Menschen aus den EU-Institutionen auf ihr Projekt einzuschwören oder mögliche Widerstände abzubauen: eine typische Lobbyveranstaltung für Gazprom, um das europäisch-russische Verhältnis zu verbessern, denkt Borchardt.

Alexander Medwedew darf zuerst sprechen. Er stellt dem Publikum Süd Stream vor, spricht über die Vorteile von Erdgas als Energiequelle und verrät, dass die Arbeiten für das Projekt bereits begonnen haben. Süd Stream stehe auf sicheren rechtlichen Grundlagen.

Jetzt ist Borchardt an der Reihe. Vor vier Jahren habe die EU das dritte Energiepaket beschlossen, Teil dessen war eine neue Gasrichtlinie, also ein Rechtsakt, der von allen Mitgliedstaaten in nationale Gesetze umgesetzt werden müsse, erklärt Borchardt. Diese Richtlinie regele Voraussetzungen für den Gasbinnenmarkt: Eigentümer und Nutzer einer Gasleitung dürften nicht identisch sein. Ein Eigentümer müsse anderen Anbietern Zugang zu seinen Gasleitungen ermöglichen. Und drittens müsse Kunden offengelegt werden, wie hoch die Preise für Gas und die Gasleitungsnutzungsgebühr sind. Da Gazprom Pipelineeigentümer, Gasförderer, Gaslieferant und Gasverkäufer zugleich sei und nicht plane, seine Pipelines anderen Anbietern zur Verfügung zu stellen, kollidiere Süd Stream mit dem EU-Recht. Außerdem sei der Auftrag für das Projekt nicht ordnungsgemäß ausgeschrieben worden. Borchardt sagt, die Kommission habe die Abkommen zwischen Russland und den einzelnen EU-Staaten geprüft: Keines der Abkommen sei mit EU-Recht vereinbar. Süd Stream sei in der jetzigen Form rechtswidrig. Gazprom könne sich darauf verlassen, dass diese Pipeline nicht auf der Grundlage dieser Abkommen in Betrieb genommen würde. Die betroffenen EU-Länder seien verpflichtet, eine Neuverhandlung mit Russland zu beantragen. »Ist es möglich, das Konstrukt mit den EU-Regeln in Einklang zu bringen?«, fragt Borchardt und gibt seine Antwort direkt: »Ich weiß es nicht, ich weiß es noch nicht«, wiederholt der Beamte. Aber selbst wenn Verhandlungen erfolgreich geführt werden, würde das dauern, »nicht Monate, vielleicht zwei Jahre«.

Borchardts Worte erwischen die Russen und ihr Vierzig-Milliarden-Dollar-Projekt kalt. Der bulgarische Parlamentsabgeordnete, der die Veranstaltung organisiert hat, ist kurzzeitig sprachlos.

Während Borchardt nach der Veranstaltung wieder zu Fuß durch Brüssels Innenstadtstraßen geht, wird ihm ansatzweise bewusst, was der heutige Termin politisch bedeuten könnte. Er ist sich sicher, dass er sich auf Fakten des EU-Rechts bezogen hat. Aber wird ihm sein Vorgesetzter nach diesem Auftritt den Rücken stärken? Günther Oettinger, ehemaliger Ministerpräsident Baden-Württembergs, ist seit Langem als Energie-Kommissar für Politik und Diplomatie in der EU zuständig. Vor Jahren, als die ersten Rohre für Nord Stream 1 verlegt wurden, stand Oettinger neben dem russischen Präsidenten und der deutschen Kanzlerin.

Der Gaslieferant Russland sei ein »fester Bestandteil« des europäischen Energiemarkts, hat Oettinger damals gesagt.[27]

Borchardt ist unsicher, was nun passieren wird. Dass Gazprom längst mit den Planungen von Nord Stream 2 begonnen hat, weiß er nicht.

Karneval und die Himmlische Hundertschaft

Kyjiw, Sonntag, 8. Dezember 2013

Alle Zugangsstraßen des Unabhängigkeitsplatzes sind mit Barrikaden aus Holzpaletten, Schrott, Möbeln, Einkaufswagen, Weihnachtsschmuck und Stacheldraht blockiert. Davor haben Demonstranten eimerweise Wasser verschüttet. Es soll Mitglieder der Spezialeinheit Berkut, die in kalten Nächten zurückkommen könnten, aufs Glatteis führen. Innerhalb der Barrikaden brummen Notstromaggregate. In unzähligen Tonnen brennen Feuer, an denen sich Menschen wärmen. Freiwillige verteilen Speck- und Käsebrote, Kekse, Kuchen, Tee und Kaffee. Sie gehen an dutzenden von Öfen gewärmten Zelten vorbei, an einer Bühne samt Leinwand und seit einer Woche an dem mehr als zehn Meter hohen Weihnachtsbaum, den die Behörden nach der Räumung aufgestellt haben. Er ist mit Anti-Putin- und Anti-Janukowytsch-Plakaten dekoriert.

Nachdem die Demonstranten am vergangenen Wochenende mit Gewalt vertrieben worden waren, kamen am Tag danach vier Mal so viele Ukrainerinnen und Ukrainer zurück. Tausende Demonstranten schlafen seitdem in den Zelten und in anliegenden öffentlichen Gebäuden. »Euromaidan« hat jemand die erneute friedliche Besetzung im Zentrum Kyjiws genannt. Die Atmosphäre ähnelt einem

Rockfestival am Nordpol oder einem Protestcamp mit Weihnachtsmarkt.

An diesem Sonntag zählen die Organisatoren mehr als eine Million Menschen, die rund um den Maidan protestieren. Unter ihnen sind Eltern, die ihre Kleinkinder auf den Schultern tragen, sowie alte Männer und Frauen mit dicken Kopftüchern. Kira Bondar braucht Ruhe und verbringt den Sonntag mit ihrem kranken Ehemann und den Kindern. Da ihre Elternzeit vorüber ist und ihr Büroarbeitsplatz sich neben dem Maidan befindet, besucht sie das Demo-Camp unter der Woche täglich. Jetzt schaut sie über das Internet von zu Hause aus zu, wie auf der Bühne des Maidan Jewgenija Tymoschenko einen Brief ihrer Mutter Julija aus dem Gefängnis verliest. Danach reden der Rektor der Kyjiwer Universität, ein Schriftsteller und ein Politiker, der bereits 2004 auf diesem Platz über eine Revolution sprach. Er sagt, die Tage der Orangen Revolution seien die besten seines Lebens gewesen. Doch damals habe man nach dem Erfolg nur die Namen der Politiker und nicht das System geändert. Dafür sei es nun höchste Zeit. Wenn er während seiner Rede »Europa« sagt, antworten ihm hunderttausende begeisterte Stimmen mit langgezogenen »Euurooopaa«-, »Euurooopaa«-Rufen.

Kyjiw, Mittwoch, 11. Dezember 2013

Um kurz vor ein Uhr in der Nacht macht die Nachricht die Runde: Berkut-Spezialeinheiten formieren sich erneut. Im Süden, Osten und Norden des Demonstrationscamps stehen die Männer mit Schlagstöcken, Schutzhelmen und Metall-Schilden bereit für die Räumung. Über Megafone fordern sie die Demonstranten auf, den Unabhängigkeitsplatz sofort zu verlassen. Immer wieder wiederholen sie die Durchsage. Doch niemand hört darauf. Auf der Bühne steht die Sängerin Ruslana Lyschytschko gemeinsam mit Vitali und Wladimir Klitschko. »Habt keine Angst«, sagen sie durchs Mikrofon, »wenn wir bis 4:30 Uhr durchhalten, schaffen wir es bis zum nächsten Tag – wir sind friedlich, keine Gewalt!« Sehr viele Frauen und Männer setzen sich weiße, orange und gelbe Bauarbeiterhelme auf und postieren sich an den Barrikaden des Maidan. Einer von ihnen heißt Andrij Saienko, ein stämmiger Mann, der sich 2004 nach der Orangen Revolution freiwillig als Wahlbeobachter gemeldet hat und nun seit Tagen auf dem Euromaidan hilft. Eigentlich führt der Vater von zwei Söhnen in einem südwestlich von Kyjiw gelegenen Vorort ein kleines Geschäft in einem grauen Container. Eigentlich verkauft er dort Tee, Kaffee, Ketchup, Mayonnaise, Kaffeesahne und Lebensmittel in Dosen.

Die Berkut-Kräfte rücken vor, Meter um Meter. Sie wollen die Demonstranten wegdrängen und ihre Barrikaden beseitigen. An der Ostseite des Maidan, wo die Hruschewskyj-Straße angrenzt, klappt das. Die Polizisten schlagen eine Schneise in die Barrikaden. Nachrückende Beamte reißen die Befestigung und die Zelte auseinander und werfen sie auf Lkw. Doch die Bürger mit den Bauarbeiterhelmen flüchten nicht. Sie formieren sich neu, bilden einige Meter vor der Bühne und den Lautsprechern Ketten und stellen sich den Beamten erneut entgegen. Die Beamten drücken mit ihren silberglänzenden Schutzschilden von der einen und die Demonstranten mit ihren Händen von der anderen Seite. Es ist ein Kräftemessen. Die Demonstranten, die sich in der ersten Reihe gegen die Schutzschilde der Polizisten drücken, werden von Hintermännern und -frauen gestützt. Ein Priester umklammert das Mikrofon auf der Bühne und betet. Die Glocken der Michaelskathedrale läuten ohne Pause, wie zuletzt in Kriegszeiten vor vielen Jahrzehnten. Auf und neben der Bühne des Maidan singen die Demonstranten. Ruslana Lyschytschko stimmt die Nationalhymne an, schreit auf die Berkut-Beamten ein, macht sich und ihren Mitstreitern Mut und erbittet Hilfe. »Kyjiw, steh auf!«, ruft sie in die Nacht. »Kyjiw, steh auf!«

Die Nachricht verbreitet sich schnell. Menschen kommen von überall ins Zentrum der Stadt gelaufen und gefahren. Nach etwa zwei Stunden haben sich feste Kampflinien herausgebildet. Die Protestierenden sind genauso stark wie die speziell trainierten Berkut-Einheiten. Als diese Tränengas einsetzen, reagieren die Demonstranten mit noch lauteren Sprechchören. Verletzte Demonstranten werden von Ärzten in Zelten versorgt. Ruslana Lyschytschko schimpft, fleht, mahnt, singt ins Mikrofon. Vor dem besetzten Gewerkschaftshaus stehen neben den drückenden und drängenden Massen zwei ältere Frauen. Sie halten jeweils ein christliches Kreuz hoch und beten ohne Pause. So vergehen Stunden, bis etwa sieben Uhr morgens.

Als die Sonne aufgeht, ziehen sich die Berkut-Einheiten zurück. Viele Demonstranten weinen vor Freude und Erschöpfung. Weil die Beamten keine Schusswaffen benutzt haben und weil die Bürgerinnen und Bürger keinen Zentimeter des Maidan freiwillig aufgegeben haben, übersteht der Euromaidan diese Nacht der Selbstermächtigung.

Kira Bondar hat am Morgen danach Kontakt nach Deutschland. Ein Freund, den sie aus ihrer Studienzeit kennt, berichtet ihr, dass vieles, was in diesen Wintertagen in Kyjiw passiert, in Deutschland im Fernsehen gezeigt wird. Er will ihr Mut machen.

Berlin, Mittwoch, 22. Januar 2014

Feine Gesellschaft, Bildungsbürger in Anzügen und Abendkleidern. Unter ihnen Erwin Sellering. Er ist mit seiner Frau Britta zu einem klassischen Konzert ins Berliner Tiergartenviertel gereist. Es soll eine kulturelle Ablenkung vom Regieren in Schwerin sein, wo Sellering vor wenigen Tagen den vierzigjährigen Christian Pegel zum neuen Minister für Energie, Infrastruktur und Landesentwicklung ernannt hat. Zugleich untermalt die Musik das private Hochgefühl des Ehepaars Sellering. Gestern auf der Kabinettsrunde hat er die Neuigkeit bekannt gegeben: Britta Sellering, die zweite Frau des Ministerpräsidenten, ist schwanger.[28]

Die Aufführung des Baltic-Youth-Philharmonic-Orchesters beginnt. Das Orchester, das sich aus Musikern aus den Ostseeanrainerstaaten zusammensetzt, wurde 2008 auf Initiative Gazproms gegründet. Heute hat es seinen ersten Auftritt in der Berliner Philharmonie. Werke von Strauss, Prokofjew, Bach und Skrjabin stehen auf dem Programm. Der Titel des Abends lautet »Feel the Energy – German-Russian Voyage«.

Der Pressesprecher der Nord Stream AG, Steffen Ebert, ist unter den Gästen. Er hat 1984, als er der DDR-Armee diente, unter dem Decknamen »Stier« seine Verpflichtungserklärung fürs Ministerium für Staatssicherheit unterschrieben. Zu seinen Aufgaben als Spitzel gehörte die »Bearbeitung von negativ aufgefallenen Armeeangehörigen«.[29]

Als Ebert Sellering in der Philharmonie sieht, wechselt er ein paar Worte mit ihm. Im Juni dieses Jahres findet das

Nord Stream Race wieder statt. Die Nord Stream AG unterstützt erneut das Team der *Spirit of Europe*, und da der Zielhafen der Regatta in Warnemünde sein soll, möchte Ebert, dass der Ministerpräsident den Gewinnern persönlich die Pokale überreicht. Die Veranstaltung wird in der Yachthafenresidenz Hohe Düne stattfinden, einem neuen luxuriösen Urlaubshafen in Mecklenburg-Vorpommern, dessen Bau die EU mit 47 Millionen Euro bezuschusst hat.[30]

Das zweistündige Berlin-Debüt des Orchesters ist ein Triumph. Die Darbietung von Alexander Skrjabins »Le Poème de l'extase« op. 54 versetzt die Zuhörer tatsächlich in Ekstase. Sie jubeln, trampeln, geben standing ovations. Das Orchester spielt mehrere Zugaben. Sellering ist begeistert.[31]

Kyjiw, Mittwoch, 22. Januar 2014, 6:30 Uhr

Etwa 800 Meter vom Maidan entfernt setzt die Polizei Tränengas, Blendgranaten und Scharfschützen mit Gummigeschossen ein. Die Beamten durchbrechen eine Barrikade und versuchen, Demonstranten festzunehmen. Den Protestierenden, denen sich auch Ultrafans von Dynamo Kyjiw anschließen, gelingt es jedoch, die Polizei zurückzudrängen und dabei acht Mannschaftsbusse der Beamten zu besetzen. Vor dem Eingang des Dynamo-Stadions verbrennen Autoreifen zu häuserhohen Rauchwänden, Molotow-Cocktails sowie Pflastersteine fliegen. »Mörder« und »Schande« schreien die Demonstranten. Sie haben mitbekommen, dass beim Barrikadendurchbruch am Morgen ein zwanzigjähriger Mann erschossen wurde. Die vier Kugeln, die ihn getötet haben, sind nicht aus Gummi.

Seit Mitternacht gelten in der gesamten Ukraine sogenannte Antiterror-Gesetze nach russischem Vorbild. Sie wurden von Janukowytsch unterschrieben und in zwei Zeitungen veröffentlicht. Das Versammlungs- und Demonstrationsrecht gibt es nun nicht mehr, selbst Autokorsos sind verboten. Alle, die auf dem Maidan stehen, sind demnach kriminell und müssten nach einer Verhaftung ins Gefängnis.

Kira Bondar schickt ein Foto des Getöteten an ihre Bekannten in Deutschland und den USA. Nachdem sie von zwei weiteren Todesopfern erfahren hat, formuliert sie einen Appell, den sie an ihre Kontakte im Ausland verschickt:

> *Wir, Millionen ukrainische Bürger, bitten Sie hiermit um Ihre sofortige Unterstützung. Im Zentrum des größten Landes Europas erschießen Vertreter der Sicherheitsbehörden unsere Männer. Liebe Vertreter der Regierungen der europäischen Länder, bitte denken Sie daran, dass auch Unterlassung ein Verbrechen ist [...] Morgen kann die Zahl der Opfer in die Hunderte gehen, denn die Menschen werden nicht aufhören, für ihre Freiheit zu kämpfen. Wenn Ihnen die Menschenwürde und das Recht nicht gleichgültig sind, wenn Freiheit und Demokratie für Sie keine leeren Worte sind, bitten wir Sie, retten Sie das ukrainische Volk vor den kriminellen Behörden, bevor es zu spät ist. STOPPEN SIE DAS BLUTVERGIESSEN, VERHÄNGEN SIE SOFORT WIRKSAME SANKTIONEN!*

Schwerin, Mittwoch, 19. Februar 2014

Die Narren sind in der Staatskanzlei.[32] Sie schunkeln, klatschen, singen, tanzen in Kostümen und klopfen Sprüche. Der traditionelle Empfang der Karnevalisten in der Staatskanzlei ist für den Ministerpräsidenten, der unweit der Karnevalhochburgen Köln und Düsseldorf aufwuchs,[33] ein

Heimspiel. Danach bekommt Erwin Sellering von wichtigen Vertretern der Nord Stream AG Besuch. Anlass ist ein vertrauliches Gespräch über die Erweiterung der Pipeline. Intern ist in Schwerin klar, dass Nord Stream 2 für das Bundesland wenig Sinn ergibt. In einem Dokument aus dem Wirtschaftsministerium, von dem die Öffentlichkeit nichts erfährt, heißt es: »Direkten Nutzen für MV gibt es außer den temporären Arbeitsplätzen nicht. Auch kein ›billiges‹ Gas. Das wollen wir nach außen aber nicht sagen. Das Projekt ist für unsere russischen Aktivitäten atmosphärisch gut.«

In diesem Sinne möchte Sellering die Gespräche nutzen, um den Russlandtag, der im Herbst stattfinden soll, anzusprechen. Die Landesregierung will für die Finanzierung rund 50 000 Euro beisteuern. Mehr Geld aus anderen Quellen wäre gut. Laut seiner schriftlichen Terminvorbereitung soll Sellering Matthias Warnig direkt nach Sponsoring-Geldern fragen und herausfinden, ob Gazprom mit »Expertise und Erfahrungen« die Veranstaltung »bereichern« könne. Auch »anderweitige Unterstützung« oder Referententätigkeiten, Testimonials »wären wünschenswert«. Warnig, Geschäftsführer der Nord Stream AG und im Vorstand des Mutterkonzerns Gazprom, schätzt Sellering. Und Sellering schätzt Warnig, den mittelgroßen Mann mit bulliger Statur und grauem Haarkranz. Als 2009 der Bau der ersten Nord-Stream-Pipeline anstand, überreichte Sellering Warnig persönlich den Planfeststellungs-Beschluss. Wie wichtig Warnig für den Ministerpräsidenten ist, zeigt ein Dokument, das in der Staatskanzlei entstand. Über Warnig, den seit Jahrzehnten eine Freundschaft mit Putin verbindet, schreiben Sellerings Mitarbeiter: »Er soll der am besten verdrahtete Deutsche in Moskau sein. Wahrscheinlich auch mit größerem Einfluss als Altkanzler Schröder aufgrund der Stasi-Vergangenheit.«

Warnig, als Sohn einer SED-Funktionärin 1955 geboren, erledigt seine ersten Stasi-Aufträge als Schüler für jeweils fünfzig bis hundert DDR-Mark. Im Alter von 18 Jahren unterschreibt er seine Verpflichtungserklärung als Inoffizieller Mitarbeiter. Deckname: »Hans-Detlef«. Der erste Karrieresprung kommt ein Jahr später: Das MfS stellt ihn im Wachregiment Feliks Dzierżyński ein.

Warnig arbeitet sich bis zum Major und Leiter des Referats für »Wirtschaftsaufklärung« hoch. Sein zweiter Deckname lautet: »Ökonom«. Sein dritter: »Arthur«. Ab 1987 schickt ihn die Stasi als »Offizier im besonderen Einsatz« nach Düsseldorf, wo er Unternehmen der BRD ausspioniert. »Offiziere im besonderen Einsatz« (OibE) sind hauptamtliche MfS-Mitarbeiter, die verdeckt in sicherheitspolitisch relevanten Positionen des Staatsapparats arbeiten. Einer der wichtigsten OibE ist Alexander Schalck-Golodkowski, Leiter des Bereichs Kommerzielle Koordinierung (KoKo), der illegal Devisen für die DDR besorgt und dem nach dem Mauerfall von Politikern der BRD und westlichen Geheimdiensten geholfen wird (»Operation Schneewittchen«).

Recherchen für dieses Buch belegen, dass OibE Warnig 1988 unter anderem streng vertrauliche Informationen über Kernkraftwerke liefert, die die Stasi den Angestellten im Atommeiler Lubmin (dem späteren Nord-Stream-Anlandeort) zur Verfügung stellt. Im Oktober 1989, kurz bevor die DDR zusammenbricht, wird der Industriespion vom Stasi-Chef Erich Mielke mit der »Medaille für treue Dienste in der Nationalen Volksarmee« in Gold ausgezeichnet, wegen »hoher Einsatzbereitschaft« und seiner »umsichtigen, initiativenreichen Tätigkeit«. Der KGB-Agent Wladimir Putin, zu der Zeit in Dresden auch für die Stasi aktiv, hat die gleiche Auszeichnung in Bronze erhalten.

Wann Warnig und Putin sich kennenlernen, ist umstritten. Laut Warnigs Schilderung trifft er Putin erstmals im Herbst 1991. Putin sagt in einem TV-Interview, er habe Warnig ungefähr »1993 oder 1994« getroffen. Womöglich haben beide vergessen, dass IM »Arthur« auch in Dresden zu tun hatte.

Nach dem Mauerfall arbeitet Warnig bei der Kreditanstalt, die er vor der Revolution ausspioniert hat. Für die Dresdner Bank eröffnet und leitet er einen Standort in St. Petersburg, wo Putin inzwischen stellvertretender Bürgermeister und Leiter des Komitees für Außenbeziehungen ist. Als im Jahr 1993 Putins damalige Frau bei einem Autounfall lebensgefährlich verletzt wird, sorgt Warnig dafür, dass sie in Deutschland operiert wird. Auf Putins Wunsch holt er auch die Kinder seines russischen Freundes nach Deutschland und schickt sie mit seinen eigenen in die Schule. Warnig gilt als verlässlich, diskret und loyal. Als ein Jahr vor Putins Machtübernahme dessen Vater stirbt, gehört Warnig zu den Wenigen, die der Russe zur Beerdigung einlädt.

Um 17 Uhr bittet Erwin Sellering seine Gäste zum Abendessen ins Weinhaus Wöhler. Neben Warnig ist ein weiterer wichtiger Nord-Stream-Vertreter dabei: Gerhard Schröder. Bei einem Glas Wein erzählt Sellering, was er vorhat: Der Russlandtag, die Wirtschaftsbeziehungen. Das alles dürfte im Sinne der beiden Putin-Freunde sein.

Um 19 Uhr verlässt die Gruppe das Weinhaus. Die Männer haben noch einen Abendtermin. Die Schweriner Volleyballerinnen spielen gegen die Volleystars aus Thüringen. Der

Schweriner SC hat bereits zehn Mal die deutsche Meisterschaft gewonnen und ist das sportliche Aushängeschild der Stadt. Eigentlich ist Schröder, anders als seine Nord-Stream-Kollegen, nicht für den Besuch des Bundesligaspiels eingeplant. Doch weil die Stimmung unter den Männern gut ist, fordert Sellering Schröder kurzerhand auf: »Komm doch einfach mit!«[34] Immerhin ist die Nord Stream AG ein oder womöglich der wichtigste Geldgeber des SSC.

Wenig später sitzt Schröder in Maßanzug und hellblauem Hemd in der Sporthalle am Lambrechtsgrund neben Sellering. Der Ministerpräsident hat einen blau-gelben Fan-Schal über seinen Anzug geschwungen. Als die Zuschauer den Ex-Kanzler bemerken, jubeln und applaudieren sie. Schröder ist zum ersten Mal beim Volleyball und begeistert von der Stimmung. Nach dem zweiten Satz muss er beim Stand von 1:1 allerdings schon wieder aufbrechen. Schröders Nord-Stream-Kollegen folgen ihm, Sellering bleibt. Der SSC gewinnt am Ende mit 3:2.

Kyjiw, Donnerstag, 20. Februar 2014

Durch den Einsatz von Wasserwerfern ist der Boden auf dem Maidan matschig. An vielen Stellen fehlen Pflastersteine, die die Demonstranten als Geschosse für Katapulte oder zum Werfen benutzt haben. Es ist kalt. Auf den Barrikaden brennen Autoreifen. Direkt dahinter werfen Demonstranten Molotowcocktails. Und immer wieder fallen Schüsse. Männer, die Gasmasken oder Motorradhelme über ihre Köpfe gestülpt haben, tragen Verletzte durch das Stadtzentrum Kyjiws. Viele von ihnen brüllen vor Wut, andere flehen im Schmerz.

Auf der Institutska-Straße am Rande des Maidan liegt

ein Mann, dessen gelbes Halstuch etwas über sein Gesicht gerutscht ist. Er bewegt sich nicht. Um ihn herum stehen Männer, die ihn und sich anschreien. Zwei von ihnen knien nieder und versuchen sein Herz wieder zum Schlagen zu bringen. Einer presst mit übereinandergelegten Händen auf seine Brust. Der andere drückt mit Daumen und Zeigefinger seine Nasenlöcher zu, legt den Mund auf seinen und haucht Luft hinein. Nach etwa zwanzig Minuten heben die beiden den Körper auf eine Spanplatte. Den Kopf bedecken sie mit einem Pullover. So tragen sie Andrij Saienko, der eigentlich in einem südwestlich von Kyjiw gelegenem Vorort auf dem Markt in einem grauen Container Tee, Kaffee und Lebensmittel in Dosen verkauft, weg. Sie bringen ihn in eine provisorisch eingerichtete Leichenhalle in der Michaelskathedrale, etwa 700 Meter vom Maidan entfernt.

Fast die Hälfte der 127 Menschen, die während des Euromaidan in Kyjiw ihr Leben verlieren, sterben wie Andrij Saienko an diesem 20. Februar. Zum ersten Mal in der Geschichte der unabhängigen Ukraine hat eine Regierung Scharfschützen auf die eigenen Bürger schießen lassen. Weil Menschen für ihre Freiheit und Würde bis zum Äußersten gegangen sind, werden viele den Euromaidan bald als Revolution der Würde bezeichnen. Die Todesopfer werden als Himmlische Hundertschaft in die Geschichte eingehen.

Kira Bondar ist heute morgen mit ihrem roten Nissan ins Stadtzentrum gefahren, ins Büro gegangen und hat ihren Computer hochgefahren. Keine der Mails, die sie an diesem Tag liest, ist fürs Geschäft ihres Arbeitgebers relevant. Es gibt dafür viele Mails, die Hilfe für die Demonstranten ermöglichen sollen. Der Ehemann einer Kollegin ist Arzt. In einem Krankenhaus operiert er Opfer der Staatsgewalt. Doch für eine OP fehlt ihm ein wichtiges Hilfsmittel. Bondar antwortet kurz auf die E-Mail, verlässt das Büro, steigt wieder in ihr Auto und fährt durch Kyjiw. Während sie aus dem Fenster schaut, sieht sie Rauchschwaden, die über dem Maidan emporsteigen. Sie hört die Schüsse.

Als sie die in der E-Mail angegebene Adresse erreicht hat, holt sie dort ein Paket ab und fährt sofort weiter. Ihr Navigationssystem braucht sie nicht. Sie kennt das Krankenhaus. Im selben Gebäude, in dem der Mann ihrer Kollegin sich heute um die Verletzten kümmert, wurde ihr Ehemann operiert. Bondar liefert das Paket ab. Erst als sie danach wieder in ihrem Auto sitzt, denkt sie an ihren Ehemann, den Krebs, ihre Kinder, den Maidan, die Zukunft. Sie verspürt Übelkeit und Wut zugleich.

Es gibt Tage, die teilen vieles in ein Davor und ein Danach, an ihnen orientiert sich Zukünftiges. Für die deutsche Gesellschaft ist der 9. November 1989 so ein Datum. Für die Ukraine wird sich der 20. Februar 2014 zu so einem Tag entwickeln: der blutigste, den Kyjiw seit dem Ende des Zweiten Weltkrieges erlebt hat. Als Andrij Saienko und die anderen der Himmlischen Hundertschaft gestorben sind, kann die ukrainische Revolution nicht mehr aufgehalten werden. Einheiten von Polizei und Armee solidarisieren sich mit dem Euromaidan. Das Parlament führt in einer Sondersitzung die Verfassung von 2004 wieder ein und enthebt Janukowytsch seines Amtes. Der Präsident flieht noch am Abend des **21. Februar 2014** mit einem Hubschrauber aus Kyjiw, erst nach Charkiw in den Osten der Ukraine und von dort weiter nach Russland.

Schwerin, Mittwoch, 26. Februar 2014

Um 15:02 Uhr sendet Andrea H. eine E-Mail an Andreas Steininger vom Ostinstitut Wismar und weitere Organisatoren des Russlandtages. »Liebe Mitstreiter/innen«, schreibt sie: »Altbundeskanzler Schröder hat die Teilnahme am Russlandtag nunmehr fest zugesagt.«

III

Russlands Krieg und Deutschlands Beitrag

Ein Inoffizieller Mitarbeiter fliegt auf die Krym

Krym-Halbinsel, Donnerstag, 27. Februar 2014

Einen Tag nach Gerhard Schröders Zusage für den Russlandtag dringt eine russische Iljuschin-76 in den ukrainischen Luftraum ein. Das in der Sowjetunion entwickelte Transportflugzeug landet unangemeldet auf dem Militärflughafen Gwardejskoje, jenem Luftwaffenstützpunkt, der laut der Charkiw-Verträge vom russischen Militär genutzt werden darf. Es folgen weitere Maschinen, deren Landungen bei den ukrainischen Behörden ebenfalls nicht angekündigt werden. Auch die Flughäfen in Simferopol und Belbek werden von Soldaten besetzt, die grüne Uniformen ohne Hoheitsabzeichen tragen. Insgesamt landen etwa 1700 Fallschirmjäger auf ukrainischem Territorium. Sie wollen die auf der Krym stationierten russischen Soldaten bei einem Angriff unterstützen, auf den weder die ukrainische Armee noch die EU noch die Nato vorbereitet sind.[1]

»Kriege werden nicht mehr erklärt, und wenn sie einmal begonnen haben, verlaufen sie nach einem ungewohnten Muster«, so hat es der Chef des Generalstabes der russischen Streitkräfte, Waleri Gerassimow, bereits ein Jahr zuvor ausgedrückt. Es biete sich an, »mit Schleuderkräften verschiedener Regionen« der Ukraine »regelrecht zu spielen, mit dem Ziel, ihren Beitritt zur Russischen Föderation zu erreichen«, heißt es in einem Strategiepapier aus Moskau, das dort schon Monate vor dem jetzt erfolgten Angriff kursierte.[2] Das Papier beschreibt die hybride Kriegsführung Russlands, die unter Putin in Tschetschenien und in Georgien erprobt wurde. Für Außenstehende ist sie schwer zu durchschauen, weil genau das ihr Ziel ist. Ein hybrider Krieg ist eine Mischung aus Täuschungen, Lügen, geheimen Militär-Einsätzen, Cyberangriffen und umfassender Desinformation. Das Völkerrecht wird dabei missachtet und auch die Infrastruktur, also etwa die Energieversorgung, angegriffen. Gazprom kann so zu einer wichtigen Waffe werden.[3]

In Simferopol, der größten Stadt der Krym, besetzen die Männer in grünen Uniformen das Gebäude des Regionalparlaments und hissen eine russische Flagge auf dem Dach. Sie übernehmen die Kontrolle über Telefonleitungs-Verteilzentren, Verkehrsknotenpunkte sowie über TV- und Radiosender. Es gebe kaum noch Festnetz-, Internet- und Handyverbindungen von der Halbinsel in andere Teile der Ukraine, meldet Ukrtelecom JSC einen Tag nach dem präzise geplanten und rasch durchgeführten Einmarsch.

Nach dem Zerfall der Sowjetunion hat sich die Mehrheit der Bevölkerung auf der Krym in einer Befragung für die Zugehörigkeit zu einer von Moskau unabhängigen Ukraine entschieden.[4] Unter der Besatzung der russischen Truppen wird diese Entscheidung nun revidiert. Die Krym ist die einzige Region der Ukraine, in der ethnische Russinnen und Russen in der Mehrheit sind.[5] Ukrainische Soldaten und Polizisten können oder wollen sich womöglich auch deshalb den als »grüne Männchen« bezeichneten Soldaten nicht entschieden entgegenstellen.[6] Um ihre Eroberung nicht wie einen offensichtlichen Völkerrechtsbruch aussehen zu lassen, führen die »grünen Männchen« am **Sonntag, den 16. März 2014** ein Referendum durch: 96,77 Prozent stimmen angeblich für einen Anschluss an Russland. Laut der UN und des russischen Menschenrechtsrates ist das Ergebnis zweifelhaft, da die Krimtataren und viele ethnische Ukrainer die Abstimmung boykottiert haben, da Menschen abstimmen durften, die keine Bürger der Ukraine sind, da manche von ihnen mehrfach gewählt haben und da es keinen fairen Wahlkampf gab.

Zur Legitimation des Referendums hat der Kreml mindestens fünfzig Politiker aus rechts- oder linkspopulistischen Parteien der EU eingeladen. Sie sollen durch ihre Anwesenheit bestätigen, dass das Referendum eine Reaktion auf eine angebliche Machtergreifung von »Faschisten« in Kyjiw ist. Auch zwei Landtagsabgeordnete aus Mecklenburg-Vorpommern haben die Einladung bekommen und angenommen. Hikmat Al-Sabty aus Rostock und Torsten Koplin aus Neubrandenburg. Koplin knüpft mit seinem bezahlten Flug und seinen Übernachtungen in Jalta gewissermaßen an seine einstige Arbeit für die Stasi an. Vor der Friedlichen Revolution in Deutschland hat er unter dem Decknamen »Martin« freiwillig als Inoffizieller Mitarbeiter unter anderem Liedermacher, »negative Jugendliche« oder Menschen, die »außereheliche Liebesbeziehungen« hatten, gegen Geld an die Stasi verraten.[7] Neben diesem Job diente er der DDR im Stasi-Wachregiment und als hauptamtlicher FDJ-Sekretär. »Wir halten den Genossen Koplin für würdig und fähig, als Reisekader eingesetzt zu werden«, heißt es in einer Stasi-Akte über ihn. Koplin, der noch im Jahr 2012 den Mauerbau der DDR als »zwingende Notwendigkeit« bezeichnet hat, ist mittlerweile Vorsitzender des Finanzausschusses im Schweriner Landtag. Im Jahr 2017 wird er Parteivorsitzender der Linken in Mecklenburg-Vorpommern.[8]

Während seines Kurztrips auf die besetzte Krym äußert sich Koplin ähnlich wie eine seiner Parteifreundinnen. Sahra Wagenknecht fordert, ein Anschluss der Halbinsel an Russland müsse nach dem Referendum akzeptiert werden. Sanktionen gegen den Kreml lehnt sie ab. Koplin und Wagenknecht verhalten sich so wie der Vorsitzende des AfD-Landesverbandes Brandenburg. Alexander Gauland verteidigt die Annexion, da man »irgendwann auch mal das Völkerrecht das Völkerrecht sein lassen« müsse.[9]

Anfang März besucht Wladimir Putin die besetzte Krym und wird gefragt, ob die Männer in den grünen Uniformen russische Soldaten seien. Es handele sich um »örtliche Selbstverteidigungskräfte«, antwortet er und behauptet, ein Anschluss der Krym an Russland sei nicht geplant.

Doch schon wenig später wird offensichtlich, dass die »grünen Männchen« Elitesoldaten des russischen Militärgeheimdienstes GRU sind. Sechs Wochen nach seinem Krym-Besuch gibt Putin selbst in einer live übertragenen Fernsehshow zu, dass die angeblichen Selbstverteidigungskräfte Angehörige russischer Streitkräfte waren. »Natürlich«, sagt er nun, die hätten »sehr korrekt gehandelt«. Auch seine zweite Behauptung vom Krym-Besuch stellt sich als Lüge heraus. Trotz internationaler Kritik unterzeichnet der russische Präsident am **18. März 2014** einen Vertrag über die Aufnahme der Krym und der Stadt Sewastopol als neue Subjekte der Russischen Föderation.

Schwerin, Mittwoch, 19. März 2014

Die Vorbereitungen für den ersten Russlandtag gehen weiter. Erwin Sellering hält es für wichtig, »gerade in schwierigen Zeiten den Gesprächsfaden nicht abreißen zu lassen«.[10] In seiner Haltung wird er von wichtigen Mitgliedern seiner Partei unterstützt. Alt-Kanzler Helmut Schmidt bezweifelt in einem Interview in der Wochenzeitung *Die Zeit* den Völkerrechtsbruch Russlands, hält Sanktionen für »dummes Zeug« und behauptet, es sei umstritten, »ob es überhaupt eine ukrainische Nation gibt«.[11] Alt-Kanzler Gerhard Schröder vergleicht bei einer Veranstaltung der *Zeit* die Krym-Annexion mit der Unabhängigkeitserklärung des Kosovo von Serbien und hält die Ukraine für ein gespaltenes Land.[12] Der ehemalige EU-Kommissar der SPD, Günter Verheugen, sagt in einem Interview mit *Euractiv*, die Krym werde »Teil Russlands werden«[13].

Sellering hat auch schon eine Idee, wer ihm bei der Vorbereitung des Russlandtages helfen kann: sein neuer Energieminister Christian Pegel. Der Vierzigjährige mit goldenem Ohrring, seinem Markenzeichen, ist noch keine drei Monate Minister, aber seit Jahren ein Vertrauter des Ministerpräsidenten. Heute, zwei Tage nach dem inszenierten Referendum auf der Krym, fliegt Pegel für drei Tage nach Russland. Einen Monat später wird er mit einer Delegation aus Mecklenburg-Vorpommern nach Moskau reisen. Der junge Minister ist ehrgeizig. Für seine beiden Reisen hat er mindestens zwei Missionen: In St. Petersburg will er an den »Logistics Days« teilnehmen, um bei der Gelegenheit Alexander Drosdenko eine persönliche Russlandtag-Einladung von Sellering zukommen zu lassen. Drosdenko ist Gouverneur des an St. Petersburg grenzenden Leningrader Gebietes, machtpolitisch also Sellerings Ebenbild in Russland. In Moskau will Pegel die Logistikmesse »TransRussia« besuchen und sich mit Gazprom-Vertretern »zu konstruktiven Gesprächen« treffen, wie es heißt.[14] Ein weiterer Termin ist in der russischen Hauptstadt mit dem Transportministerium des Kreml geplant.

Mit seinen Reisen möchte Pegel an die Erfolge seines politischen Ziehvaters und Ministerpräsidenten anknüpfen. Im Sommer 2012 hat Sellering es geschafft, dass zwischen dem russischen Hafen Ust-Luga bei St. Petersburg und Sassnitz-Mukran auf Rügen eine direkte Fährverbindung ihren Betrieb wieder aufgenommen hat. In Mukran befindet sich der größte Eisenbahn-Fährhafen Deutschlands. Es ist der einzige in Mitteleuropa, der Anschluss ans russische Breitspur-Schienennetz bietet. An zwei Terminals können bis zu vier Schiffe gleichzeitig abgefertigt werden und russische Züge einrollen. Die Anlage wurde in den 1980er-Jahren unweit des Kreidefelsens an die Ostküste Rügens gebaut, weil der Kreml damals wegen der Solidarność-Gewerkschaftsbewegung Polen umgehen und einen direkten Zugang zur DDR schaffen wollte. Nach der Wiedervereinigung zogen die sowjetischen Besatzungstruppen über Sassnitz-Mukran ab.

»Unsere Rohstoffe mit unseren Schiffen über unsere Häfen!«, hat Putin anlässlich der Wiedereröffnung des Eisenbahn-Fährhafens gesagt. Mecklenburg-Vorpommern hat nach der Wiedereröffnung einen Preis für die Entwicklung der deutsch-russischen Wirtschaftsbeziehungen verliehen bekommen. In der russischen Botschaft in Berlin wurde das Bundesland als »investorenfreundlichste Region« ausgezeichnet.

Niemals trinken, was in Moskau serviert wird

Kyjiw, Moskau, Donnerstag, 3. April 2014

Von einem ehemaligen Arbeitskollegen hatte Kira Bondar den Hinweis bekommen: Für eine Stelle werde eine Person gesucht, »die mitdenken soll«. Erst beim Vorstellungstermin hat sie erfahren, welches Unternehmen an ihr interessiert ist, und ihren neuen Chef Andrij Koboljew kennengelernt. Der 35-Jährige ist neuer CEO von Naftogaz, dem staatlichen Energiekonzern der Ukraine, der nach Jahren des Missmanagements unter dem Janukowytsch-Regime ein Imageproblem hat.

Bondar hat mit Koboljew ausgemacht, dass er sich in den ersten Wochen mehrmals mit ihr zusammensetzt, um ihr die Besonderheiten der Gas-Wirtschaft zu erklären. Doch heute geht das nicht. Koboljew, der selbst erst vor wenigen Wochen CEO wurde, ist auf dem Weg nach Russland. Er, der wegen seiner blonden Haare und der weichen Gesichtszüge Bondar manchmal an den Jungen aus der Werbung für Kinder-Schokolade erinnert, will sich dort mit Alexej Miller treffen, dem CEO von Gazprom.

Laut eines Papiers aus Erwin Sellerings Staatskanzlei ist Miller »einer der mächtigsten Wirtschaftsmänner in Moskau«. Ein »treuer Diener Putins«, der 51 Prozent der Gesellschafteranteile an der Nord Stream AG hält. 2001 wurde

Miller vom damals neuen russischen Präsidenten zum Geschäftsführer Gazproms ernannt. Miller gilt als Putins Statthalter, der die finanziellen Vorteile eines mächtigen CEO genießt, ohne die entsprechende Macht zu haben. Dass Putin selbst alle wichtigen Entscheidungen trifft, ist ein offenes Geheimnis. Für seine Loyalität wird Miller großzügig entlohnt. Er düst in seinem Privatjet durch die Welt und wohnt in einem Moskauer Vorort in einer Villa auf 8500 Quadratmetern Wohnfläche – mit Heimkino, Reithalle und unterirdischer Eisbahn.[15]

Andrij Koboljew hat internationale Ökonomie studiert und zuletzt als Investmentbanker gearbeitet. Bis 2010 war er bereits in verschiedenen Funktionen für Naftogaz tätig. Er kennt das Gas-Geschäft und die Politik dahinter, weshalb er sich während seiner Reise in die russische Hauptstadt keine Illusionen macht: Die Krym wird nicht das letzte Angriffsziel des Kreml gewesen sein, da ist er sich sicher. Das Risiko seines Flugs ist ihm ebenfalls bewusst. Er hat nicht wie sonst seinen Laptop und sein Handy eingepackt. Sollten die Russen ihn inhaftieren, sollen sie keinen Zugriff auf wichtige Informationen bekommen. Koboljew war schon oft geschäftlich in Moskau, doch dieses Mal ist vieles anders: Er besucht nun den Staatskonzern jenes Landes, das einen Krieg gegen sein Land begonnen hat. Kurz vor seinem Abflug kam bei Naftogaz ein Schreiben an: Nach der Besetzung der Krym verlangt Gazprom von der Ukraine nun noch mehr Geld pro tausend Kubikmeter Gas.

In der Zentrale von Gazprom begrüßt Miller den Besucher aus der Ukraine wie einen alten Freund. Im sogenannten Kaminzimmer werden Koboljew Getränke angeboten. Der Raum ist mit dunklem Holz vertäfelt und mit Gold verziert.

Miller und Koboljew nehmen vor dem Kamin Platz, der in eine Marmorwand eingelassen ist. Smalltalk ist nicht vorgesehen. Für Miller gibt es in Meetings ohnehin nur ein Thema jenseits des Geschäftlichen, das seine Leidenschaft entfacht: Fußball.

Koboljew bestellt einen Kaffee, den er während des einstündigen Gesprächs nicht anrühren wird. Niemals trinken, was bestimmte Russen servieren – das ist eine seiner Grundregeln. Er hat nicht unbedingt Angst, tödlich vergiftet zu werden. Aber er weiß, dass sie gewisse Substanzen ins Getränk mischen können, wenn sie jemanden in Verhandlungen mental schwächen wollen.

Miller kommt schnell zum Punkt: die Erhöhung der Gaspreise. Da sei nichts zu machen, behauptet der Russe. Weil es Verträge aus dem Jahr 2009 gebe, die nun gelten würden und weil die Preisformel für Gas an den Ölpreis gebunden sei. Das erfordere nun eine drastische Erhöhung. Alle Einwände Koboljews blockt Miller so schroff ab, dass der Ukrainer überrascht ist. Koboljew vermutet, dass Miller sich in einer sehr überlegenen Position wähnt.

Kurz nach dem Treffen veröffentlicht Gazprom eine knappe Pressemitteilung. Hauptthema des Treffens sei »die Notwendigkeit« gewesen, »sofortige Maßnahmen zu ergreifen«, damit Naftogaz Schulden der Ukraine für russische Gaslieferungen zurückzahle, heißt es darin.

Koboljew nimmt die nächste Maschine zurück nach Kyjiw. Auf dem Weg ordnet er seine Gedanken und plant nächste Schritte. Erstens: Um den kommenden Winter zu überstehen und sich von Russland unabhängiger zu machen, braucht die Ukraine mehr Gas aus dem Reverse Flow, also Erdgas, das von West nach Ost ins Land fließt und das die Ukraine aus der EU beziehen muss. Zweitens: Gazprom darf mit der Preiserhöhung nicht durchkommen. Drittens denkt Koboljew deshalb über eine Klage vor dem internationalen Schiedsgericht in Stockholm nach. Durch diese Reise ist dem Ukrainer eines klar geworden: Auf faire Geschäftsbeziehungen mit Russland braucht niemand mehr zu hoffen.

Schwerin, Montag, 7. April 2014

Staatskanzlei Schwerin, Raum 233: Für die Gesprächsrunde, an der Andreas Steininger vom Ostinstitut teilnimmt, ist weiterhin klar: Am Vorhaben des Russlandtages werde »trotz der derzeitigen politischen Lage festgehalten«. Wichtige Fragen müssen allerdings noch geklärt werden, beispielsweise welches Logo Mecklenburg-Vorpommerns auf den Flyer soll: Das mit den Windrädern, das auf dem aktuellen Entwurf zu sehen ist, soll ersetzt werden – durch die Abbildung einer Gaspipeline.

Und was die weiteren Referenten neben Erwin Sellering und Gerhard Schröder betrifft: Alexander Drosdenko, der Gouverneur des Leningrader Gebiets, hat noch nicht zugesagt. Er will genauere Informationen über die Programminhalte haben. Wladimir Jakunin ist ebenfalls angefragt. Sellering will ihn gerne dabeihaben, trotz oder wegen seiner Vergangenheit.

Jakunin, der vor dem Zerfall der Sowjetunion als hochrangiges KGB-Mitglied in verdeckter Mission bei den Vereinten Nationen in New York für den Kreml gearbeitet hat, ist ein langjähriger Freund Putins. In den ersten vier Jahren nach dem Ende der Sowjetunion war er weiterhin Mitglied der russischen Sicherheitsbehörden. Einst räumte er ein, dass der Zweck der damaligen Aktionen auch darin bestanden habe, so viel zu bewahren wie möglich: »Wir mussten uns neu ausrichten. Wir brauchten Unternehmen, die Geld einbrachten. [...] Die traditionellen Kommunikations- und Kooperationsstrukturen blieben bestehen.« Gemeinsam mit einem Geschäftspartner verkaufte Jakunin damals im Auftrag eines KGB-Generals Seltene Erden, die in der Halbleitertechnologie, in der Raumfahrt und in Militärtechnik verwendet wurden. Mit den Gewinnen konnte er mit seinen Geschäftspartnern die Bank Rossija übernehmen. Das einstmals kleine Petersburger Geldhaus verfügte dadurch über Verbindungen zu Putin, der in St. Petersburg die Außenbeziehungen der Region managte. Rossija wurde zur »Privatbank« des späteren Präsidenten und anderer hoher russischer Funktionäre. Nördlich von St. Petersburg, unweit des Komsomolskoje-Sees besaßen Jakunin und Putin wie weitere KGB-Größen Häuser und waren Mitglieder einer informellen Clique, die später als Osero-Datschengemeinschaft bekannt wurde. Nach Putins Aufstieg konnten seine Vertrauten aus dieser Gemeinschaft fast alle wichtigen Wirtschaftssektoren Russlands übernehmen. Jakunin wurde Chef der russischen Eisenbahn, die Bank Rossija zum Zentrum des Osero-Finanzimperiums.[16]

Wegen des Krieges in der Ukraine steht Jakunin nun auf der Sanktionsliste der USA. Das könnte für den Russlandtag Probleme geben. Während der Besprechung in Schwerin heißt es, Staatskanzlei und Auswärtiges Amt sollen das prüfen. Sollten die Referenten absagen, könnte man alternativ den stellvertretenden russischen Wirtschaftsminister fragen. Oder Witalij Jussufow, einen Russen, dem zwei Werften in Mecklenburg-Vorpommern gehören.

Inzwischen ist auch klar, wo der Russlandtag stattfinden soll. Nicht, wie geplant, in Wismar oder im Ostseebad Heiligendamm, sondern in Rostock-Warnemünde, im Luxushotel Neptun, auch bekannt als »Stasi-Hotel«.

Party mit Putin

Kyjiw, Samstag, 26. April 2014

Die Sonne durchbricht nur gelegentlich die Wolkendecke, mit etwa 15 Grad ist es dennoch ein warmer Frühlingstag. Seinen Mantel lässt Klaus-Dieter Borchardt am Morgen im Hotel hängen und geht zu Fuß zum Büro der Vertretung der EU in Kyjiw. Der Spitzenbeamte der EU-Kommission ist gestern in der Hauptstadt der Ukraine angekommen, zum zweiten Mal in seinem Leben. Das erste Mal war er im vergangenen Sommer hier, als Janukowytsch noch Präsident war. Da hatte Borchardt den damaligen ukrainischen Energieminister Eduard Stawizki getroffen. Die Gespräche über das Assoziierungsabkommen waren mit ihm schleppend verlaufen. Der einstige Minister ist mittlerweile ins Ausland geflohen und gilt als Geschöpf aus Janukowytschs System persönlicher Bereicherung. Bei einer Durchsuchung fanden Polizeibeamte in seinem Haus 42 Kilogramm Gold, Diamanten, Edelsteine, Luxusuhren und 4,8 Millionen Dollar Bargeld.[17]

Borchardt will sich mit dem jetzigen Besuch vor allem ein Bild der Lage in der Ukraine verschaffen und Andrij Koboljew, den neuen CEO von Naftogaz, kennenlernen. Nach Borchardts Eklat im Europäischen Parlament hat ihm sein Vorgesetzter, der EU-Kommissar Günther Oettinger, den Rücken gestärkt. Laut EU-Recht dürfte Süd Stream Stand heute nicht in Betrieb gehen. Rechtlich würde das auch für Nord Stream 2 gelten, doch obwohl in Mecklenburg-Vorpommern die Behörden bereits an den Genehmigungen der beiden neuen Ostseepipelines arbeiten, weiß Borchardt von diesem Projekt immer noch nichts. Später wird der EU-Beamte sich fragen, ob Gazprom eine doppelte Strategie verfolgte: Mit Süd Stream möglichst viele Informationen sammeln, bei der EU-Kommission testen, was rechtlich geht, um dann mit Nord Stream 2 an der EU vorbei zum Ziel zu kommen.

In Brüssel fand kurz zuvor ein Treffen zum EU-Russland-Energiedialog statt. Um den Konflikt um Süd Stream zu beruhigen, hat Borchardt sich dabei um einen Kompromiss bemüht und Gazprom vorgeschlagen, für das Projekt eine Befreiung von den EU-Prinzipien zu beantragen. Dazu gekommen ist es bisher nicht. Seit der Annexion der Krym ist vieles ungewiss. Die USA haben Sanktionen gegen zwanzig Personen aus Putins engstem Kreis verhängt, damit diese ihre Geschäfte nicht mehr in Dollar abwickeln können. Die Vorbereitungen für den im Juni im russischen Sotschi geplanten G-8-Gipfel der wichtigsten Wirtschaftsnationen sind gestoppt. Und auch die EU hat Sanktionen gegen Einzelpersonen aus Russland erlassen.

Diese Maßnahmen scheinen Wladimir Putin nicht zu beeinflussen. Angeführt vom ehemaligen FSB-Offizier Igor Girkin, der sich den Kampfnamen »Strelkov« gegeben hat, ist eine Gruppe von Soldaten von der Krym über Russland auf das ukrainische Festland gelangt. Vor zwei Wochen, am 12. April 2014, ist es ihnen gelungen, in den Städten Slowjansk und Kramatorsk zusammen mit lokalen Einheiten Verwaltungsgebäude einzunehmen. Unterstützt wurde der Angriff durch prorussische Medien, die die Gewalt als »russischen Frühling« befürworten, durch Drohungen der regulären russischen Armee, die etwa 80 000 Soldaten und Hunderte Panzer an der ukrainischen Grenze stationiert hat, und durch diplomatische Täuschungen des Kreml, der leugnet, mit den Kriegshandlungen etwas zu tun zu haben. In einigen Wochen wird der ehemalige FSB-Offizier Girkin sich damit brüsten, er habe mit seinen Männern »den Krieg ausgelöst«.[18]

Während Borchardt durch Kyjiw zur EU-Vertretung geht, sind im hunderte Kilometer entfernten Süden und Osten der Ukraine Kämpfe im Gang. Durch den Anblick des Stadtzentrums, wo die Barrikaden des Euromaidan noch aufgebaut sind und einige Zelte der Demonstranten noch stehen, bekommt Borchardt einen Eindruck vom Ursprung der Revolution. Ist der Volksaufstand wirklich zu Ende? Oder kommt da noch was? Diese Fragen schwirren Borchardt durch den Kopf, während er die Institutska-Straße hoch geht. Vor ihm thront das Gebäude des Hotel Ukraina, daneben steht die Philharmonie. Er kommt an der Stelle vorbei, an der die meisten der Himmlischen Hundertschaft vor zwei Monaten erschossen wurden. Ein ukrainischer Kollege hat Borchardt von den Ereignissen erzählt. Dass ein Staat in Europa so gegen eigene Bürger vorgeht, kann sich der Deutsche kaum vorstellen.

Nach einer kurzen Besprechung in der EU-Vertretung macht sich Borchardt mit seinen Kollegen auf den Weg zum vereinbarten Termin in der Zentrale von Naftogaz. Kira Bondar bekommt etwa zeitgleich einen Anruf. Ihr neuer Chef möchte, dass sie dabei ist, wenn die Vertreter der EU-Kommission eintreffen.

Im größten Besprechungsraum der Naftogaz-Zentrale nimmt Borchardt schräg gegenüber von Koboljew Platz. Nach den Begrüßungen schildert der EU-Beamte den russisch-ukrainischen Gasstreit aus der Sicht Brüssels. Bondar hört zu. Der Besucher beschreibt die Lage so sachlich, ruhig und treffend, dass sie sich verstanden fühlt. Doch dann macht Borchardt klar, dass er Belege für Koboljews Behauptungen braucht. Und, ergänzt er, die EU werde im Streit zwischen der Ukraine und Russland als Vermittlerin dann entscheidend helfen können, wenn Naftogaz Reformen durchführt. Um die Behauptung des Kreml zu widerlegen, es sei Erdgas gestohlen worden, wäre es beispielsweise hilfreich, wenn Naftogaz die Füllstände der eigenen Gasspeicher veröffentlichen würde – so wie es auch die Mitgliedsländer der EU machen. Bereits vor Wochen kam Bondar auf die Idee, die Füllstände der ukrainischen Gasspeicher dem Verband Europäischer Fernleitungsnetzbetreiber für Gas (ENTSOG) zu melden. Koboljew weiß um ihre Initiative und notiert während der Unterhaltung mit einem Stift auf eine Serviette das ukrainische Wort »Коли?«: Wann? Bondar schreibt darunter: Nächste Woche! Koboljew sagt zu seinem Gast, dass die Füllstände der Gasspeicher in einigen Tagen veröffentlicht sein werden. Borchardt ist überrascht. Koboljew hat eine flexible Herangehensweise an Probleme und unterscheidet sich vom vorigen Naftogaz-Chef. Koboljew präsentiert sich als Manager, der etwas bewegen und Naftogaz in ein funktionierendes Unternehmen umbauen möchte.

Ein zweites, vor allem Koboljew wichtiges Thema der Besprechung ist der Reverse Flow. Um den kommenden Winter zu überstehen, brauche die Ukraine Erdgas von anderen

Anbietern, sagt er. Seit Monaten versuchen die Ukrainer daher, ein Abkommen mit der Slowakei zu erzielen. Durch eine kleine Pipeline könnten von dem EU-Mitgliedsland jährlich neun Milliarden Kubikmeter Erdgas von West nach Ost in die Ukraine fließen. Der slowakische Präsident Robert Fico behauptet allerdings, es sei nicht sicher, ob Gaslieferungen in die Ukraine die slowakischen Lieferverträge mit Gazprom verletzen würden. Offenbar hat er Angst, dass Gazprom auch dem EU-Mitglied Slowakei den Gashahn abdrehen könnte. Der Wunsch von Koboljew und Bondar lautet daher, die EU solle sich einschalten. Wenn sie zwischen Gazprom, der Slowakei und Naftogaz vermittelt, könnte der Reverse Flow für die Ukraine möglich werden.

Borchardt versichert, sich dafür einzusetzen, und als Koboljew den Gast nach dem Meeting zu einem Abendessen einlädt, willigt dieser ein.

In einem Restaurant, in dem ukrainische Spezialitäten angeboten werden, lernen Borchardt und eine Kollegin aus der EU-Kommission Koboljew besser kennen. Kira Bondar ist nicht mehr dabei. Sie verbringt die Zeit mit ihrer Familie.

Die ukrainische Gastfreundschaft erinnert Borchardt nur bedingt an frühere Dienstreisen nach Osten. Im vergangenen Jahr, als der EU-Beamte von Vertretern des Energieausschusses der Duma nach Moskau eingeladen war, gab es ebenfalls köstliches Essen. Nach dem Dessert wurde zunächst Wodka gereicht, spät am Abend kamen zur Überraschung Borchardts zwei »wirklich hübsche« Damen an den Tisch des Nobelrestaurants. Sie setzten sich dazu, und die russischen Gastgeber sagten zu ihm, die Damen würden ihm für den Rest des Abends und darüber hinaus zur Verfügung stehen. Er lehnte das einmalige Angebot ab.

Sogenannte Honigfallen wurden im Russland der 1990er-Jahre häufig von ehemaligen Geheimdienstmitarbeitern gestellt, um kompromittierende Informationen zu sammeln. Einer der bekanntesten Männer, die in eine solche Falle getappt sind, ist Jurij Skuratow, der 1999 als Generalstaatsanwalt die Korruption in Russland bekämpfen wollte. Skuratow, oder ein Mann, der wie er aussieht, wurde mit versteckter Kamera im Bett mit zwei jungen Frauen gefilmt. Der Leiter der Präsidialadministration spielte ihm die Aufnahmen vor und empfahl ihm den Rücktritt. Laut Skuratow hatte der FSB diese Honigfalle organisiert. Chef des russischen Geheimdienstes war seinerzeit Wladimir Putin.

St. Petersburg, Montag, 28. April 2014

Mit verschränkten Armen steht Gerhard Schröder vor dem Eingang des Jussupow-Palasts, neben ihm Matthias Warnig, der Geschäftsführer der Nord Stream AG. Umringt von Sicherheitspersonal plaudern die beiden und warten. Gegen 22:30 Uhr fährt eine schwarze Mercedes-Limousine vor. Wladimir Putin steigt aus, um ihn herum Bodyguards, die mit strengen Blicken die Fotografen auf der anderen Straßenseite mustern. Putin umarmt Schröder und wünscht ihm nachträglich alles Gute zum siebzigsten Geburtstag. Danach begrüßt Putin seinen Freund Warnig. Die drei Männer gehen Schultern klopfend in den Palast.

Die Nord Stream AG hat wegen Schröders runden Geburtstags, der schon am 7. April war, zum großen Empfang geladen, und Schröder hat keine Sekunde in Erwägung gezogen, die Party abzusagen. In St. Petersburg versammelt sich das Who's Who der Energie-Elite: Alexeij Miller, der CEO von Gazprom, Rosneft-Chef Igor Setschin, der seit 1991 mit

Putin zusammenarbeitet und Geheimdienste im Auftrag des Präsidenten koordiniert.[19] Henning Voscherau, ehemaliger SPD-Bürgermeister in Hamburg, der mittlerweile als Süd-Stream-Aufsichtsratschef für Gazprom arbeitet (und dessen Bruder Eggert Aufsichtsratsvorsitzender von der BASF ist, die über das Tochter-Unternehmen Wintershall an der Nord Stream AG beteiligt ist), feiert ebenso wie Erwin Sellering mit Schröder und Putin.

Sellering ist am frühen Nachmittag mit einem Flieger der russischen Airline Aeroflot in St. Petersburg gelandet. Nach dem Einchecken im »Ambassador«, einem Vier-Sterne-Hotel im historischen Zentrum, ist er zum Gespräch mit Alexander Drosdenko gefahren, dem Gouverneur des Leningrader Gebiets, den Sellering beim Russlandtag dabeihaben möchte.

Während die Kämpfe in der Ukraine weitergehen und deutsche Mitarbeiter der Organisation für Sicherheit und Zusammenarbeit in Europa (OSZE) von prorussischen Kämpfern als Geiseln festgehalten werden, stößt der Ministerpräsident Mecklenburg-Vorpommerns mit Putin und den Nord-Stream-Größen an. In der SPD sieht man Sellerings Teilnahme am Luxus-Event in St. Petersburg nicht sonderlich kritisch. Die Parteiführung der Sozialdemokraten hat Schröder bereits am 7. April gefeiert. »Happy Birthday für Gerd zum 70! Nette Party, Gerd Schröder zitiert Rilke, Sozis singen Mitternacht dank @larsklingbeil & Atomuhr online :-)«, lautet ein Post von Bundesfamilienministerin Manuela Schwesig, abgesetzt während Schröders Party in Deutschland um 1:21 Uhr nachts.

Was schenkt man einem Mann, dem Putin bereits zu Reichtum und Adoptivkindern verholfen hat? Sigmar Gabriel hat sich etwas Besonderes einfallen lassen. Er hat eine Festschrift herausgegeben: *Siebzig*. Erschienen im Vorwärts-Verlag versammelt sie mehr als fünfzig Beiträge über Schröder. Frank-Walter Steinmeier, Franz Beckenbauer, Udo Lindenberg, Günter Grass, Bill Clinton, Nicolas Sarkozy sind unter den Lobrednern. »Gerhard Schröder war entschlossen, Deutschlands knarrende Eichentüren aufzustoßen und Luft und Licht hereinzulassen«, schreibt Gabriel in seinem Vorwort.

Sellering wurde die Geschenk-Entscheidung genommen. Die Nord Stream AG hat schriftlich um eine Spende für die Baltic Sea Music Education Foundation gebeten. Der Verein ist Träger des Baltic-Youth-Philharmonic-Orchesters. Im Vorstand und im Kuratorium des Musik-Vereins werden sich später mehrere Gazprom-Vertreter finden, darunter Matthias Warnig.[20]

Die Spende lässt Sellering aus einem Verfügungsfonds seiner Staatskanzlei bezahlen. Die Staatskanzlei, also die Steuerzahlerinnen und Steuerzahler, kommt auch für die Visa-Gebühren seiner vier Begleiter auf, darunter Andrea H., die Russlandtag-Mitorganisatorin. Sellering reist in offizieller Funktion, um für das Land Wirtschaftskontakte »zu vertiefen«[21] und für den Russlandtag zu werben, wie er sagt. Die Nord Stream AG hat eine andere Sicht auf die Party in St. Petersburg: »Das ist ein privater Empfang«, antwortet das Unternehmen Journalisten, die Details zur Gästeliste erfahren wollen.[22]

Am Abend begegnet Sellering dem deutschen Wirtschaftsboss Klaus Mangold. Der Russland-Lobbyist wird wegen seiner guten Verbindung zu Putins Regierung »Mister Russland« genannt. Auch Gerhard Schröder nimmt sich Zeit für einen Plausch mit dem Ministerpräsidenten aus Schwerin. Sellering spricht mit Schröder über ein politisches Anliegen. Zwei Monate später, im Juni, wird Sellering ihm einen als vertraulich gekennzeichneten Brief schreiben, adressiert an die Adresse der Nord Stream AG in Zug in der Schweiz. »Wie am Rande Deines viel zitierten Geburtstagsempfanges besprochen, sende ich Dir einen Vorschlag für die gewünschte Kooperation im Schiffbau zu«, schreibt Sellering. »Es wäre schön, wenn Du diesen Vorschlag bei Gelegenheit weiterreichen könntest.« Im September vergangenen Jahres war Sellering in Moskau. Er wollte Russlands Energieminister überreden, eine Kooperation mit Werften in Mecklenburg-Vorpommern einzugehen. Doch Putins Minister hat ihm zunächst eine Absage erteilt. Es wirkt so, als wolle Sellering, dass Schröder deshalb Einfluss auf Putins Regierung nimmt.[23] Womöglich redet Sellering auf Schröders Party auch mit dem russischen Unternehmer Witalij Jussufow über die gewünschte Kooperation im Schiffbau. Jussufow, dem bereits mehrere Werften in Mecklenburg-Vorpommern gehören, ist heute ebenfalls geladener Partygast.

Am Tag nach Schröders Party fliegt Sellering nach dem Mittagessen zurück nach Deutschland. »Ich bin überzeugt: Diese Reise war richtig«, sagt er später. Zu einem Zeitpunkt, als gerade vierzehn ukrainische Soldaten bei der Verteidigung des Donbas gestorben sind, behauptet er: »Es liegt im Interesse des Landes, unsere Beziehungen zu Russland in den nächsten Jahren weiter auszubauen.«[24]

Hamburg, Donnerstag, 22. Mai 2014
Als drei Tage vor den Präsidentschaftswahlen in der Ukraine die neue Ausgabe der *Zeit* in den Kiosken und Briefkästen liegt, blickt den Leserinnen und Lesern drei Mal Wladimir Putin vom Titelblatt entgegen: als schüchterner Jugendlicher, als Macho, der mit freiem Oberkörper in der Natur posiert und als Pokerface mit Sonnenbrille. »Die Gesichter des Wladimir Putin«, titelt die meistverkaufte Wochenzeitung Deutschlands über einen Machthaber, den die Welt »verachtet – und bewundert«. Auf der zweiten Seite darf Hubert Seipel in einem großen Interview Werbung für seinen TV-Film *Gigant Gazprom* machen. Die Überschrift zitiert Seipel über Putin: »Er ist menschlich sympathisch.« Im Artikel prahlt Seipel damit, dass er »als einziger westlicher Journalist« mit Putin nach China oder durch Russland reisen konnte. Anderen Reportern, die kritisch über Russlands Kriege berichten, wirft er vor, mit ihnen gehe »die Empörung« durch. Weder der Interviewer noch Seipel thematisieren die Annexion der Krym. Dass Seipel über eine Briefkastenfirma Geld von einem Putin-nahen Oligarchen aus Russland kassierte, erwähnt er selbstverständlich nicht.

Vier Seiten weiter in derselben Ausgabe blickt den Leserinnen und Lesern ein weiteres Mal Putin entgegen. Auf diesem Foto sitzt der russische Präsident seinem alten Freund Wladimir Jakunin gegenüber, dem ehemaligen hochrangigen KGB-Mitglied, der Teil von Putins Osero-Datschengemeinschaft war und nun Chef der Russischen Bahn ist. Auch Jakunin lässt die *Zeit* in einem Interview zu Wort kommen. Er wettert gegen »Homosexuellenpropaganda« (»Homosexuelle sollten so viele Rechte haben, wie es ihrem Anteil in der Gesellschaft entspricht.«) und gegen den Westen, der keine starken Führungspersönlichkeiten habe. Russland dagegen habe »eine echte Führungsfigur«, die »Stabilität und Wohlstand« garantiere, sagt Jakunin. Und: Die Krym sei, »historisch betrachtet, immer ein Teil Russlands gewesen«.

Eine Stimme aus der Ukraine kommt in der gesamten Ausgabe nicht zu Wort.

Fünf Monate später startet der *Zeit*-Verlag eine langjährige Medienkooperation mit »Zukunft Erdgas«, einem 2013 gegründeten PR- und Lobbyverband der deutschen Gasbranche. Im Oktober findet die erste Konferenz zum Thema »Erdgas und Klimaschutz« statt, die der *Zeit*-Verlag fortan jährlich mit dem Lobbyverband ausrichtet. 2018 ist das später an Nord Stream 2 beteiligte Unternehmen Uniper offizieller Partner der Kooperation zwischen dem Medienhaus und dem Erdgas-Lobbyverband. Auf der Website zur Konferenz wird eine »Magazin-Seite mit Artikeln, Infografiken und Experteninterviews« der *Zeit* angepriesen. Die »Magazin-Seite«, die wie ein journalistischer Text wirkt, ist eine schwer erkennbare Anzeige. Darauf heißt es, Erdgas garantiere »eine optimale Versorgungssicherheit« und werde »auch in den nächsten Jahrzehnten einen wesentlichen Beitrag zur Energieversorgung in Deutschland leisten«.

Das *Handelsblatt*, das zur selben Verlegerfamilie wie die *Zeit* gehört, veranstaltet jährlich eine »Jahrestagung Gas«, auf der politisches Spitzenpersonal und Journalisten mit Lobbyisten der Gasindustrie zusammentreffen.[25] Und das F. A. Z. Institut, eine Tochtergesellschaft der Verlagsgruppe *Frankfurter Allgemeine Zeitung*, wird 2019 eine »strategische Partnerschaft« mit Nord Stream 2 eingehen. In der »Verantwortungs-Initiative« des F. A. Z. Instituts wird man sich durch das Geld von Gazprom in »Konferenzen, Workshops und Veröffentlichungen« um »die neuesten Ideen von Führungskräften aus Wirtschaft und Politik« kümmern und »Dialog promoten«.[26] Der »Senior Advisor« des CEO der Nord Stream 2 AG wird auf einer Veranstaltung im Redaktionsgebäude der *Frankfurter Allgemeinen Zeitung* einen Vortrag halten. Thema: »Infrastrukturprojekte im Einklang mit Menschen und Umwelt«. Teilnahme fürs Publikum kostenfrei.[27] In einem vom »Head of Communications and Government Relations der Nord Stream 2 AG« geschriebenen Text, den das F. A. Z. Institut veröffentlichen wird, heißt es, die neuen Pipelines seien »von strategischem Interesse für Russland und Europa«.[28]

Völlig ungewöhnlich sind solche Verlagskooperationen nicht. Als problematisch gelten sie, weil Unternehmen und Lobbyverbände dadurch die Öffentlichkeit beeinflussen können und Medienhäuser den Eindruck riskieren, sie seien abhängig von diesen Geldgebern.

Berlin, Mittwoch, 28. Mai 2014

Arsenij Jazenjuk ist in der deutschen Hauptstadt angekommen. Der schmale Mann mit der großen Brille, der vor drei Monaten vom ukrainischen Parlament zum Ministerpräsidenten gewählt wurde, wird zwei Tage in Berlin bleiben und während seines Besuchs Bundeskanzlerin Angela Merkel treffen. Heute Abend spricht Jazenjuk auf einer Konferenz, bei der es um die Energiesicherheit in Europa geht. Sie findet im ehemaligen Staatsratsgebäude der DDR statt. Vor der Friedlichen Revolution war das Haus der erste repräsentative Regierungssitz, den die moskautreue deutsche Republik nach dem Zweiten Weltkrieg errichtet hatte. In den holzvertäfelten Räumen, in denen mittlerweile tagsüber

Managementkurse gegeben werden, hängen an den Wänden immer noch Kacheln mit sowjetischen Helden der Arbeit.

Angesichts des Krieges kritisiert Jazenjuk Putins Eroberungsbesessenheit. Der Kreml bringe »Lastwagen« voller Kämpfer und von Russland trainierte Verbrecher über die Grenze in die Ostukraine, sagt Jazenjuk und verweist darauf, dass die Ukraine wie jeder Staat der Erde die Verantwortung habe, ihre Bürger zu schützen. Der Schlüssel für eine Lösung seien Friedensgespräche. »Wenn Russland nicht Teil des Problems wäre, könnten wir es in einer oder zwei Wochen lösen«, sagt der Ministerpräsident und warnt: Das Ziel Putins sei es, den ukrainischen Staat zu »eliminieren«. Um das zu erreichen, nutze der Kreml Erdgas als »politische Waffe«. Der ukrainische Gouverneur des Gebiets Donezk, der in Berlin dabei ist, ergänzt, dass im Kriegsgebiet auch Söldner für Russland kämpfen, die nicht aus Russland stammen würden.[29]

Hunderte Kilometer von der deutschen Hauptstadt entfernt befasst sich ein russischer Oppositionspolitiker mit demselben Thema. Boris Nemzow hat mit einer Recherche über Russlands Krieg in der Ukraine begonnen. Besonders interessieren den ehemaligen Vize-Premierminister jene Soldaten, die aus Tschetschenien kommen und nun für den Kreml in der Südostukraine im Einsatz sind. Nemzow, der im vorigen Jahr in das Regionalparlament der Stadt Jaroslawl gewählt wurde, wird in zwei Tagen, am 30. Mai 2014, eine offizielle Anfrage des Regionalparlaments an den Chef des Geheimdienstes schicken. Welche und wessen Truppen sind das, die tschetschenisch sprechen, über die russische Grenze in die Ukraine gelangt sind und nun im Donbas kämpfen, fragt Nemzow. Und warum beteiligen sie sich am Krieg?[30]

Was Nemzow nicht weiß: Seit einiger Zeit wird er von einem Geheimdienstkommando verfolgt. Mitarbeiter des Inlandsgeheimdienstes FSB um den Agenten Alexej Kriwoschekow überwachen ihn.[31]

Warnemünde, Samstag, 7. Juni 2014

7:19 Uhr, die Morgensonne strahlt und die *Spirit of Europe* erreicht das Ziel der diesjährigen Regatta. Zum Sieg reicht es für Skipper Tim Kröger nicht. Sein von der Nord Stream AG gesponsertes Team belegt den dritten Platz. Der Sieger des Nord Stream Race ist trotzdem Nord Stream. Und das nicht nur, weil auch die russische Siegercrew vom Mutterkonzern Gazprom gesponsert wurde.[32]

Erwin Sellering macht im Rahmen einer Sommertour in Warnemünde Halt. Gegen Mittag steht er in der Yachthafenresidenz Hohe Düne vor rund 150 Teilnehmern der Regatta. Der Ministerpräsident will sie ehren und verkündet,[33] was erfolgreiche Segelcrews ausmacht: herausragendes Können, gegenseitiges Vertrauen, gute Abstimmung, große Ausdauer, perfekte Zusammenarbeit. All das, so Sellering, könne man als Symbole sehen für die Zusammenarbeit der Ostseeanrainerstaaten bei Nord Stream 1. Dass Polen und die baltischen Staaten um- und übergangen wurden, erwähnt er nicht. Dafür nutzt er die »gute Gelegenheit«, der Nord Stream AG für die Zusammenarbeit zu danken. Die habe das Pipelineprojekt Nord Stream 1 zu einem Erfolg gemacht, indem sie für Vertrauen geworben, allen Schwierigkeiten getrotzt und Ausdauer bewiesen habe, wie eine »gute Segelcrew«. Das Publikum, zu dem auch der »Communications Director« der Nord Stream AG gehört, applaudiert.

In der kommenden Woche werden seine Gazprom-

Kollegen in der Dispatching-Zentrale einen Befehl wie in den Jahren 2006 und 2009 ausführen: Der Kreml stoppt die Gaslieferungen an die Ukraine. Das von Russland angegriffene Land ist nicht bereit, alle Forderungen Gazproms zu akzeptieren. Durch die Vermittlung von Klaus-Dieter Borchardt und Günther Oettinger von der EU-Kommission wollte Andrij Koboljew trotz des Krieges eine Milliarde Dollar und 343 Dollar pro tausend Kubikmeter für russisches Gas zahlen. Gazprom fordert jedoch fast das Doppelte: 1,9 Milliarden Dollar und 385 Dollar pro tausend Kubikmeter.[34] Den Gaspreis, den Gazprom Naftogaz vertraglich zugesichert hatte, weil die russische Schwarzmeerflotte Stützpunkte auf der ukrainischen Krym nutzen durfte, hat das russische Staatsunternehmen seit der Annexion der Halbinsel gestrichen.[35] Gazproms CEO Alexej Miller verkündet, was als Nächstes passieren könnte: Sollte die Ukraine nun anfangen, europäische Lieferungen abzuschöpfen, sagt Miller, könnte Russland den Fluss durch die Nord-Stream-1-Pipelines erhöhen.

Hier gehe es nicht nur um Gas, sagt der ukrainische Ministerpräsident Arsenij Jazenjuk. »Dies ist ein großer Plan zur Zerstörung der Ukraine.« Die Drosselung der Gasflüsse sei nur der jüngste in einer Reihe von Schritten.[36]

Drei Werften und ein Auftragsmord

Warnemünde, Montag, 16. Juni 2014

Erwin Sellering ist wieder in Warnemünde. Gegen 14 Uhr erreicht er die Werftallee 10 von Nordic Yards. Der Ministerpräsident trifft sich mit Witalij Jussufow, dem Eigner des Unternehmens. Jussufow, ein 34-jähriger Russe, trägt eine randlose Brille und seine lockigen Haare gepflegt nach hinten gegelt. Er wirkt eloquent, spricht gut deutsch. Ein paar Wochen zuvor hat Jussufow von Sellerings Landesregierung den Zuschlag für die insolvente Volkswerft Stralsund für 6,5 Millionen Euro erhalten. Er besitzt damit drei der vier größten Werften im Bundesland.

Werften sind in Mecklenburg-Vorpommern historisch von Bedeutung. Zu DDR-Zeiten waren sie ein wichtiger Industriezweig, an dem tausende Arbeitsplätze und wirtschaftlicher Wohlstand hingen. Das ist heute ähnlich. Für Sellering verbindet sich politischer Erfolg mit der Zukunft der Werften. In den vergangenen Jahren gab es jedoch mehrere Krisen, auch bei der Volkswerft Stralsund. Sie stand schon in Sellerings erstem Wahlkampf-Sommer als Ministerpräsident vor der Pleite, was der Jurist 2011 der Öffentlichkeit verschwieg. Seine Landesregierung verzögerte die Insolvenz über die Landtagswahl hinaus – durch eine Millionenzahlung mit Steuergeld.[37]

Interesse an der Werft hat Jussufow erstmals konkret im vergangenen Jahr bekundet. Der Kreml hat damals signalisiert, dass er Jussufows Pläne positiv sieht. Für Sellering war das wichtig. Im September 2013 hat er deswegen Putins Industrieminister Denis Manturow, der für russische Werften zuständig ist, in Moskau besucht. Sellering strebt mit dem Kreml eine dauerhafte »Partnerschaft zu wechselseitigem Nutzen« an. Seine Idee: Werften in Mecklenburg-Vorpommern, die im Eigentum russischer Unternehmer stehen und an russischen Schiffbauprogrammen partizipieren. Bundeskanzlerin Angela Merkel habe einer möglichen Einigung ihren Segen gegeben, hat Sellering damals zu Putins Minister gesagt.[38] Der hat Sellering dennoch eine Absage erteilt: Russland konzentriere sich auf Schiffbaubetriebe im eigenen Land.

Im Frühling gab Sellerings Regierung Jussufow dennoch die Zusage. Womöglich, weil der Ministerpräsident darauf hofft, dass die ersehnte Kooperation mit dem Kreml dank Gerhard Schröders Einsatz noch zustande kommt. Ein weiterer Grund könnte Sellerings Verbindung zu Jussufow aus der Vergangenheit sein.

Sechs Jahre zuvor, als Sellering durch den Rücktritt von Harald Ringstorff Ministerpräsident geworden war, hat Jussufow bereits die insolventen Werften in Wismar und Rostock-Warnemünde übernommen. Die damalige Affäre findet in Deutschland bis heute wenig Beachtung,[39] dabei ist das Ausmaß immens. Es geht um Geldwäsche, Gazprom, eine russische Mafia-Gruppe in Spanien und die seltsame Rolle der Schweriner Staatsanwaltschaft.

Wir schreiben das Jahr 2008. Die Werften in Wismar und Rostock-Warnemünde stehen vor dem Aus. Etwa 2500

Arbeiter bangen um ihre Jobs. Und Erwin Sellering will vermeiden, dass in seinem Bundesland weiterhin deutschlandweit die höchste Arbeitslosigkeit herrscht. Bevor Witalij Jussufow als Retter auftritt, erscheint ein anderer Russe in dieser Rolle. Sein Name ist Andrej Burlakow. Der stämmige Mittdreißiger wurde in der DDR geboren, sein Vater war Offizier der sowjetischen Militärspionage. Und im September 2008 tritt Burlakow vor die Werftarbeiter in Warnemünde. Sie tragen blaue Arbeits-Overalls, Burlakow einen blauen Anzug. Sie sind verunsichert, Burlakow sagt: »Das Schicksal hat mir die Möglichkeit gegeben, zu einigen der besten Werften der Welt in Beziehung zu treten.« Burlakow verspricht, Russland werde im kommenden halben Jahr Aufträge in Höhe von 2,5 Milliarden Euro vergeben. In Mecklenburg-Vorpommern würden zukünftig Spezialschiffe für die Arktis und Flüssiggas-Transporter für Gazprom gebaut. Der Werften-Retter äußert sogar die Befürchtung, dass »wir zu wenig Mitarbeiter haben«.

In der Schweriner Staatskanzlei ist man begeistert, offenbar hat Burlakow einen guten Draht zum Kreml. Immerhin hat er für die Übernahme viel mehr Geld geboten als nötig gewesen wäre. Für rund 250 Millionen Euro kauft er die insolventen Werften. Das Geschäft soll durch die Financial Leasing Company (FLC) abgewickelt werden, die vom russischen Staat kontrolliert wird.

Doch auf Erleichterung folgt Enttäuschung. Nach Burlakows Auftritt vor den Arbeitern gehen bei den Werften keine neuen Aufträge ein. Um die laufenden Rechnungen zu begleichen, vergibt Sellerings Landesregierung im Dezember 2008 ein Darlehen von 60 Millionen Euro an die Werften. Der von der Bundesrepublik verbürgte Kredit über

180 Millionen Euro sichert die Lohnzahlungen der Werften vorerst ab.[40]

Am 5. Juni 2009 beantragt Burlakow beim Amtsgericht Schwerin Insolvenz. Und nur zwei Monate später präsentiert der Insolvenzverwalter einen neuen Käufer: Witalij Jussufow. Der ehemalige Geschäftsführer der Moskauer Nord-Stream-Niederlassung ist im Sommer 2009 keine dreißig Jahre alt, hat für den ehemaligen Stasi-Offizier Matthias Warnig gearbeitet und einen mächtigen Vater. Igor Jussufow kennt Wladimir Putin seit den 1990er-Jahren. Er wurde von Putin erst zum Energieminister, dann zum Sonderbeauftragten für Energie ernannt. Fünf Jahre hat Igor Jussufow an der Spitze von Gazprom gewirkt. Sein Sohn Witalij kauft die insolventen deutschen Werften nun für lediglich 40,5 Millionen Euro. Danach nutzen die Jussufows die Werften, um einen Milliarden-Deal abzuwickeln: Sie verpfänden die deutschen Werften, um einen Kredit über 1,1 Milliarden Dollar bei der Bank of Moscow zu bekommen. Rätselhaft bleibt, warum die beiden Werften-Standorte innerhalb eines Jahres mehr als 209 Millionen Euro an Wert verloren haben sollen, trotz Überbrückungsgeld vom deutschen Staat. Woher der 29-jährige Witalij Jussufow die 40,5 Millionen Euro hat, ist ebenfalls unklar. Er verweist auf Eigenmittel, Bankdarlehen und Aktienspekulationen, auch mit Anteilen von Gazprom, wo sein Vater im Direktorenrat sitzt. Russische Zeitungen vermuten, Gazprom stecke hinter der Finanzierung der Werften. In Mecklenburg-Vorpommern sieht man vor allem die Rettung der Arbeitsplätze. Nicht nur Sellering ist erleichtert, auch die Bundeskanzlerin: Sie habe den Eindruck, sagt Merkel, dass Jussufow ein »seriöses Interesse« an den Werften habe.

Spanische Polizisten haben einen anderen Verdacht: Hat Andrej Burlakow die Werften als Geldwäscheanlage missbraucht? Hintergrund sind Ermittlungen gegen die Tambow-Gruppe, die Verbindungen zu Gazprom und ins russische Verteidigungsministerium hat. Als Teil der St. Petersburger Mafia profitierte die Gruppe von der Umbruchssituation nach dem Zusammenbruch der Sowjetunion. Durch Kooperationen mit Wladimir Putin und seinen KGB-Freunden gelang es ihr, verschiedene Unternehmen, den Hafen und das Ölterminal in St. Petersburg zu kontrollieren. Viel Geld landete in schwarzen Kassen. Laut eines ehemaligen örtlichen FSB-Mitarbeiters bestand das Geschäftsmodell der Gruppe damals aus »Mord und Plünderung«: »Die Waffen der Tambow-Mafia trieften von Blut.«[41]

Einstige Tambow-Mitglieder, die mittlerweile in Marbella im Süden Spaniens leben, sind im Jahr 2009 im Fokus der spanischen Behörden. Die Vorwürfe: Waffenschmuggel, Erpressung, Bestechung, Auftragsmorde, Geldwäsche. Nach Recherchen der Ermittler haben Burlakow und Gennady Petrow, der Kopf der Gruppe und ein Freund Putins, den Werften-Bankrott in Mecklenburg-Vorpommern abgesprochen und mit Absicht herbeigeführt, um Millionen zu kassieren. Burlakow und Petrow haben sich offenbar mit einem komplexen Plan bereichert: Mit den Werften als Sicherheit sollen sie Geld aus Russland bekommen haben, welches sie in Deutschland gewaschen und dann auf Offshore-Konten umgeleitet haben. Anschließend haben sie Insolvenz für die Werften beantragt.

Burlakow und seine Lebensgefährtin Anna Etkina werden im Frühjahr 2009 in Moskau verhaftet. Begründung: Dem russischen Staat wurde Geld entwendet. Doch ob die russischen Behörden ein umfassendes Interesse an Aufklärung haben, bleibt offen. Jedenfalls lassen sie Burlakow und seine Freundin wenige Monate später gegen Kaution wieder frei.

Mehr unternimmt der russische Staat offiziell nicht. Die Behörden des Kreml sind auch nicht besonders kooperationsfreudig gegenüber ihren spanischen Kollegen. Ein möglicher Grund: Die spanischen Ermittlungen könnten laut der anonymen Aussage eines russischen Geschäftsmanns, der mit der Tambow-Gruppe in den neunziger Jahren zusammengearbeitet hat, »unerwünschte Folgen für einige Mitglieder der russischen politischen und wirtschaftlichen Elite haben«.[42]

Im Herbst 2011, zwei Jahre nachdem Witalij Jussufow die Werften in Mecklenburg-Vorpommern übernommen hat und etwa zeitgleich zum Start von Nord Stream 1, trifft Burlakow sich mit einem Journalisten in einem Moskauer Restaurant. Er fühle sich verfolgt, sagt er. Und er spricht über die Werften: Witalij und sein Vater Igor Jussufow seien in den Deal, den Bankrott mit Absicht herbeizuführen, eingebunden gewesen. Die Jussufows hätten ihn, Burlakow, als Strohmann benutzt und dann durch eine feindliche Übernahme verdrängt. Mit dem Journalisten vereinbart er einen weiteren Termin, zu dem er Dokumente mitbringen möchte, die seine Behauptungen belegen.[43] Kurz nach dem Termin besucht er das Restaurant erneut, diesmal trifft er einen anderen russischen Journalisten. Burlakow sitzt mit Anna Etkina und dem Reporter an einem Tisch am Fenster. Ein maskierter Mann geht auf Burlakows Tisch zu, zieht eine Waffe und schießt. Der Journalist schreit: »Duck dich!« und drückt Etkina unter den Tisch. Eine Kugel streift ihren Kopf, eine weitere trifft ihre Brust. Burlakow treffen Kugeln in Kopf und Leber. Er stirbt. Sie überlebt schwer verletzt und verlässt das Land.

Anna Etkina bestätigt für Recherchen dieses Buches, was Burlakow bereits den russischen Journalisten gesagt hat: dass ihr ermordeter Freund ein Strohmann für die Jussufows gewesen sei. Igor Jussufow sei der eigentliche Kopf hinter dem Werften-Deal, sein Sohn Witalij nur formell der Eigner gewesen. Aufgrund eines russischen Gesetzes habe Igor als ehemaliger Minister die Werft nicht selbst übernehmen können, sagt Etkina. Ein früherer Geschäftspartner Burlakows behauptet ebenfalls, Nutznießer des Werften-Bankrotts sei Igor Jussufow gewesen, der Gazprom-Aufsichtsrat und ehemalige russische Energieminister.

Glaubt man Anna Etkina, hat Jussufow im Auftrag von ganz oben agiert: Der Werften-Deal sei im Interesse von Dmitri Medwedew gewesen, sagt sie, dem damaligen Präsidenten, der vier Jahre Platzhalter für Putin war und ein enger Vertrauter der Jussufows ist. Etkina behauptet, Medwedew sei durch Jussufows Aktion sogar in einen Konflikt mit Putin geraten. Schließlich habe Burlakow mit Gennady Petrow, einem Freund Putins, zusammengearbeitet. Trotzdem soll Medwedew die Verdrängung Burlakows als Werfteneigner unterstützt haben.

Fragt man Etkina, ob sie glaubt, dass der Werften-Skandal in Mecklenburg-Vorpommern mit Burlakows Ermordung zu tun hat, antwortet sie: »Selbstverständlich«. Fragt man sie, ob sie glaubt, dass Jussufow hinter dem Auftragsmord steckt, stoppt sie kurz und bespricht sich mit ihrem Anwalt. »Medwedew steckt dahinter«, sagt sie dann. Und Jussufow müsse davon gewusst haben.[44]

Nach jahrelangen Recherchen übergeben die spanischen

Ermittler 2011 der Schweriner Staatsanwaltschaft ihre Erkenntnisse. Die Spanier erwarten Nachforschungen in Mecklenburg-Vorpommern, vermutlich eine längere öffentliche Debatte, weshalb das Bundesland in Burlakows und/oder Jussufows Falle getappt ist. Doch nichts davon geschieht unter Ministerpräsident Erwin Sellering. »Mangels hinreichenden Tatverdachts« stellt die Schweriner Staatsanwaltschaft ihre Ermittlungen im Oktober 2012 ein. Sie nimmt die Ermittlungen auch nicht wieder auf, als die Spanier weitere Ergebnisse vorlegen, die sich auf Zeugenaussagen und Dutzende abgehörte Telefonate stützen. In Spanien sorgt der Ermittlungsunwille der deutschen Kollegen für Kopfschütteln.

Burlakows Mörder und seine mutmaßlichen Auftraggeber werden nie gefasst. Woher das Geld für die erste überteuerte Übernahme der beiden Werften in Mecklenburg-Vorpommern kam, bleibt unklar. So unklar wie die Verbindungen zwischen Nord Stream 1 und den Werften. Erwin Sellering äußert sich trotz mehrmaliger Nachfragen dazu nicht. Über sein Verhältnis zu den Jussufows schweigt er ebenso.

Flug MH17: »Tschüss Vati!«

Östlich von Donezk, Kyjiw, Donnerstag, 17. Juli 2014
Am Gate 3 im Flughafen Amsterdam Schiphol gehen 283 Passagiere an Bord einer Boeing 777-200ER. Ihr Flug, der auf den Anzeigetafeln mit der Nummer MH17 gekennzeichnet ist, soll sie nach Kuala Lumpur in die Hauptstadt Malaysias bringen. Unter den Passagieren sind sechs Mediziner, die von Kuala Lumpur weiterfliegen wollen, um die 20. Welt-Aids-Konferenz in Australien zu besuchen. Auch die 23-jährige Deutsche Olga I. aus Rheine und ihr Freund Andrei A. sind eingestiegen. Die Studenten nehmen in der Reihe 41 Platz, unweit von zwei Engländern, beide Fans des Fußballvereins Newcastle United. Sie wollen ihren Club während einer Testspielreise in Neuseeland unterstützen. Vier Tage zuvor haben sie im TV den Titelgewinn der deutschen Nationalmannschaft in Brasilien verfolgt.

Die 17-jährige Elsemiek de Borst, die mit ihrem Halbbruder, ihrer Mutter und ihrem Stiefvater auf dem Weg in die Ferien ist, hat ebenfalls ihren Platz eingenommen. Ihrem leiblichen Vater hatte sie am Morgen eine Message geschickt: »Tschüss Vati! Wir fahren um 9 Uhr ab. Abflug um 12 Uhr. XX«.

Als das Flugzeug um 12:14 Uhr Ortszeit mit knapp viertelstündiger Verspätung Gate 3 verlässt, ist es voll besetzt. Ein schottisches Paar hat mit seinem Baby keinen Platz mehr bekommen und wurde auf eine spätere Maschine umgebucht. Der Vater schimpft deshalb.

Auf ihrem Weg überquert die Boeing Deutschland, Polen und fliegt wie gewöhnlich auf dieser Strecke in den ukrainischen Luftraum. Gegen 16 Uhr Ortszeit hat der Pilot vereinzelte Gewitter im Raum Donezk erkannt. Er bittet, zwanzig nautische Meilen nach Norden ausweichen zu dürfen. Die ukrainische Flugsicherung erteilt die Erlaubnis. Nach diesem Funkspruch fliegt MH17 noch zwanzig Minuten weiter, dann wird der Rumpf der Maschine in der Luft auseinandergerissen. Ein Junge, der mit seinem Fahrrad unterwegs ist, sieht Menschen vom Himmel fallen, die vor dem Aufprall mit ihren Armen wackeln. Vor der Schule des ostukrainischen Dorfes Rossipne landen drei tote Kinder im Gras. Alle Passagiere und die Crew von MH17 sterben.[45]

Während Kira Bondar nach der Arbeit von der Naftogaz-Zentrale nach Hause fährt, berichtet das Radio über das Unglück im Donbas. Ihrem Ehemann geht es nicht gut, der Krebs schreitet voran. Ihre Kinder schlafen unruhig ein. Bondar lässt das Unglück mit dem Flugzeug keine Ruhe. Es erinnert sie an den Abschuss eines ukrainischen Transportflugzeugs. Vor etwa einem Monat war Flug Il-76 auf dem Weg in den Osten der Ukraine. Geladen hatte die Maschine Ausrüstung für die Verteidigung im Krieg. Bevor Il-76 auf dem internationalen Flughafen Luhansk landen konnte, hatten russische Kämpfer sie abgeschossen. Alle 49 Passagiere waren gestorben.

Da die Babysitterin abends Zeit hat, verlässt Bondar die Wohnung, steigt noch einmal in ihren roten Nissan und fährt wieder ins Stadtzentrum. Sie parkt vor der niederländischen Botschaft und sieht viele Kerzen. Dutzende andere Ukrainerinnen und Ukrainer haben Blumen und Kuscheltiere vor der Botschaft abgelegt. »Die Ukraine trauert mit Euch« hat Bondar auf ein großes Stück Papier in englischer Sprache geschrieben. Sie legt es zu den Blumen.

»Wir haben euch gewarnt, fliegt nicht durch unseren Himmel«, hat der ehemalige FSB-Offizier Igor Girkin, der sich den Kampfnamen »Strelkov« gegeben hat, keine halbe Stunde nach der Tragödie auf seiner Profilseite der russischen Social-Media-Plattform Vkontakte geschrieben. Wenige Stunden später hat jemand den Eintrag gelöscht.

Im russischen Staatsfernsehen und in sozialen Netzwerken verbreiten russische Politiker und Experten in den kommenden Tagen unzählige Theorien: Eine Bombe ist an Bord von MH17 explodiert; der Anschlag galt eigentlich Putin, aber die Ukrainer haben Putins Flugzeug verwechselt; das Flugzeug ist mit einem anderen zusammengestoßen; die USA stecken dahinter, an Bord des Flugzeuges haben alte Leichen gesessen; die Ukrainer haben die Rakete abgefeuert, die MH17 abgeschossen hat; die Ukrainer haben den Piloten extra über das Kriegsgebiet geschickt; ein ukrainischer Militärjet hat MH17 abgeschossen. Alle Varianten stimmen in einer Kernaussage überein: Der Kreml hat mit dem Abschuss nichts zu tun, verantwortlich ist die ukrainische Regierung um den vor sieben Wochen gewählten Präsidenten Petro Poroschenko und seinen Ministerpräsidenten Arsenij Jazenjuk.[46]

Erst fünf Jahre später werden die Ermittlungen des von den Niederlanden geführten Joint Investigation Teams[47] belegen, was die Ukraine unmittelbar nach dem Unglück verkündet hat: Flug MH17 wurde durch eine russische Boden-Luft-Rakete zerstört, die von einem russischen Buk-System abgefeuert wurde. Der Chefermittler der niederländischen Polizei wird klarstellen: »Alle Fahrzeuge in einem Konvoi, in dem die Rakete transportiert wurde, waren Teil der russischen Streitkräfte.«[48]

Da die meisten Passagiere niederländische Staatsbürger waren und ihre Leichen im Juli 2014 auf von russischen Kämpfern kontrolliertem Kriegsgebiet liegen, beginnen nach dem Abschuss in Den Haag Planungen für einen Militäreinsatz. Der niederländische General Mart de Kruif stimmt sich mit dem Oberbefehlshaber der Armee und mit der Leitung der 11. Luftbeweglichen Brigade der Niederlande ab. Soldaten, die für solch einen Spezialeinsatz ausgebildet sind, werden im Urlaub angerufen. Auch das Militär der USA, Großbritanniens und Australiens wird in die Missionsplanungen eingebunden. Die USA wollen den Lufttransport organisieren. Nach kurzer Zeit steht fest: Innerhalb von 48 Stunden wäre die Einheit ready to go. 1000 bis 1500 niederländische Soldaten sollen zusammen mit 1000 australischen Soldaten auf ukrainischem Boden gegen die russischen Kämpfer vorgehen und die Absturzstelle sichern. Der niederländische Regierungschef Mark Rutte von der VVD ist für den Einsatz, sein Außenminister Frans Timmermans dagegen. Der Sozialdemokrat argumentiert, Putin könne die Mission, die auf ukrainischem Territorium geplant ist, als Angriff der Nato gegen Russland deuten. Die niederländische Regierung ist sich nicht einig. Aus den Plänen von General Mart de Kruif wird nichts.[49]

Hans Borst, der Vater der 17-jährigen Elsemiek, ist so verzweifelt, dass er einen Brief an Wladimir Putin schreibt, den er veröffentlicht. »Plötzlich« sei seine Tochter »nicht mehr da! Sie wurde vom Himmel geschossen, in einem unbekannten Land, in dem Krieg herrscht!«, schreibt er und gibt der Ukraine in seinem Brief eine Mitschuld am Unglück.

Alexandra Kovaleva, eine Bekannte von Kira Bondar, die auch vor der niederländischen Botschaft in Kyjiw war, liest den Brief aus Holland und antwortet in einem offenen Brief:

Lieber Hans de Borst,
vielleicht werden Sie diese Nachricht nie lesen. Vielleicht ist es besser so. Es tut mir leid, dass Ihre Tochter in einer Boeing 777 ums Leben gekommen ist, die von russischen Terroristen am Himmel meines Landes abgeschossen wurde. Im Gegensatz zu Russland hat mein Land nie Kriege begonnen. Jeder Todesfall ist für uns alle ein großer Schock. Deshalb versammeln sich heute Ukrainer vor der niederländischen Botschaft und bringen Blumen, Kerzen und Spielzeug für die getöteten Kinder, auch für Ihre Tochter [...]
Als Putin einen Teil des ukrainischen Territoriums – die Krym-Halbinsel – annektierte, dachten wir, westliche Regierungen werden ihren Verpflichtungen nachkommen. Großbritannien, die USA und Frankreich haben 1994 mit der Ukraine das Budapester Memorandum unterzeichnet, wonach sie verpflichtet sind, die Integrität meines Landes zu sichern. Mit der Unterzeichnung dieses Dokuments gab die Ukraine Atomwaffen ab, da ihre Sicherheit von westlichen Regierungen garantiert wurde. Hätte der Westen nicht auf der Unterzeichnung dieses Memorandums bestanden, würde die Ukraine heute wahrscheinlich immer noch Atomwaffen haben und Russland würde nicht so weit gehen. Niemand hätte das Flugzeug mit Ihrer Tochter an Bord abgeschossen [...]
Als Putin begann, seine Terroristen in den Osten meines Landes zu bringen, und sie mit schweren Waffen ausstattete, unternahmen Politiker der EU-Länder nichts, um ihn

zu stoppen. Sie haben Russland irgendwie sanktioniert, aber in Wirklichkeit bedeutet das gar nichts. Es sind Sanktionen, die vortäuschen, dass Europa reagiert hat. Während Russland auf die Ukraine schießt, sitzt Frau Merkel während des WM-Endspiels neben Putin […]
Gestern wurden zwei ukrainische Schüler im Alter von 15 und 16 Jahren durch eine russische Mine in die Luft gesprengt. Sie wissen davon nichts. Woher sollten Sie auch wissen, dass das Land, das Ihnen Gas und Öl liefert, ukrainische Kinder in die Luft jagt. Ukrainische Kinder sind nicht so profitabel wie Gas und Öl. Jedes Mal, wenn Sie Ihr Auto betanken, denken Sie daran, dass Sie es vielleicht mit Benzin aus russischem Öl betanken. Jedes Mal, wenn Sie Wasser kochen, denken Sie daran, dass Sie vielleicht russisches Gas dafür verwenden […]
Damit möchte ich Ihnen sagen, dass Sie, bevor Sie die ukrainische Regierung beschuldigen, die Liste der Schuldigen vielleicht etwas erweitern und Ihre europäischen Regierungen hinzufügen sollten. Am Ende sind sie es, die all die Monate geheime Verhandlungen mit Putin geführt haben, sie sind es, die sich geweigert haben, zuzuhören, als die Ukraine wegen der Angriffe Russlands schrie. Sie sind es, Ihre Politiker, die unsere Regierung gezwungen haben, mit prorussischen Terroristen zu verhandeln – denjenigen, die die Boeing 777 mit Ihrer Tochter an Bord zum Absturz gebracht haben. Mit Ihrer schönen, talentierten und glücklichen Elsemiek […]
Ich habe nichts mit der ukrainischen Regierung zu tun. Ich bin nur ein ukrainisches Mädchen, das aufwacht, wenn nachts Raketen fliegen, die meine Stadt zerstören. Aber noch einmal. Es tut mir so leid.
Alexandra Kovaleva

Rostock, Samstag, 19. Juli 2014

68. Minute: Eric Maxim Choupo-Moting dribbelt Richtung Strafraum. Das Stürmer-Talent könnte schießen. Foul. Pfiff. Es gibt einen Freistoß im Rostocker Ostseestadion. Eine Minute später steht es 0:1 im Spiel Hansa Rostock gegen Schalke 04.

Nach 90 Minuten hat der Drittligist gegen den Champions-League-Teilnehmer 0:3 verloren. Viele Chancen hatte Hansa heute nicht. Ein Ereignis ist das Spiel trotzdem und finanziell lohnend. Der verschuldete größte Verein Mecklenburg-Vorpommerns hat vor kurzem 2,5 Millionen Euro über eine Bürgschaft von Erwin Sellerings Bundesland erhalten, damit er in der dritten Liga weiterspielen darf. Durch die Einnahmen des Freundschaftsspiels (etwa 500 000 Euro) kann Hansa mit mehr Geld planen und unter anderem seine »präventive Fanarbeit über die Grenzen Rostocks« hinaus ausbauen. Bezahlen müssen die Rostocker dafür nichts. Sämtliche Kosten übernimmt heute Gazprom, Schalkes Haupt-Geldgeber. Die Sponsoring-Aktivitäten des Kreml-Konzerns sind vielfältig. Zwischen 30 und 99 Millionen Euro darf die Nord Stream 1 und später die Nord Stream 2 AG jährlich für Kommunikation ausgeben. Ein Teil davon sind Sponsoring-Gelder. Der FC Schalke 04 bekommt beispielsweise zwischen 10 und 15 Millionen Euro überwiesen, jedes Jahr. Ein Handballturnier in Köln wird jeweils im Sommer mit 500 000 bis 600 000 Euro gesponsort; die Volleyballerinnen in Schwerin bekommen ungefähr 300 000 Euro pro Saison. Das Baltic-Youth-Philharmonic-Orchester erhält jährlich Beträge zwischen mehreren hunderttausend und einer Million Euro. Dem Europapark Rust zahlt Gazprom eine Achterbahn im Wert von einer bis drei Millionen Euro sowie jährlich zwischen 200 000 und 300 000 Euro. Mit ähnlich viel Geld wird das Nord Stream Race im Segeln ermöglicht. Unter »Regionalsponsoring« fallen das Usedomer Musikfestival (etwa hunderttausend Euro jährlich), die Freiwillige Feuerwehr in Lubmin, der man einmal im Jahr »etwas« zukommen lässt, Grundschulen und Büchereien.

Hamburg, Montag, 28. Juli 2014

»Und bei mir im Studio begrüße ich nun Andreas Steininger vom Ostinstitut Wismar.« Mit diesen Worten wendet sich die Moderatorin der ARD an den Organisator des Russlandtages. Steininger steht im *Tagesschau*-Studio an einem geschwungenen Tisch, der für den schlaksigen Mann etwas zu niedrig wirkt. Der Termin ist ein Durchbruch für ihn. Die Einladung zum Experteninterview gilt als Gütesiegel. Dass er in einem der wichtigsten TV-Sender Deutschlands sprechen darf, hilft, so hofft Steininger, auch dem Image seines russlandfreundlichen Vereins.

Die Moderatorin will wissen, welche Auswirkungen die Sanktionen der EU haben könnten, die am folgenden Tag umgesetzt werden sollen. Steiningers Prognose deckt sich mit der Haltung des Kreml: Deutschlands Wirtschaft werde stärker leiden. Russlands Großkonzerne seien widerstandsfähiger als Deutschlands mittelständisch geprägte Industrie, sagt er. Um den Zuschauern die Sinnlosigkeit der Sanktionen klarzumachen, behauptet er, ungefähr 300 000 Arbeitsplätze hingen in Deutschland vom Handel mit Russland ab. Als Beispiel nennt Steininger, »dass keine Lieferungen mehr an Röhren für bestimmte Projekte stattfinden«.

Kaum einer der Zuschauer weiß, wie eng er durch seinen Verein finanziell mit Rohrlieferungen für »bestimmte Projekte« verbunden ist. Das Ostinstitut Wismar hat in den vergangenen Jahren mehrere Lobby-Veranstaltungen für Gazprom organisiert – Steininger selbst nennt sie »Informationsveranstaltungen«. 2012 richtete sein Verein im Auftrag des Konzerns – gegen Honorar – erstmals ein sogenanntes »Energiefrühstück« aus, in Zusammenarbeit mit dem Wintershall- und späteren Gazprom-Lobbyisten Alexander Rahr. Auf dem Programm stand ein Vortrag des Geschäftsführers von Severneftegazprom, einem Joint Venture, an dem Gazprom und Wintershall beteiligt sind. Das Thema des Energiefrühstücks 2013 lautete: die »Rolle von Erdgas als Kraftstoff in der europäischen Verkehrs- und Klimapolitik«. Hauptredner war ein Direktor von Gazprom Germania, der über Gazproms Zukunftspläne referieren durfte.

Gesponsert wurden die Veranstaltungen von der Firma GPlus. Die Brüsseler PR-Profis betreiben Lobbyarbeit für Gazprom und sorgen in Europa für eine gute Berichterstattung über die russische Regierung. Im Februar 2012 schrieben sie dem ARD-Studio Moskau eine E-Mail, in der sie sich für Hubert Seipels ARD-Doku *Ich, Putin* einsetzten. Der Film möge so weit wie möglich verbreitet werden.[50] Bereits im Jahr 2012 spendete GPlus Steiningers Ostinstitut Geld, 2013 und 2014 nochmal.

Später wird sich herausstellen, dass das Ostinstitut sich während des Baus von Nord Stream 2 zu 42 Prozent mit Geld von der Nord Stream 2 AG und der Wintershall GmbH finanziert hat.[51] Wintershall ist am Pipeline-Projekt beteiligt. Allein für die Website von Steiningers Verein hat Nord Stream 2 einen Betrag von 9000 Euro gezahlt.

Das Ostinstitut ist von einem Finanzamt in Erwin Sellerings Bundesland als gemeinnützig anerkannt und genießt für Spendeneinnahmen Steuererleichterungen.

Im Studio der ARD-*Tagesschau* versucht Steininger, die Sanktionen als unnötig darzustellen. Ihre Auswirkungen würden auch deshalb relativ gering ausfallen, da Russlands »Einnahmen aus dem Öl- und Gasgeschäft« weitersprudeln würden.

Im anschließenden, verschriftlichten Interview mit *tagesschau24* setzt sich Steininger für einen Parteifreund Sellerings ein. Kritik an Frank-Walter Steinmeier, weil dieser als Außenminister zu nachgiebig gegenüber Russland ist, bezeichnet er als »ungerecht«.[52]

Was Steininger verschweigt, ist der Grund für die Sanktionen. Die Situation in der Ukraine thematisiert er nicht. Dabei haben die Vereinten Nationen gerade einen neuen Bericht über Russlands Krieg in der Ukraine veröffentlicht. Darin heißt es, Lokalpolitiker, Beamte, Angestellte in der Kohleindustrie, Lehrer, Journalisten und Studenten seien von den prorussischen Kämpfern entführt oder festgehalten worden. Misshandlungen, Folter, Morde und Zwangsarbeit werden dokumentiert. Vor einem erheblichen Ausmaß an Vertreibung von der Krym wird gewarnt. Von Mitte April bis Ende Juli 2014 seien mindestens 1129 Menschen in der Ukraine durch den Krieg gestorben, 3442 Menschen verwundet worden und mehr als hunderttausend Bürgerinnen und Bürger durch die Gewalt zu Flüchtlingen geworden.[53]

Soldaten, die sich verlaufen haben

Kyjiw und Donezk, Freitag, 15. August 2014

Freiheit sei im Wesentlichen ein Synonym für Glück, hat Anna Bahrjana nach dem Erfolg der Euromaidan-Revolution geschrieben. Die ukrainische Schriftstellerin erinnert damit an den französischen Philosophen Nicolas de Condorcet. Das Wort »revolutionär« passe nur zu Volksaufständen, deren Ziel die Freiheit sei, hat der Erfinder der Volksinitiative schon im 18. Jahrhundert festgestellt.

Kira Bondar zweifelt an ihrem Glück und am Sinn ihrer Freiheit. Ihr Ehemann hat vor wenigen Tagen den Kampf gegen den Krebs verloren. Er ist ihr bester Freund und der Mensch gewesen, der sie immer unterstützt hat. Doch jetzt hat er – wie mittlerweile etwa tausend ukrainische Soldaten – seine Freiheit auf Erden verloren. Noch weiß Bondar nicht, wie sie ihren Kindern den Verlust des Vaters eines Tages erklären soll.

Beruflich gibt es für sie gute Nachrichten. Naftogaz hat es auch dank Andrij Koboljews Bemühen und durch die Hilfe von Klaus-Dieter Borchardt geschafft: Der Reverse Flow über eine kleine Pipeline, die aus der Slowakei kommt, hat den Testbetrieb aufgenommen. Bis zu vierzig Prozent des Gases, das die Ukraine importieren muss, kann so von West nach Ost transportiert werden.

Im Osten des Landes hat die ukrainische Armee unter

dem neuen Präsidenten Petro Poroschenko eine militärische Offensive begonnen. Prorussische Kämpfer wurden aus Dörfern, Kleinstädten und der Großstadt Slawjansk vertrieben. Mariupol und eine wichtige Straße, die Donezk mit Luhansk verbindet, werden wieder von Kyjiw kontrolliert. Donezk, die einzige Millionen-Stadt, in der prorussische Kämpfer herrschen, ist durch ukrainische Soldaten eingekreist. Und auch Ilowajsk, eine vor dem Krieg 16000 Einwohner zählende Ortschaft östlich von Donezk, versuchen Einheiten aus drei Freiwilligenmilizen und der Polizei zurückzuerobern.

Der Kreml behauptet, die Kämpfe der ukrainischen Armee führten zu einer humanitären Katastrophe. Um diese zu verhindern, müsse Russland mehr als 280 Trucks in die Ukraine schicken, die angeblich Medizin und Nahrungsmittel über die Grenze bringen sollen. Fast zeitgleich sagt der neue sogenannte Premierminister der selbsternannten Volksrepublik Donezk in einer Videobotschaft, es würden 1200 Soldaten zur Unterstützung kommen, die zuvor vier Monate in Russland trainiert hätten. Etwa 150 gepanzerte Fahrzeuge, darunter dreißig Panzer, seien auch auf dem Weg. Die Hilfe werde »im entscheidenden Moment« eintreffen. Woher diese Unterstützung kommt, sagt er nicht. Zehn russische Fallschirmjäger wird die ukrainische Armee in den kommenden Tagen festnehmen. Nach russischen Angaben sollen sich die Männer in der Ukraine »verlaufen« haben.

Ukrainische Truppen müssten im Kampf gegen russisches Militär durch die Nato unterstützt werden, fordert der ukrainische Außenminister. Seine Worte verhallen. Bundeskanzlerin Angela Merkel, die im Laufe des Tages mit dem ukrainischen Präsidenten telefoniert hat, lässt lediglich mitteilen:

Russische Waffenlieferungen an die prorussischen Kämpfer müssten eingestellt werden. Wenig später wird sie sagen: »Eine militärische Lösung wird es nicht geben.« Gemeinsam mit Frankreich setzt sie auf ein Treffen der ukrainischen, russischen, deutschen und französischen Außenminister in Berlin.

»Die Entsendung von Militärkolonnen über die Grenze und die fortgesetzte Lieferung moderner Waffen« durch Russland stehe im Widerspruch zu jeglichem Wunsch nach Verbesserung, teilt Joe Biden, Vizepräsident der USA, mit. »Wir werden keine militärische Unternehmung in der Ukraine beginnen«, hatte Präsident Barack Obama zuvor klargestellt. Der finnische Präsident Sauli Niinisto, der am Vortag mit Wladimir Putin telefoniert hat, sagt, eine »große Gefahr eines offenen Krieges« sehe er nicht.[54]

Ilowajsk, Freitag, 29. August 2014

Etwas abseits von der Hauptstraße nach Donezk liegt der Ort Ilowajsk. Ukrainerinnen und Ukrainer kennen die Stadt, wenn überhaupt, als Eisenbahnknotenpunkt der Region. Durch die Offensive haben ukrainische Soldaten es geschafft, große Teile der Innenstadt wieder unter ihre Kontrolle zu bringen. Auf dem Rathaus haben sie die ukrainische Flagge gehisst. Doch der Kriegsverlauf nimmt jetzt eine Wendung. Ilowajsk wird zur Falle.[55] Mit der Unterstützung von regulären russischen Einheiten haben die prorussischen Kämpfer eine Gegenoffensive gestartet und die Stadt umzingelt. Tausende ukrainische Soldaten stecken fest. Am Morgen verkündet Wladimir Putin, um »sinnlose Opfer zu vermeiden«, solle ein »humanitärer Korridor« eingerichtet werden. Die ukrainischen Soldaten hoffen darauf. Doch als sie Ilowajsk verlassen, betreten sie keinen humanitären, sondern einen Todes-Korridor. Von beiden Seiten der Straße feuern russische und prorussische Soldaten mit schwerer Artillerie. Auf der etwa 25 Kilometer langen Strecke, die zum Dorf Nowokateriniwka führt, wird ein Journalist fünf Tage später die Überreste von 68 Militärfahrzeugen, Panzern, gepanzerten Truppentransportern, Pick-ups, Bussen und Lastwagen zählen, in denen hunderte ukrainische Soldaten während des Rückzugs aus Ilowajsk gestorben sind.[56] Ein 28-jähriger ukrainischer Soldat, der den Kessel von Ilowajsk überlebt hat, sagt, er habe in einem »Fleischwolf« gesteckt. Der Kopf seines Kollegen sei in seinem Helm verbrannt.[57] Die ukrainische Regierung spricht von einem Massaker.

Nach der Katastrophe von Ilowajsk greifen russische und prorussische Truppen die Hafenstadt Mariupol an. Militärische Aktivitäten werden an weiteren Abschnitten der Grenze gemeldet. Zum Präsidenten der Europäischen Kommission sagt Putin, Kyjiw könne er nun in zwei Wochen einnehmen.

Der erste Russlandtag im Hotel der Spione

Warnemünde, Dienstag, 30. September 2014

Vor dem Neptun wehen eine deutsche und eine russische Flagge im Ostseewind. Schwarze Limousinen fahren vor, Vertreter der russischen Politik und Wirtschaft steigen aus und betreten das Foyer mit dem runden Tresen und dem weißen Piano.

Der neunzehnstöckige Bau am Ostseestrand wurde 1971 als Devisen-Hotel für ausländische DDR-Gäste eröffnet. Im selben Jahr entschied Erich Honecker, das Neptun auch für DDR-Bürger zu öffnen. Das Aufeinandertreffen von Gästen aus der BRD und DDR-Bürgern rief die Stasi auf den Plan, die den »Klassenfeind« im Urlaub oder auf Geschäftsreisen observieren wollte. Nach dem Mauerfall wurden mehr als einhundert IM-Akten von Hotelangestellten gefunden. Besondere Gäste wurden per Video, Wanzen und Telefonmitschnitten überwacht: Schleswig-Holsteins Ministerpräsident Uwe Barschel, Journalisten der ARD und des ZDF. Helmut Schmidt, Willy Brandt und Hans-Dietrich Genscher übernachteten auch im Neptun.

Im 17. Stock, Zimmer 1719, hatte die Stasi ihre »Objektdienststelle«. Dass der Geheimdienst seine Arbeit gründlich ausführen konnte, hatte mit der Hotelführung um Direktor Klaus Wenzel und Kaderleiter Hans-Jürgen Ziemeck (seit den späten 1960er-Jahren hauptamtlicher Stasi-Mitarbeiter) zu tun. Wenzel hat als Inoffizieller Mitarbeiter »Wimpel« im Hotel seine Kollegen ausspioniert. Bis zu seiner Pensionierung blieb er Direktor des Neptun. Auch Ziemeck und drei weitere ehemalige Stasi-Mitarbeiter behielten bis ins Jahr 2007 ihre Jobs. Sie bauten das Hotel zu jenem Fünf-Sterne-Haus um, das heute viele Gäste aus Russland empfängt.

Erwin Sellering, der vor kurzem mit 64 Jahren noch einmal Vater geworden ist, hat die lang geplante zweitägige Konferenz des ersten Russlandtages persönlich durchgesetzt.. In den vergangenen Wochen hat er Interviews gegeben und Reden gehalten, um den Russlandtag zu verteidigen.[58] Sein Ministerpräsidentenamt könne er auch in Elternzeit nicht vollständig ruhen lassen, sagt Sellering.[59]

Etwa 500 Teilnehmer zählt der Russlandtag, mehr als doppelt so viele wie ursprünglich gedacht. Da ein »entspannter Dialog« mit der Bundesregierung nicht mehr möglich sei, setze man eben »eine Etage tiefer« an, bei den Bundesländern, hat der russische Vize-Botschafter gesagt. Er ist mit dem Chef der Botschaft nach Rostock gekommen. Alexander Drosdenko, der Gouverneur des Leningrader Gebiets, ist auch da, ebenso der Werften-Unternehmer Witalij Jussufow und der Geschäftsführer der Nord Stream AG Matthias Warnig. Er kennt das Hotel womöglich noch aus früheren Zeiten.

17 Uhr, das Abendprogramm des ersten Konferenztages beginnt bald. Erwin Sellering gibt dem russischen TV-Sender NTW noch ein kurzes Interview. Gazprom ist der wichtigste Sponsor des Russlandtages: Sowohl Gazprom Germania als auch die Nord Stream AG haben jeweils das Platin-Sponsorenpaket über 10 000 Euro gebucht. Als Ge-

genleistung dürfen die Unternehmen mit Info-Ständen für sich werben.

Um 19 Uhr gehen die Teilnehmer zum Abendempfang ins nahe Kurhaus Seestraße. Zu DDR-Zeiten saßen dort Stasi-Mitarbeiter, die über 15 direkte Telefonleitungen die Gäste des Hotels abhörten und die Video-Signale der im Hotel versteckten Kameras empfingen. Nun eröffnen Sellering und der Gouverneur des Leningrader Gebiets hier den Russlandtag mit Tischreden. Ein Shanty-Chor singt, ehe es zum Abendessen zurück in den Bernsteinsaal des Neptun geht.

Andreas Steininger vom Ostinstitut Wismar ist zufrieden. Der Russlandtag habe »eine große Signalwirkung in Russland«, hat er zuvor in einem Interview mit dem *Spiegel* gesagt und seine Aussage damit belegt, dass heute Gouverneure aus »insgesamt sechs Regierungen russischer Provinzen« anwesend sind. Steininger hat auch den Krieg kommentiert. Der Westen hätte »erkennen müssen, dass die Ukraine ein in sich gespaltener Staat ist«, meint er.[60] Während des Russlandtages widerspricht ihm – nach allem, was darüber bekannt wird – niemand. Vertreter der Ukraine oder Polens sind ohnehin nicht eingeladen. Die polnische Regierung kommentiert die Veranstaltung deshalb nicht offiziell. Beim EU-Nachbarn, der Mecklenburg-Vorpommerns wichtigster Handelspartner ist, treffen Sellerings Russlandpolitik und die Konferenz auf Argwohn. Sellering übergehe polnische Interessen, lautet ein Vorwurf. Eine Vertreterin des einflussreichen Warschauer Politik-Instituts IPA bezeichnet das Festhalten am Russlandtag als »falsche Entscheidung«. Sie bedauere, dass Mecklenburg-Vorpommern polnische und europäische Sanktionspolitik übergehe. In der Tat müsse man im Gespräch bleiben. Die Frage sei nur, mit wem. Auf dem Russlandtag würden pro-demokratische Positionen aus Russland keine Rolle spielen. Es sehe eher danach aus, als wolle man sich um die eigenen Geschäfte kümmern, während in der Ukraine Menschen sterben.[61]

Warnemünde, Mittwoch, 1. Oktober 2014

Der rote Teppich vor dem Eingang des Neptun ist noch ausgerollt. Am zweiten Konferenztag hat der eigentliche Star des Events seinen Auftritt. »War es richtig, die Krym zu annektieren, Herr Schröder?«, möchte ein Journalist wissen. Gerhard Schröder blickt ihn mit gespielter Schwerhörigkeit an: »Bitte?« Als der Journalist seine Frage wiederholen will, unterbricht Schröder ihn. »Ich habe nicht vor, mit Ihnen ein zeitgeschichtliches Seminar abzuhalten.« Damit ist das Thema erledigt.

»Dialog bedeutet nicht Kritiklosigkeit«, sagt Schröder, als er gegen 10:30 Uhr seinen Einführungsvortrag hält, die Sanktionspolitik des Westens anprangert und die Annexion der Krym nicht als solche benennt. Schröder dankt lieber dem »lieben Erwin«, der Rückgrat bewiesen habe und kein »Blatt im Winde des publizistischen Mainstreams« sei. Da er schon beim Thema ist, will er vor dem Publikum gleich mal etwas klarstellen – Stichwort Putin- oder Russland-Versteher: »Ich stehe dazu, dass ich Russland, seine Menschen und seine politische Führung verstehen will. Ich schäme mich dafür nicht, im Gegenteil: Ich bin stolz darauf.« Applaus. Getragen von der Zustimmung dreht Schröder auf, zeigt mit der rechten Hand lässig in Richtung Sellering, der in der ersten Reihe sitzt. »Wie absurd das ist – Erwin, ich darf das vielleicht eben sagen«, kündigt er schmunzelnd an. »Erwin Sellering, der Ministerpräsident des Landes Mecklenburg-Vorpommern, der sagt mir: ›Ich habe da ein paar Erfahrungen. Denn ich bin seinerzeit als Ostdeutschland-Versteher apostrophiert worden. Was sollte ich schon anderes machen, wenn ich Ministerpräsident eines solchen Landes bin?‹« Glucksen aus dem Publikum. Jetzt kann der Aufsichtsratschef der Nord Stream AG seine Message verbreiten: Sanktionen gegen Russland seien für Deutschland schädlich, meint Schröder. Und »grundsätzlich« gelte: »Jeder zusätzliche Lieferant, jede Pipeline«, sei ein Beitrag für mehr Versorgungssicherheit.[62]

Die anschließenden Workshops widmen sich »Deutsch-russischer Kooperation in der Praxis« und »Handels- und Wirtschaftsbeziehungen unter den aktuellen Bedingungen«. Der Präsident des Ostinstituts und Ex-Bundeswirtschaftsminister Wolfgang Clement leitet einen Workshop mit dem Titel »Marktzugang und Marktentwicklung in Russland und Mecklenburg-Vorpommern«. Erwin Sellering hat währenddessen Außentermine. Nach dem Mittagessen besichtigt er mit dem Gouverneur des Leningrader Gebiets die *Sedov*, ein russisches Segelschiff, das in Warnemünde angelegt hat. Abends werden alle Teilnehmer ins etwa siebzig Kilometer entfernte Wismar transportiert: Ein Empfang vor dem Rathaus, eine Stadtbesichtigung und ein Abendessen in der St.-Georgen-Kirche stehen auf dem Plan. Dann geht es wieder ins Neptun. Sellering ist glücklich. Noch Jahre später wird er sich dafür rühmen, die Veranstaltung nicht wegen des Krieges abgesagt zu haben.

Einen Aspekt des Russlandtages thematisiert Sellering dagegen nie öffentlich. Im Nachgang der Konferenz stellen seine Mitarbeiter fest, dass die Landesregierung sich womöglich des Steuerbetrugs und der Korruption schuldig gemacht hat. Es geht um die Sponsorenverträge mit Gazprom und Co.

Recherchen für dieses Buch belegen, dass Beamte der Staatskanzlei und des Finanzministeriums selbst über eine Leistung gestolpert sind, die die Landesregierung für Zahler der »Sponsoring-Pakete« an den beiden Tagen erbracht hat: die »Platzierung von Aufstellern oder Info-Ständen«. Sellerings Regierung hat damit offenbar gegen eine eigene Vorschrift zur Bekämpfung von Korruption in der Verwaltung verstoßen. In der Anlage der Vorschrift heißt es über die Grundsätze für Sponsoring zur Finanzierung öffentlicher Aufgaben: »Als Gegenleistung der Behörde dürfen ausschließlich die mündliche oder schriftliche Nennung des Namens, der Firma und der Marke des Sponsors sowie die Präsentation seines ›Logos‹ und sonstiger Kennzeichen im Rahmen der Veranstaltung in Aussicht gestellt werden.« Beim Russlandtag hat die Landesregierung all das getan und darüber hinaus dafür gesorgt, dass Info-Stände für Gazprom und Co. im Neptun aufgestellt wurden. Sellerings Mitarbeiter schreiben in einem internen Vermerk, dass allgemeine Präsentationsmöglichkeiten wie Info-Stände »nach hiesiger Rechtsauffassung nicht gedeckt« seien.

Die Landesregierung hat nicht wie eine öffentliche Behörde agiert, sondern wie ein privates Gewerbe, wie eine Dienstleistungsfirma, die gegen Geld Werbung für Kunden macht. Für solche Gewerbeunternehmen gibt es jedoch Pflichten. Sellerings Regierung hätte die Einnahmen, das heißt die Sponsorengelder, versteuern müssen.

Das Finanzministerium meldet den Patzer dem Finanzamt. Das bestätigt den Verdacht – und verzichtet trotzdem auf eine nachträgliche Steuererhebung. Die Begründung:

»fehlende Nachhaltigkeit«, eine »Wiederholungsabsicht« sei »nicht erkennbar«. Erst eine Wiederholung wäre demnach Betrug. Wenn es um Werbung für Gazprom und Steuergeld geht, ist in Mecklenburg-Vorpommern ein Mal kein Mal.

Explosionen im Waffenlager

Vrbětice, Donnerstag, 16. Oktober 2014

Etwa zweieinhalb Autostunden von Wien entfernt stehen in einem bewaldeten Tal in der Nähe des tschechischen Dorfes Vrbětice 27 Lagerhallen. Das ehemalige militärische Sperrgebiet ist vom Staat an Rüstungsfirmen vermietet, die dort tausende Tonnen Raketentreibstoff, Granaten, Maschinengewehre und Munition eingelagert haben.

Um 10:43 Uhr explodiert das Lager 16. Eine Druckwelle verbreitet sich Kilometer weit und reißt in Vrbětice Menschen zu Boden. Granatsplitter fliegen durch die Luft. Ein Splitter bohrt sich ins Dach eines Wohnhauses. Als die Feuerwehr den Explosionsort erreicht, lodern die Flammen. Einige Rettungskräfte wagen sich in die Lagerhalle, legen sich auf den Boden, robben durch Rauchschwaden und suchen Überlebende. Nach weiteren Explosionen ziehen sie sich wieder zurück. »Das kann man nicht löschen«, lautet einer ihrer Funksprüche.

Da die Detonationen nicht stoppen und auch das Lager 12 explodiert, werden die Einwohner Vrbětices in den nächsten Wochen mehrmals evakuiert. Zwei Menschen sterben in den Flammen. Die tschechische Polizei wird nach jahrelangen Ermittlungen mitteilen, dass der Gesamtschaden sich auf 42,5 Millionen Dollar beziffert und die Explosionen von Mitgliedern des russischen Militärgeheimdienstes

GRU vorbereitet wurden. »Es war ein Akt des Terrorismus auf unserem Boden«, wird Tschechiens Premier klarstellen.

Fünf Tage vor der ersten Explosion war eine Aeroflot-Maschine auf dem Prager Flughafen gelandet. An Bord: Anatoli Tschepiga und Alexander Mischkin, Spione der GRU-Einheit 29155. Für ihre Einreise in die EU sollen sie falsche Identitäten benutzt haben, mit denen sie am Tag der Explosion mit einer anderen Aeroflot-Maschine vom Flughafen Wien-Schwechat die EU wieder verlassen.

Mieter von Halle 12 und Halle 16 ist der Bulgare Emilian Gebrew, dessen Unternehmen Waffen sowie Munition herstellt und die ukrainische Armee beliefert, die sich im Donbas gegen den Angriff des Kreml verteidigt.[63]

In sechs Monaten, am Abend des 28. April 2015, wird Gebrew sich unwohl fühlen, in Bulgarien ins Krankenhaus eingeliefert werden, ins Koma fallen und einen Giftanschlag mit Nowitschok nur knapp überleben. Bulgarische Staatsanwälte werden drei Offiziere der GRU-Einheit 29155 für den Anschlag verantwortlich machen.[64]

Schweizer Alpen, Kyjiw, Mittwoch, 31. Dezember 2014

Die Weihnachts- und Neujahrstage verbringt Klaus-Dieter Borchardt im familieneigenen Chalet in den Schweizer Alpen. Der Blick reicht über die vom Schnee bedeckte Landschaft bis zur Spitze des Matterhorns.

Zur Party am Silvesterabend werden neben Familienmitgliedern auch Freunde vorbeikommen. Wie es die Tradition will, wird es Raclette geben, mit Schweizer Käse, groß wie ein halbes Wagenrad.

Borchardt schaut auf ein ereignisreiches Jahr zurück. Seine klaren Worte über Süd Stream haben sich als treffend herausgestellt. »Wenn Europa Süd Stream nicht umsetzen will, dann wird es auch nicht umgesetzt«, hat Putin vor ein paar Tagen gesagt, während er neben dem türkischen Präsidenten Recep Tayyip Erdoğan in Ankara stand.[65] Erledigt hat sich damit der Name Süd Stream, das Projekt nicht. In der Türkei hat Putin eine neue Pipeline durchs Schwarze Meer angekündigt, die jene für Süd Stream vorgesehenen Rohre nutzen und später Turk Stream heißen wird. Im Jahresbericht für das Jahr 2014 schreibt Gazprom, neue Pipeline-Projekte werden es ermöglichen, »die Transitroute über die Ukraine vollständig aufzugeben«.[66]

Auf Bitten der Ukraine hat Borchardt in diesem Jahr zusammen mit Günther Oettinger die Leitung der Transitverhandlungen zwischen Naftogaz und Gazprom übernommen. Gazprom hat von der Ukraine deutlich mehr Geld für Erdgas verlangt, wollte aber keine höheren Transitgebühren für die Durchleitung durch das ukrainische Pipelinesystem zahlen. Ein Streitpunkt drehte sich um einen Verbindungspunkt des ukrainischen Gasleitungssystems im Kriegsgebiet. Gazprom wollte, dass die Ukrainer auch dort für den Transit des Gases verantwortlich bleiben. Hätte der russische Staatskonzern anerkannt, dass der Verbindungspunkt nun auf russisch kontrolliertem, also Gazprom-Gebiet liegt, hätte das Putins Behauptungen zum Beispiel während der Friedensverhandlungen in Minsk widersprochen, wonach Russland gar keine Kriegspartei sei. In Minsk hat Putin nach der Tragödie von Ilowajsk versucht, die ukrainische Regierung zu zwingen, direkt mit den prorussischen Kämpfern über einen Waffenstillstand zu verhandeln. Putins Ziel ist es, einen vom Kreml kontrollierten Korridor bis zur Krym zu erobern, der das historische Gebiet Neurusslands umfasst, und gleichzeitig für den Krieg und das eroberte Gebiet keine Verantwortung zu übernehmen. In der Frage, welches staatliche Gasunternehmen im russisch kontrollierten Kriegsgebiet für den Transit verantwortlich ist, wird der Widerspruch unauflösbar.

Eine der acht Verhandlungsrunden um den neuen Transitvertrag hat im Konferenzraum des ukrainischen Ministerpräsidenten Arsenij Jazenjuk in Kyjiw stattgefunden. Borchardt erinnert sich daran, weil das Ringen bis etwa drei Uhr in der Nacht ging. Dann hat Alexej Miller, der CEO von Gazprom, die Verhandlungen ohne Ergebnis abgebrochen, ist zum Flughafen gefahren und nach Russland geflogen. Borchardt und Oettinger, die stundenlang zwischen den Ukrainern und den Russen vermittelt hatten, waren nach dem überstürzten Abflug so perplex und aufgewühlt, dass sie nicht schlafen konnten. Während aller Verhandlungsrunden war klar, dass es beim Gas und beim Transit nicht nur um wirtschaftliche Themen geht. Miller konnte nichts Wichtiges ohne Abstimmung mit Putin entscheiden. Und Oettinger telefonierte oft mit Angela Merkel, die dann Putin anrief, um ihm mitzuteilen, was politisch nicht akzeptabel sei.

Jetzt, zum Ende des Jahres ist Borchardt froh, dass es einige Tage nach dem abgebrochenen Termin in Kyjiw doch noch zu einer Einigung gekommen ist. Der von ihm und Oettinger vermittelte Kompromiss wurde in Brüssel unterzeichnet. Bis 2019 ist der Transit von russischem Gas durch die Ukraine in die EU nun vertraglich vereinbart. Über den Preis für Erdgas, den Naftogaz an Gazprom bezahlen muss, haben sich die Unternehmen wenigstens bis zum Ende der Heizperiode geeinigt. Bis Ende März sollen die Ukrainer 385 Dollar pro tausend Kubikmeter Gas zahlen, mehr als doppelt so viel wie Belarus an Gazprom überweist[67] und mehr als deutsche Firmen an Gazprom zahlen. Die Gaspreise für deutsche Unternehmen, ihre Bedingungen und Gültigkeitsdauer zählen »zu den am meisten geschützten Geheimnissen Gazproms«, sagt ein Insider. Zwei Quellen, von denen eine an mehreren Preisverhandlungen teilgenommen hat, haben während der Recherchen für dieses Buch voneinander unabhängig Anhaltspunkte für den deutschen Gaspreis verraten. Nach Berechnungen, die darauf aufbauen, überweisen die Deutschen etwa 316 Dollar je tausend Kubikmeter nach Russland.[68]

Im gesamten Jahr 2014 hat Deutschland 37,2 Milliarden Kubikmeter Erdgas (41,4 Prozent der gesamten Gaseinkäufe) aus Russland importiert und dafür 8,85 Milliarden Euro nach Russland überwiesen[69] – ein Betrag, der etwa 14 Prozent der gesamten Militärausgaben Russlands im Jahr 2014[70] ausmacht und mehr als dem Fünfzehnfachen der Kosten entspricht, die laut UN im Sommer 2014 nötig gewesen wären, um den Wiederaufbau der Kriegsschäden in der Ukraine zu finanzieren (0,56 Milliarden Euro).[71]

Neben Freude über das Erreichte empfindet Borchardt auch Enttäuschung. In seinem Umfeld hat der Spitzenbeamte wahrgenommen, dass viele Entscheidungsträger Putins Erzählung geglaubt haben, wonach die Krym-Halbinsel irgendwie doch zum russländischen Reich gehört. Diese westlichen Politiker haben – so Borchardts Eindruck – zwar in »sehr diplomatischer Sprache« auf den Bruch des Völkerrechts hingewiesen, aber keine »richtigen Sanktionen« erlassen. Weder Deutschland noch die EU haben wegen des Krieges Gazprom sanktioniert.

Kira Bondar, die den Jahreswechsel in Kyjiw verbringt, hat daher eine bittere Schlussfolgerung gezogen: »Die westliche

Welt kann so viele rote Linien ziehen, wie sie will – keine Chemiewaffen einsetzen, nicht in souveräne Länder einmarschieren –, aber wenn man diese roten Linien nur Stück für Stück, in kleinen Schritten über Wochen und Monate überschreitet, verlieren westliche Öffentlichkeiten und Politiker das Interesse und werden rote-Linien-müde.«

IV

Ein Netzwerk gegen Kriegs-Sanktionen

Sechs Schüsse auf ein Symbol der Freiheit

Moskau, Montag, 23. Februar 2015

Boris Nemzow trinkt Multivitaminsaft. Dazu isst er einen Salat, redet fast ohne Pause und hustet. Er hat sich eine Grippe eingefangen und hofft, dass Vitamine helfen. In den nächsten Wochen hat er viel vor. »Wesna« – Frühling – lautet das Motto der Demonstration, die am 1. März Moskau aufrütteln soll. Neben dem Ex-Ministerpräsidenten Michail Kasjanow und dem Blogger Alexei Nawalny soll Nemzow das Gesicht einer Kundgebung werden, deren Parole nur bedingt mit dem Erblühen der Natur zu tun hat. Nemzow hofft auf ein Wiedererwachen der Massenaufmärsche gegen Wladimir Putin, die er im Dezember 2011 und 2012 in Moskau angeführt hat. Flugblätter, die zur Teilnahme am Protestmarsch aufrufen, hat er vor kurzem selbst in Moskaus Metro verteilt.

An diesem Montag sitzt der 55-Jährige mit einer Journalistin im »Shamrock«, einem Irish Pub, das sich im selben Gebäude wie der Radiosender Ekho Moskvy befindet. Putin habe die Methoden des Nazismus in die russische Politik gebracht, sagt Nemzow. Putins aggressive Propaganda habe es geschafft, durch die Annexion der Krym eine Massenhysterie auszulösen, den Westen als Feind und die Ukrainer als Faschisten darzustellen. Putin folge den Prinzipien Goebbels'. Dabei nutze er einfache Botschaften, die viele Male und emotional wiederholt würden, bis Fakten oder die Wahrheit keine Bedeutung mehr haben.

Nemzow, den viele, als er Vize-Premierminister war, für einen möglichen Nachfolger Boris Jelzins hielten, der einst mit Putin zusammengearbeitet hat, ist mittlerweile zu einem der lautesten Putin-Kritiker geworden. Der studierte Naturwissenschaftler, der schon als Gouverneur von Nischni Nowgorod das Gegenteil eines etablierten Politikers verkörperte, pflegt immer noch das Image eines Frauenschwarms, der lieber surfen geht als Golf zu spielen. Während der Orangen Revolution und während des Euromaidan hat er sich in Kyjiw öffentlich für eine proeuropäische Zukunft Russlands ausgesprochen. Um die Aufmerksamkeit vor den Olympischen Winterspielen auf die Korruption in seiner Geburtsstadt Sotschi zu lenken, hat er in der Stadt am Schwarzen Meer fürs Bürgermeisteramt kandidiert. Nemzow schreit seine Überzeugungen per Megafon in die Öffentlichkeit, lässt sich dafür von der russischen Polizei einsperren, um Putin danach wieder zu kritisieren.

Aus Empörung über das, was aus seiner Heimat unter Putin geworden ist, sind nicht nur Nemzows Demonstrations-Reden entstanden. Er hat recherchiert, Analysen verfasst, und statt nach einem Verleger zu suchen, der sich traut, seine Texte zu veröffentlichen, hat er seine Warnungen vor dem Putinismus, seine »White Paper«, selbst ausgedruckt und auf öffentlichen Plätzen in Moskau verteilt.

Als Minister war Nemzow für die Bereiche Brennstoffe und Energie zuständig, als Kopf der Opposition hat er nun keine Zweifel: Gazprom sei die erste Adresse, unter der man Korruption im großen Stil in Russland finden könne. »Gazprom ist zum wichtigsten persönlichen Projekt von

Präsident Putin geworden«, hat Nemzow in seinem zweiten White Paper »Putin und Gazprom« geschrieben. Um wertvolle Unternehmen an loyale Freunde zu geben, heißt es darin, hätten Putin und sein KGB-Clan Aktien manipuliert und Auktionen beeinflusst. Sie hätten »Mittelsmänner« installiert, um durch Zwischenhandelsunternehmen mit illegalen Kickback-Geschäften viel Geld zu machen, das sie danach auf der ganzen Welt auf geheimen Bankkonten verteilt hätten. Unter Putin betreibe Gazprom ein Geschäft, das Nemzow »Pipeline-Betrug« nennt. Und Nord Stream sei ein Teil dieses Betrugs.

Nach seiner Überzeugung wurde Nord Stream 1 nicht am Grund der Ostsee verlegt, um die Energiesicherheit Deutschlands zu erhöhen. Die Stahlrohre wurden verlegt, damit Putins Clan noch mehr Geld durch Korruption verdienen kann. Wäre es um Erdgas und nichts anderes gegangen, hätte Gazprom die schwierigen Bedingungen am Meeresboden beim Verlauf der Pipeline vermieden und Nord Stream 1 parallel zur Jamal-Europa-Pipeline errichtet – entlang der bestehenden Infrastruktur durch Belarus und Polen. Statt der fünf Milliarden US-Dollar, wie Gazprom jahrelang behauptete, und statt der 11,5 Milliarden US-Dollar, wie der Staatskonzern mittlerweile selbst eingeräumt hat, hätten die Kosten für das Projekt dann 2,5 Milliarden US-Dollar betragen.[1] Der schnellste Weg, um reich zu werden, sei im Putinismus der Bau unnötiger Gasleitungen, schlussfolgert Nemzow in einem anderen White Paper.[2] In einer weiteren Analyse, die er zusammen mit einem Co-Autor verfasst hat, heißt es, während Putins Präsidentschaft seien mit Gazprom Steuergelder in Höhe von »etwa 60 Milliarden Dollar« gestohlen worden. Es sei kein Zufall, dass in den vergangenen Jahren neureiche Oligarchen London mit Geld überschwemmt und in ganz Großbritannien protzige Immobilien gekauft hätten. Auch viele an spanischen Stränden entstandene Villen seien mit gestohlenem Gazprom-Geld bezahlt worden, weil Banken wie die Credit Suisse bereit waren, Konten zu eröffnen, auf denen Putins Clan so viel schmutziges Geld einzahlen konnte, wie er wollte. Schweizer Städte hätten den Oligarchen-Firmen niedrige Steuersätze und Immobilien angeboten, die sich bestens als Briefkastenfirmen und zum Geldwaschen nutzen ließen. Das sei, so Nemzow, der Hauptgrund, weshalb die Nord Stream AG ihre Büros in der Schweiz eingerichtet habe.

Bevor er das Irish Pub verlässt, um beim Radiosender Ekho Moskvy vorbeizuschauen, erzählt Nemzow noch von seinem Verhältnis zu Angela Merkel. Er schätzt die deutsche Kanzlerin, die wie er Physik studiert hat und die er noch aus Zeiten kennt, als Moskau das Zentrum des Sowjetimperiums war. Mit einem Lächeln ergänzt er, dass er wisse, dass Merkel Putin ebenfalls hasse.

»Putin lügt«, sagt Nemzow, aber der russische Präsident könne die Dinge nicht für immer verbergen. Es werde immer mehr Gräber mit in der Ukraine gefallenen Soldaten geben. Irgendwann würden die Leute es schlimm finden, dass Putin einen Krieg gegen eine Brudernation führe. Hitler habe einen Grund gehabt, Österreich nicht anzugreifen.

Weil Putin die Zahl der getöteten Soldaten in der Ukraine verheimliche, arbeite er gerade an der Aufklärung dieses Geheimnisses, verrät Nemzow. Für die unmittelbare Zukunft rechne er aber nicht mit einem Ende des Putinismus. Er sagt, es werde ein langer Kampf. Über ein Ende könne man vielleicht in etwa zehn Jahren reden, »im Jahr 2024«.

Trotz seiner Erkältung wirkt Nemzow kämpferisch. Als er vor wenigen Tagen in Kyjiw war, hat er den ehemaligen georgischen Präsidenten getroffen. »Pass auf, dass sie dir kein Gift in den Wein schütten«, hat Micheil Saakaschwili gewitzelt. Nemzow hat gelassen reagiert. Der Hass charakterisiere ja nicht ihn, sondern das Regime, hat er gesagt. Bis zur Annexion der Krym sei Russland ein korrupter autoritärer Polizeistaat gewesen, der sich danach in eine korrupte Diktatur verwandelt habe.

Was Nemzow immer noch nicht weiß: Das Geheimdienstkommando des FSB ist weiterhin hinter ihm her.

Debalzewe, Dienstag, 24. Februar 2015

M03 heißt die Straße, die aus Russland kommt, durch das von prorussischen Soldaten besetzte Gebiet im Osten der Ukraine verläuft und dann weiter Richtung Westen führt. Es ist eine von Tausenden ukrainischen Straßen, von Schlaglöchern zersetzt, sanierungsbedürftig. Aber wenn die Artilleriekämpfe um M03 nicht doch noch enden, wird die Straße einen Wendepunkt des Kriegsverlaufs markieren. M03 wird dann zu einem Synonym für das Scheitern der Friedensbemühungen der wichtigsten Politiker Europas. Die Straße ist der einzige Ausweg für ukrainische Soldaten, die in Debalzewe eingekesselt und dort noch nicht gefallen oder gefangen genommen worden sind. Wer M03 kontrolliert, hat zudem die Kontrolle über die wichtigste nach Russland führende Eisenbahnverbindung in der Region.

Mehr als 15 Stunden haben Angela Merkel, der französische Präsident François Hollande und sein ukrainischer Kollege Petro Poroschenko auf der einen Seite sowie Wladimir Putin, Alexander Lukaschenko und die angeblichen Anführer der angeblichen Volksrepublik Donezk auf der anderen Seite vor einigen Tagen verhandelt. Das Resultat heißt Minsk II, ein Fahrplan, der die Ergebnisse des ersten Minsker Friedensplanes aus dem vergangenen Sommer in 13 Punkten umsetzen soll. Als erster Schritt sollte eine Waffenruhe in Kraft treten. Ab Dienstag vor einer Woche sollte mit dem Abzug schwerer Artillerie aus der Kampfzone begonnen werden. So war der Plan.

Heute steht fest: Er ist gescheitert. Die Waffen ruhen weder in den Vororten der Hafenstadt Mariupol noch in und um Debalzewe. Nach den verlorenen Schlachten um Ilowajsk und um den Flughafen von Donezk wird Debalzewe bald ein Synonym für die dritte schwere Niederlage der ukrainischen Armee sein.[3]

Berlin, Moskau, Freitag, 27. Februar 2015

Im Terminkalender des deutschen Wirtschaftsministers stehen Termine mit alten Bekannten: Sigmar Gabriel empfängt Gerhard Schröder und Matthias Warnig. In Deutschland ist ein normaler Arbeitstag. In Russland soll der heutige Tag eine vom Kreml vorgegebene neue Bedeutung haben. Wladimir Putin hat verkünden lassen, dass der 27. Februar der »Tag der Sondereinsatzkräfte der Streitkräfte der Russischen Föderation« sei. Mit dem neuen Ehrentag sollen jene Streitkräfte gefeiert werden, die vor genau einem Jahr die Kontrolle des Obersten Rates der Krym in Simferopol übernommen haben.

Boris Nemzow ist am Abend wieder zu Gast beim Radiosender Ekho Moskvy. Er ist gut drauf und kritisiert im Radio das Militärbudget Russlands. Immer mächtiger werde der militärisch-industrielle Komplex. »Alles ist auf Krieg gebaut«, sagt er und greift die Politik des Kreml einmal mehr an, eine Politik, die eine Misshandlung der Wirtschaft sei und in eine »Sackgasse« führen werde. Dann ruft er die Hörer auf, zur Demonstration am Sonntag zu kommen.

Seine Mutter erwähnt Nemzow vor dem Radio-Mikrofon nicht. Zwei Wochen zuvor hat er über die 86-Jährige geredet: Sie habe schreckliche Angst um sein Leben und rate ihm, endlich aufzuhören, Putin zu beschimpfen. Sonst bringe der ihn eines Tages noch um.[4]

Nach der Radio-Sendung trifft Nemzow sich mit seiner Freundin. Gemeinsam essen sie in einem kleinen Restaurant in einem Kaufhaus-Komplex am Roten Platz. Es ist eine halbe Stunde vor Mitternacht, als sie das Restaurant verlassen und sich zu Fuß auf den Heimweg machen. Das Paar schlendert über das Kopfsteinpflaster des Roten Platzes, kommt an der Basilius-Kathedrale vorbei und geht an der Mauer des Kreml entlang zur großen Moskwa-Brücke. Dann fällt der erste Schuss. Nemzow wird in den Rücken getroffen. Der Mörder drückt fünf weitere Male ab. Eine Kugel trifft Nemzows Herz. Er stirbt auf der Brücke, die zu den Toren der Macht führt.

Der Mörder flüchtet in einem weißen Auto, das von einem Komplizen gelenkt wird. Beide verschwinden, ohne dass die Polizei etwas mitbekommt. Noch in der Nacht teilt ein Pressesprecher des Präsidenten Wladimir Putins Reaktion mit: Der Tod Nemzows zeige alle Anzeichen eines bestellten Mordes.

Drei Tage später geben die Behörden bekannt, dass die Überwachungskameras in der Nähe des Tatortes »nicht funktioniert« hätten.

Bärenjagd im Bundestag

Berlin, Dienstag, 17. März 2015
Die Außenfassade wird gerade renoviert, aber drinnen glänzen Marmorsteine und Goldverzierungen wie eh und je. Zehn Kronleuchter schweben über der Bühne, prunkvoll bis in die Spitzen. Es ist ein festliches Arrangement im Saal des russischen Botschaftsgebäudes in Berlin: Unter der russischen Flagge sind die Stuhlreihen fürs Publikum liniengerade ausgerichtet. Der Moderator bittet höflich, die Anwesenden mögen doch Platz nehmen. »Die Limousine des Wirtschaftsministers fährt gerade vor.«

Mit Wladimir Grinin, dem russischen Botschafter kommt er in den Saal: Sigmar Gabriel, Vizekanzler, SPD-Parteivorsitzender, Bundeswirtschaftsminister – und wenn es nach ihm geht, bei der Bundestagswahl Kanzlerkandidat, der nach Gerhard Schröder der nächste Regierungschef seiner Partei werden könnte.

Gabriel, der von 1999 bis 2003 Ministerpräsident von Niedersachsen war, ist wegen eines alten Freundes und Geschäftspartners in die russische Botschaft gekommen: Das SPD-Urgestein Heino Wiese hat ein Buch über Russland herausgegeben und möchte das Werk heute vorstellen. Wiese ist auch ein Vertrauter des Außenministers Frank-Walter Steinmeier und Gerhard Schröders, den er bereits 1982 beim Skat in der Gaststätte Plümecke in Hannover kennengelernt hat.[5] Zusammen haben die Freunde so manche Biergläser geleert und Currywurst gegessen. Später organisierte Wiese als Landesgeschäftsführer der SPD Wahlkämpfe für Schröder und Gabriel und hatte eine Legislaturperiode lang selbst ein Bundestagsmandat inne. Nachdem er den Wiedereinzug ins Parlament nicht geschafft hatte, wechselte er in die Wirtschaft und gründete die Beratungsfirma Wiese Consult, durch die er enge Geschäftsbeziehungen nach Moskau aufgebaut hat, unter anderem zum russischen Stahlkonzern Severstal. Wiese, der auch den an Nord Stream 2 beteiligten österreichischen Energiekonzern OMV berät, ist für den Kreml ein Mittelsmann, der Kontakte in Deutschland herstellt. 2007 soll er beim Einstieg von Alexej Mordaschow beim Touristikkonzern TUI mitgeholfen haben. Mordaschow ist jener Putin-nahe Oligarch, der dem TV-Journalisten Hubert Seipel über ein Offshore-Konto 600000 Euro überwiesen hat. Vorstandsvorsitzender der in Hannover ansässigen TUI AG war damals das SPD-Mitglied Michael Frenzel, der wiederum zur Bier- und Currywurst-Connection um Schröder, Gabriel, Steinmeier und Wiese gehört.

Nebenbei ist Wiese Vorstandsmitglied im Verein Deutsch-Russisches Forum. In dieser Rolle wird er 2019 Erwin Sellerings Nachfolgerin Manuela Schwesig kontaktieren, weil er die Ministerpräsidentin als Rednerin gewinnen möchte – für einen Empfang in Mecklenburg-Vorpommerns Landesvertretung in Berlin, der die Verständigung zwischen Deutschland und Russland fördern soll.[6]

Wieses Deutsch-Russisches Forum, das für die Russlandinteressen deutscher Unternehmen lobbyiert und unter anderem das Veranstaltungsformat »Petersburger Dialog« ermöglicht, hat ein einflussreiches Kuratoriumsmitglied:

Wladimir Jakunin. Der Vertraute Putins, der wegen des Krieges auf der Sanktionsliste der USA steht, hat Wieses Russland-Buch unterstützt. Ein anderer Sponsor der Veröffentlichung ist Gazprom. Zwei von Wiese beauftragte Autorinnen porträtieren darin russische Friseurinnen, Eishockeyspieler, Schweißer, Rettungsschwimmer, Schaffner, Muftis und Ballerinas.

»Es braucht eine solche Art von Büchern in hundertfacher oder tausendfacher Zahl«, behauptet der russische Botschafter Grinin, kurz nachdem er den »Mainstream« in deutschen Medien und ein angeblich von diesem geprägtes negatives Russland-Bild beklagt hat. Wiese sei ein »wahrer und treuer Freund Russlands«, wird Grinin ein Jahr später sagen, als Wiese zum russischen Honorarkonsul in Hannover ernannt wird.[7]

Auch Sigmar Gabriel hat sich als treuer Freund Russlands erwiesen. Einige Wochen zuvor hat er gemeinsam mit Außenminister Frank-Walter Steinmeier einen Brief an die Fraktionen der CDU/CSU und SPD geschrieben. Sanktionen würden »allein die Krise nicht lösen«, haben sie darin verkündet. Man wolle sich dafür einsetzen, dass sie »rasch zurückgefahren werden können, sobald die Entwicklung dies zulässt«. Vor einigen Tagen hat er erneut in einem Interview mit der *Bild*-Zeitung Steinmeiers Kurs gegen Sanktionen unterstützt. Es gebe Kräfte, die »Russland jetzt wirtschaftlich und politisch noch mehr destabilisieren« wollen, hat Gabriel gesagt. »Wer das will, provoziert eine noch viel gefährlichere Lage für uns alle in Europa.«[8]

Während Wieses Buchpräsentation sitzt Gabriel zunächst in der ersten Reihe neben Gazprom-Vertretern und Russland-Lobbyisten. Nach der Rede des Botschafters betritt der Vizekanzler die Bühne, spricht eine halbe Stunde über deutsch-russische Beziehungen und seinen Wunsch für eine neue Ostpolitik – mit einer Freihandelszone von Wladiwostok bis Lissabon. »Utopisch« sei diese Vision, sagt Gabriel selbst. Aber wer wisse schon, was in zwanzig Jahren sein werde.

Dass die russische Regierung an diesem Tag bekannt gegeben hat, atomwaffenfähige Raketen in Kaliningrad, zwischen Polen und Litauen, aufzubauen, hat Gabriel vielleicht vor seiner Rede noch nicht mitbekommen. Zumindest erwähnt er es nicht. Auffällig ist am Ende des Abends das Fehlen eines anderen Wortes, nur wenige Buchstaben lang. Bei all den Glückwünschen für das neue Russland-Buch hat keiner der Anwesenden auch nur einmal »Krym« gesagt.[9]

Berlin, Donnerstag, 30. April 2015

Einen Tag vor dem Tag der Arbeit erhalten mehrere Bundestagsabgeordnete gleichzeitig eine E-Mail. Im Betreff steht: »Ukraine conflict with Russia leaves economy in ruins«. Die Adresse des Absenders endet auf @un.org. Teil der E-Mail ist ein Link zu einem »UN News Bulletin«. Viele Parlamentarier oder ihre Mitarbeiter klicken darauf. Sie landen auf einer Website, die wie eine Seite der Vereinten Nationen aussieht.

Berlin, Freitag, 1. Mai 2015

Im Gebäude des Bundestages passiert nicht viel. Die Bundestagsverwaltung samt der IT-Abteilung hat frei. Niemand bemerkt, was seit der gestrigen E-Mail geschieht. Der Absender war nicht die UN. Die Website, die in der E-Mail verlinkt war, gehört ebenfalls nicht zu den Vereinten Nationen. Alle Abgeordneten, die auf den Link in der E-Mail geklickt haben, haben sich unbemerkt eine Schadsoftware installiert, einen Trojaner. Dadurch haben die Angreifer jetzt Zugriff auf das Computersystem des deutschen Parlaments. Sie laden weitere Programme ins Bundestagsnetz hoch, darunter eines, das die Arbeitsspeicher aller angeschlossenen Rechner nach Passwörtern durchkämmt. Das Netzwerk des Bundestags umfasst mehr als 5600 Computer, 500 Kopierer und 130 Drucker. Knapp 12 000 Nutzer sind registriert. Es dauert ein paar Stunden, bis die Angreifer sich einen offiziellen Zugang zum Bundestagsnetz eingerichtet haben. Auf das Computersystem wirken sie fortan wie Abgeordnete oder Mitarbeiter des Bundestags.

Nun starten sie ein weiteres Programm, das nur aus einigen Kommandozeilen besteht. In der Hacker-Szene heißt es Mimikatz, Symbol: eine Kiwi. Mimikatz sucht nach Administratoren-Passwörtern. In einigen Tagen werden die Angreifer durch Mimikatz fünf der sechs Administratoren-Accounts des Bundestagsnetzwerks kontrollieren. Das System hält sie dann für Mitarbeiter der eigenen IT-Abteilung.[10]

Berlin, Donnerstag, 7. Mai 2015

Um 13:29 Uhr erstellt Dmitriy Badin eine Schadsoftware namens »VSC.exe«. Zwei Minuten später setzt der Russe sie im Computersystem des Bundestages ein. Badin ist Mitglied der GRU-Einheit 26165, Experten auch bekannt als APT28 oder Fancy Bear. Der GRU gilt als einer der wichtigsten russischen Nachrichtendienste. Seine Agenten seien rund um den Globus »Augen und Ohren« des russischen Militärs, sagte Putin, als die GRU-Geheimdienstzentrale am nordwestlichen Stadtrand Moskaus eingeweiht wurde.

In drei Jahren wird die US-Bundespolizei FBI nach Dmitriy Badin fahnden, in fünf Jahren wird Deutschland einen Haftbefehl gegen ihn ausstellen. Am heutigen Donnerstag weiß kein Behördenmitarbeiter in Deutschland, was der 1990 geborene Cyberspion in Berlin anrichtet.[11]

Berlin, Freitag, 8. Mai 2015

Claudia H. sitzt an ihrem Schreibtisch und ist genervt. Sie möchte eine Mail an René, einen Bekannten, schreiben, doch schon bei der Anrede gibt es ein Problem: Der kleine Strich über dem é, der accent aigu, erscheint nicht auf ihrem Bildschirm. H. drückt erneut. Nichts. Sie drückt wieder und wieder. Es bleibt bei Rene.

In ihrem Büro, das sich im ersten Stock eines Parlamentsgebäudes Unter den Linden befindet, wählt die Büroleiterin einer Abgeordneten der Linkspartei die 117 der IT-Hotline. Die Techniker empfehlen ihr, sie solle ihren Rechner neu starten. Nachdem auch das nicht geholfen hat, geht Claudia H. ins Wochenende.

Großbritannien und Litauen, Montag, 11. Mai 2015

Die Mitarbeiter eines Sicherheitsunternehmens wundern sich. Seit längerem beobachten sie von ihren Büros in Großbritannien und Litauen einen ausländischen Server, von dem mehrere Hacker-Angriffe gesteuert wurden. Nun steht dieser im Austausch mit zwei Rechnern des Bundestages. Die IT-Sicherheitsexperten informieren den deutschen Verfassungsschutz.

Berlin, Freitag, 15. Mai 2015

Der Verfassungsschutz hat die Warnung an den Bundestag und das Bundesamt für Sicherheit in der Informationstechnik (BSI) in Bonn weitergegeben. Doch erst eine Woche, nachdem Claudia H. die IT-Hotline des Bundestages angerufen hat, und mehr als zwei Wochen nach dem Start des Cyberangriffs schickt das BSI ein Notfallteam aus drei Mitarbeitern von Bonn nach Berlin. Die BSI-Mitarbeiter identifizieren einzelne Opfer des Angriffs, etwa den SPD-Abgeordneten Martin Rabanus, der ein paar Monate zuvor mit einer Delegation des Bundestages nach Kyjiw und Moskau gereist war. In der Ukraine hatten die Delegationsmitglieder die Annexion der Krym gerügt. Auch Bettina Hagedorns Rechner wurde geplündert. Sie sitzt für die SPD im Vertrauensgremium des Bundestages und zählt deshalb zu den neun Abgeordneten, die wissen, wie viel Geld die deutschen Geheimdienste wofür erhalten und welche Projekte der Bundesnachrichtendienst, der Militärische Abschirmdienst und das Bundesamt für Verfassungsschutz verfolgen.

Mindestens 16 Abgeordnetenbüros wurden durch Fancy Bear durchsucht. Die Hacker haben Postfächer kopiert, Festplatten ausspioniert sowie interne und vertrauliche Daten gestohlen. Zu ihren Zielen zählten auch die Bundestagsbüros von Angela Merkel.

Der Bundestagshack reiht sich in eine Reihe von russischen digitalen Angriffen ein. 2008, als die russische Armee während des Kaukasuskrieges auf georgisches Gebiet vorrückte, hat Fancy Bear mehrere georgische Ministerien gehackt. 2014 sind Badins Kollegen in die Verteidigungsministerien von Bulgarien, Polen, Ungarn und Albanien eingedrungen und haben die *New York Times* attackiert.

2016 werden sie das türkische Parlament, das Büro des türkischen Premierministers und das Postfach von Hillary Clintons Kampagnenchef kapern. In der wichtigen Phase des US-Wahlkampfes werden sie dessen E-Mails nach und nach veröffentlichen.[12]

Erdgasspeicher zu vergeben

Berlin, Montag, 15. Juni 2015

Im Bundeswirtschaftsministerium treffen die Ergebnisse eines Gutachtens über die Versorgungssicherheit Deutschlands ein. Experten haben im Auftrag des Ministeriums überprüft, welche Rolle Deutschlands Gasspeicher für die Versorgungssicherheit spielen würden, sollte es einen politischen Konflikt mit Russland geben. Ihr Ergebnis: Wenn die Gasspeicher nicht rechtzeitig befüllt werden könnten, käme es schon bei einem normalen Winter ab Februar zu wochenlangen Versorgungslücken in Deutschland.[13]

Leningrader Gebiet, Mittwoch, 24. Juni 2015

Am Ufer des Ladogasees, etwa fünfzig Kilometer östlich vom Zentrum des heutigen St. Petersburg, erinnert eine Gedenkstätte an die »Straße des Lebens«. Während des Zweiten Weltkrieges, als das damalige Leningrad von der Wehrmacht eingeschlossen war, fuhren Tausende sowjetische Lkw über den zugefrorenen See, um Leningrads Bevölkerung zu evakuieren und zu versorgen. Den Beginn der Rettungsgasse markieren heute zwei sieben Meter hohe Stahlbetonbögen, die einen aufgebrochenen Ring symbolisieren. In seinem Zentrum brennt die »Ewige Flamme«. Erwin Sellering ist ergriffen, als er in Gedenken an die Opfer der Nazis hier Blumen niederlegt. Ihm seien in diesem Moment die Jahre des

Krieges und das unermessliche Leid sehr präsent gewesen, wird er später berichten: Man müsse diese Zeit wachhalten, »als Mahnung für das, was niemals wieder geschehen darf«.

Es ist nur ein kurzes Innehalten, der Terminkalender des Ministerpräsidenten ist gefüllt. Mit zwei Ministern und sechzig Unternehmensvertretern ist er zu den »Tagen der deutschen Wirtschaft im Leningrader Gebiet« nach Russland geflogen. Die Veranstaltung ist das Pendant zum Russlandtag in Mecklenburg-Vorpommern, weshalb Sellering sie heute Vormittag nach einem Gespräch mit Alexander Drosdenko, dem Gouverneur des Leningrader Gebiets, eröffnen durfte.

Nach der Fahrt zur Gedenkstätte besucht er um 17 Uhr ein Unternehmen des Kirov-Konzerns in St. Petersburg. Georgi Semenenko, der Chef der Kirov-Werke, soll in einen Standort in Rostock investieren, so Sellerings Wunsch. Zu Semenenkos Unternehmenskette gehört auch ein Werk, das Waffen und Panzer produziert. Es fällt unter die russische Landesverteidigungsverordnung, ist also offenbar an Russlands Krieg in der Ukraine beteiligt. Sellering müsste das wissen, sein Wirtschaftsministerium hat ihm zur Vorbereitung Informationen zusammengestellt, in denen steht, dass Kirov Produkte für das Militär herstellt.

Zum Umdenken hat das Sellering nicht gebracht. Er sieht in der geplanten Erweiterung der Kirov-Werke nach Nordostdeutschland einen wichtigen Impuls gegen die Folgen der Sanktionspolitik. In den Bereichen Landwirtschaft und Schiffbau ist Mecklenburg-Vorpommerns Russlandhandel von den Sanktionen betroffen, weshalb Sellering »zu einem vernünftigen Verhältnis zu Russland« zurückkehren und »natürlich die Wirtschaftskontakte wieder aufnehmen« möchte.

Neben dem geplanten Kirov-Standort in Rostock ist der Hafen Ust-Luga für Sellering wichtig. Er will ihn am folgenden Tag besuchen und hofft, Resultate jener Bemühungen zu sehen, die sein Energieminister Christian Pegel zwei Monate zuvor unternommen hat. Pegel hat im April während einer Delegationsreise nach Moskau mit dem Vizepräsidenten der russischen Staatsbahn eine Vereinbarung getroffen. Seitdem verkehrt das Schiff *Petersburg* wieder monatlich zwischen Russland (Ust-Luga) und Mecklenburg-Vorpommern (Sassnitz). »Die Fährverbindung war bis vor etwas über einem Jahr auf einem sehr guten Weg, wirtschaftliche Stabilität zu erlangen«, hat Pegel nach seinem Treffen in Moskau gesagt.[14] Durch die »zwischenzeitig eingetretenen internationalen Instabilitäten« habe sie jedoch an »Dynamik« verloren. »Nachdem die Fähre kurzzeitig im Schwarzen Meer eingesetzt wurde«, sei das Schiff jetzt wieder in der Ostsee im Einsatz.

Was Pegel der Öffentlichkeit nicht mitgeteilt hat und worauf auch Sellering jetzt nicht eingeht: Die *Petersburg* wurde nicht irgendwo im Schwarzen Meer eingesetzt. Der Kreml brauchte sie, um eine Fährverbindung zwischen Russland und der eroberten Krym aufzubauen, also dort, wo die »zwischenzeitig eingetretenen internationalen Instabilitäten«, die andere Krieg nennen, ihren Ursprung haben.[15]

Auch Nord Stream 2, die Doppel-Pipeline, die in Ust-Luga starten soll, ist während Sellerings Reise Thema. »Ich kann ganz deutlich sagen: Wenn es zwei weitere Stränge gäbe, wäre mir sehr daran gelegen, dass die ebenfalls in Mecklenburg-Vorpommern anlanden. Ich halte es für gut, dass wir auf diese Weise engen Kontakt insgesamt zu Russland haben«, sagt Sellering.[16]

Rehden, Berlin, Mittwoch, 19. August 2015

Etwa hundert Kilometer westlich vom einstigen Amtssitz Schröders und Gabriels in Hannover liegt Rehden. Die Gemeinde in der niedersächsischen Provinz wirkt auf den ersten Blick unscheinbar. Doch zweitausend Meter unter der Erde befindet sich hier auf einer Fläche von 910 Fußballfeldern Deutschlands größter Gasspeicher. Mit einer Kapazität von 3,9 Milliarden Kubikmetern Erdgas ist er von besonderer strategischer Bedeutung. Wer ihn besitzt, hat Macht über die Energieversorgung Deutschlands und West-Europas.

Während in Brüssel und Washington über Sanktionen gegen Russland diskutiert wird, trifft der deutsche Vizekanzler eine Entscheidung: Sein Wirtschaftsministerium genehmigt einen Deal, der den Erdgasspeicher zum Eigentum Gazproms macht. Umgesetzt wird das Geschäft durch einen sogenannten Asset-Tausch zwischen der BASF (über das Tochterunternehmen Wintershall) und dem russischen Staatskonzern, dem Deutschland keine Sanktionen auferlegen will.

Für den Verzicht auf den Gasspeicher in Rehden soll die BASF eine Beteiligung an einem Erdgasfeld in Russland erhalten. »Wir sind überzeugt«, rechtfertigt ein BASF-Sprecher den Tausch, »für eine sichere Energieversorgung Europas brauchen wir auch weiterhin Erdgas aus russischen Quellen.«[17]

Die Übernahme des Erdgasspeichers hat Gazprom schon seit mindestens zwei Jahren geplant. Offenbar gehört sie zu einer Strategie. Ein ehemaliger leitender Angestellter von Gazprom Germania bestätigt,[18] dass Gazprom versuche, immer weiter ins deutsche Geschäft hineinzuwachsen: von den Gasquellen in Russland über die Pipelines und Speicher bis zum Verkauf des Gases an die Endkunden. Die Menschen sollten sich an Gazprom gewöhnen, damit eine Art vertikales Kartell geschaffen werden könne. Diese Bemühungen seien nicht nur auf die Firma Gazprom Germania bezogen, sondern würden auch andere Beteiligungen in deutschen Gasfirmen einbeziehen.[19]

Dazu passt, dass Gazprom und der Chemiekonzern BASF seit den 1990er-Jahren eine strategische Partnerschaft verbindet. Nach der Wiedervereinigung wollte Gazprom eine Mehrheitsbeteiligung am ostdeutschen Gasunternehmen VNG. Weil die Bundesregierung und der westdeutsche Gaskonzern Ruhrgas dagegen waren, fiel die Beteiligung kleiner aus als von Gazprom gewünscht. Der russische Staatskonzern fand einen anderen Weg: Er gründete ein Gemeinschaftsunternehmen mit der BASF, das für beide Seiten zu einer Win-Win-Situation führen sollte. Der Name: Wingas. Über diese Kooperation (Wingas wurde später zu einem Gazprom-Tochterunternehmen) konnte Gazprom doch noch im großen Stil als Gasverkäufer auf den deutschen Markt drängen. Die BASF war ebenfalls zufrieden, da der Ludwigshafener Konzern ohnehin auf der Suche nach einem günstigeren Gas-Lieferanten war. Zuvor hatte die BASF das Gas für ihre Fabriken bei Ruhrgas kaufen müssen.

Gazprom half der BASF, unabhängiger von der Ruhrgas AG (später Eon) zu werden und erhöhte durch den Direktverkauf an nun zwei deutsche Konzerne den Anteil russischen Gases auf dem deutschen Markt enorm. Wie hilfreich die Kooperation mit der BASF für Gazproms Strategie ist, belegen interne Dokumente des russischen Unternehmens: Das BASF-Tochterunternehmen Wintershall sei Gazproms »größter Befürworter in Europa«. Von der Zusammenarbeit mit der BASF-Tochter, die an der Nord Stream AG beteiligt ist und etwa das Ostinstitut in Wismar finanziert, verspricht sich Gazprom »eine stärkere Lobby« in Deutschland und für Russland einen »besseren Schutz vor Sanktionen«.[20]

Damit der russische Staatskonzern Preise und Transitgebühren frei gestalten kann, möchte er die gesamte Wertschöpfungskette im Gasgeschäft kontrollieren. Schon vor der Annexion der Krym lag eine in diese Strategie passende Übernahme des Gasspeichers in Rehden in der Schublade. Durch die Annexion blieb der Plan ohne Erlaubnis der Bundesregierung dort erst einmal liegen.[21] Doch nun, anderthalb Jahre nach Beginn des Krieges in der Ukraine und während der Debatte, wer der nächste Kanzlerkandidat der SPD wird, verhilft Gabriel dem Deal doch noch zur Umsetzung – und macht ihn für Wintershall und Gazprom durch eine Bundesgarantie in Höhe von 1,8 Milliarden Euro noch attraktiver.

»Ich unterstütze den Antrag.« Diesen Satz wird Gabriel handschriftlich zusammen mit seinem Namenskürzel auf einem internen Dokument seines Ministeriums vermerken und dafür sorgen, dass Gazprom den größten deutschen Gasspeicher bekommt, Wintershall zu 25 Prozent an der Erschließung eines neuen Gasfeldes in der sibirischen Tundra beteiligt wird und Deutschland das Geschäft mit Steuergeld absichert.

Offenbar will Gabriel mit der klaren Unterstützung von Gazprom und der BASF-Tochter auch kritische Stimmen in seinem Ministerium zum Schweigen bringen. Einige Mitarbeiter haben zuvor Einwände geäußert. Die Genehmigung könne zwar trotz »Ukraine-Krise« genutzt werden. Es sei aber nicht auszuschließen, dass es »Bedenken hinsichtlich der öffentlichen Ordnung und der Sicherheit der Bundesrepublik

Deutschland« geben könne, heißt es in internen E-Mails des Wirtschaftsministeriums. Gabriel verschweigt dies. »Gegen den Tausch bestehen aus Sicht des Bundesministeriums für Wirtschaft und Energie keine energiepolitischen Bedenken«, schreibt der deutsche Vizekanzler am heutigen Mittwoch in einem Brief an Kurt Bock, den Vorstandsvorsitzenden der BASF.[22] Im Konzern aus Ludwigshafen, dessen Öl- und Gasgeschäft im Jahr zuvor rund 1,5 Milliarden zum Gesamtgewinn von 5,1 Milliarden Euro beigesteuert hat, ist man froh über Gabriels Hilfe.[23] Gazproms CEO Alexej Miller nennt den Deal einen Meilenstein.[24]

Warnungen, dass Deutschland sich damit noch abhängiger von Russland macht, interessieren Gabriel und die Bundesregierung nicht. Deutschland brauche den Speicher nicht, die Versorgungssicherheit sei nicht gefährdet, behaupten sie, ohne das hausinterne Gutachten vom 15. Juni, welches das Gegenteil besagt, zu erwähnen. Russland sei, laut Gabriel, immer ein zuverlässiger Lieferant gewesen. Und außerdem würden die Niederlande und Norwegen ebenfalls Erdgas liefern.

Parallel unterstützt Gabriel Gazprom bei einem weiteren Projekt, das in der Öffentlichkeit eigentlich ebenfalls wegen des Krieges als erledigt gilt. Im Januar hat Gazprom mitgeteilt, seine Pläne für einen Ausbau der Ostseepipeline nicht weiterverfolgen zu wollen. Angeblicher Grund für das angebliche Ende von Nord Stream 2: ein Überangebot von Erdgas, das zu niedrigen Preisen geführt habe, die wiederum ein Großprojekt wie dieses nur noch »schwer« realisierbar machen würden. So stand es Anfang des Jahres in vielen Zeitungen. Die Entscheidung hänge mit der »komplizierten politischen Situation« zusammen, teilte eine Person aus dem Gazprom-Umfeld über die wahren Gründe mit. Im April hat Russlands Energieminister Alexander Nowak den Druck erhöht, indem er in einem Interview die EU scharf kritisierte. Die »Politisierung« dominiere, so der Vertreter Russlands, über die »ökonomische Realität«. Sein Ratschlag: Die Politik solle sich »die Meinung der europäischen Energiekonzerne anhören«. Auf die Frage, ob Gazprom den europäischen Markt verlassen wolle, hat er geantwortet: »Stellenweise gehen wir raus, stellenweise rein. Gazprom hat viele Tochtergesellschaften, die in Europa aktiv sind.« Eine zuvor von Gazproms CEO Miller mitgeteilte Ankündigung hat der Minister in seinem Interview bekräftigt: Das »alte jahrzehntelange Modell der gegenseitigen Abhängigkeit« gehe nun zu Ende. Das neue Modell sei »weniger zuverlässig, was die Gasversorgung betrifft«. Und: Russland sehe »keine Möglichkeit, den Transitvertrag mit der Ukraine zu verlängern«.

Hintergrund der Aussagen ist neben dem Krieg in der Ukraine Gazproms einseitiges Handeln bei Süd Stream, das mittlerweile Turk Stream heißt. Gazprom will die südliche Umgehung der Ukraine nach neuen Plänen bis in die Türkei bauen. Von dort müsse die EU die Weiterleitung »selbst organisieren«, hat Putins Minister gesagt, »es sei denn, man gibt uns eine Ausnahmegenehmigung«.

Klaus-Dieter Borchardt von der EU-Kommission hat Putins Abrücken von Nord Stream 2 von Anfang an für einen Bluff gehalten, der nicht zufällig in jener Zeit bekannt wurde, als in Minsk über Bedingungen eines Friedens in der Ukraine verhandelt wurde. Motto: Mal schauen, wie deutsche Unternehmen und ihre Lobbyisten reagieren, wenn Sanktionen dazu führen, dass Deutschland kein günstiges Erdgas aus Russland mehr bekommt.

Offenkundig lag Borchardt mit seiner Vermutung richtig. Nicht nur Erwin Sellering hat sich während der »Tage der deutschen Wirtschaft im Leningrader Gebiet« für Nord Stream 2 stark gemacht und sich für weniger »Politisierung« in Zeiten des Krieges ausgesprochen. Während sich in der Ukraine Debalzewe in ein Schlachtfeld verwandelte, hat sich Gabriel in München mit Alexej Miller zum »Deutsch-Russischen Unternehmerfrühstück« getroffen. Am Tag, als Boris Nemzow erschossen wurde, hat Gabriel sich in Berlin mit dem Aufsichtsratsvorsitzenden Gerhard Schröder und dem CEO der Nord Stream AG, Matthias Warnig, getroffen. Und obwohl Gabriel am 18. Juni 2015 in einem Schreiben seines Ministeriums darüber informiert wurde, welche Konsequenzen Nord Stream 2 haben könnte, hat er sein Bemühen fortgesetzt. Bei dem Projekt sei »mit Gegenwind« aus »einigen EU-Mitgliedstaaten« zu rechnen, heißt es in dem internen Dokument, auch die EU-Kommission »dürfte nicht rundweg begeistert sein«. Und: Durch Nord Stream 2 könne »die Abhängigkeit von Russland zementiert« und »ein Beitrag zur Umgehung der Ukraine als Transitland« geleistet werden. Der erste Strang von Nord Stream 2 solle im vierten Quartal 2019 fertiggestellt werden, warnen die Experten im Wirtschaftsministerium ihren Minister, »genau zu dem Zeitpunkt«, zu dem Russland angekündigt hat, »kein weiteres Gas mehr über die Ukraine in die EU zu leiten«.

Vielleicht ignoriert Gabriel diese Warnungen, weil es in dem Papier im Sinne deutscher Unternehmen wie der BASF und Eon (Ruhrgas) auch heißt: Deutschland würde durch Nord Stream 2 »als Gasdrehscheibe in Europa gestärkt und eine noch zentralere Rolle für die Gasversorgung spielen«.

Während Gazprom und die Bundesregierung ihren Einsatz für Nord Stream 2 damit rechtfertigen, dass Deutschland zukünftig auf russisches Gas angewiesen sei, da die Erdgasproduktion in den Niederlanden und anderen europäischen Ländern zurückgehe, wird der Verkauf des Erdgasspeichers damit gerechtfertigt, dass Deutschland weiterhin Erdgas aus den Niederlanden und anderen europäischen Ländern bekomme.

Schwerin, Freitag, 4. September 2015

Um 7:29 Uhr am Morgen geht in der Staatskanzlei eine E-Mail für Erwin Sellering ein. Absender ist Steffen Ebert. Betreff: »Nord Stream 2: Aktionäre einigen sich heute auf den Ausbau der Gastransportinfrastruktur durch die Ostsee«.

Ein Autogramm für Oksana

Bratislava, Donnerstag, 10. September 2015
Arsenij Jazenjuk ist in der Slowakei gelandet. Wie gestern in Warschau, möchte der ukrainische Ministerpräsident heute in Bratislava für die Unterstützung seines Landes werben.

Etwa siebentausend Menschen haben im Krieg ihr Leben verloren. Doch seit einigen Tagen hält die in Minsk vereinbarte Waffenruhe. Jazenjuk ist Angela Merkel, die er im April erneut in Berlin besucht hat, für ihre Unterstützung dankbar. Er bleibt aber skeptisch und vermutet, Putin möchte in der Ukraine mehr erobern als jene Regionen, die er bereits kontrolliert. Der russische Präsident habe vorerst lediglich eingesehen, dass militärische Offensiven in der Ukraine zu neuen Sanktionen oder keinem Ende der bestehenden Sanktionen führen würden. Also versuche Putin, die Ukraine politisch, wirtschaftlich, sozial zu destabilisieren und die europäische Gemeinschaft auseinanderzutreiben. Jazenjuk glaubt, Putin schicke deshalb nun Soldaten und Bomber nach Syrien. Je mehr Luftangriffe es dort gibt, desto mehr Flüchtlinge werden sich auf den Weg in die EU machen. Das werde Uneinigkeit unter den EU-Ländern bewirken und die EU innenpolitisch schwächen.

In Bratislava äußert sich der Ministerpräsident auch zum Gashandel. Die ukrainische Wirtschaft werde nach einer Prognose des Internationalen Währungsfonds in diesem

Jahr um elf Prozent schrumpfen. Gründe sind der Krieg und unpopuläre Reformen, die Jazenjuks Regierung umgesetzt hat und deren Wirkungen erst mittelfristig einsetzen werden. Erstmals seit zehn Jahren hat die Ukraine ihren Energiesektor grundlegend reformiert. Dmitri Firtasch, ein Oligarch, der zuvor Gasgeschäfte mit Gazprom abwickelte, hat nun keine Kontrolle mehr über Naftogaz. Auch Ihor Kolomojskyj, ein anderer Oligarch, der neben Flughäfen, Airlines und dem größten Geldinstitut der Ukraine auch den staatlichen Ölkonzern Ukrnafta kontrollierte, habe laut Jazenjuk keinen Einfluss mehr. Ein anderes Problem beunruhigt Jazenjuk dagegen. Der Bau von Nord Stream 2 sei ein »antieuropäisches und antiukrainisches Projekt« und gefährde »Sicherheit und Kontinuität der Gaslieferungen in die Länder Südosteuropas«, mahnt er. Eine Monopolisierung der Versorgungswege müsse verhindert werden, da die Endverbraucher sonst höhere Preise zahlen werden.

Stralsund, Mittwoch, 16. September 2015

Jens Lange, »Head of Permitting for Germany« bei der Nord Stream AG, betritt das Gebäude am Frankendamm 17. Hier hat das Bergamt Stralsund seinen Sitz. Rocco Müller, Sachgebietsleiter Planfeststellung, empfängt Lange freundlich. Der Ton ist locker, man kennt sich seit längerem. Der »Nordstreamler«, wie man die Unternehmensvertreter in Mecklenburg-Vorpommerns Behörden intern nennt, ist dieses Mal mit einer Powerpoint-Präsentation in die Hansestadt gekommen. Nachdem Gazprom elf Tage zuvor die Einigung mit den europäischen Aktionären (Wintershall, Engie, OMV, Shell, Eon Ruhrgas) veröffentlicht hat, soll jetzt alles möglichst schnell gehen. Erwin Sellerings Bundesland ist dabei wichtig. Das der Landesregierung untergeordnete Bergamt Stralsund ist für die Baugenehmigung der Pipeline zuständig. Und wenn das mächtigste Land der EU erst einmal die Freigabe erteilt hat, werden Finnland, Schweden und Dänemark schnell nachziehen, so Gazproms Kalkül.

Jens Lange steht vor den Behördenmitarbeitern um Rocco Müller, der im Bergamt die Genehmigung der Pipeline bearbeitet, und spielt seine Präsentation ab. Nach einer Zusammenfassung der vergangenen drei Jahre kommt Lange zur Rechtfertigung für das Projekt: der angeblich »steigende Importbedarf der EU«. Die beiden Stränge von Nord Stream 2 werden »die Versorgungslücke schließen, die sich aufgrund der schnellen Erschöpfung der EU-Eigenproduktion ergibt«, behauptet er. Was in der Präsentation fehlt, ist eine Übersicht über die bereits bestehenden Gas-Pipelines in Europa, die durch die Ukraine oder Belarus verlaufend für den behaupteten »steigenden Importbedarf« genutzt werden könnten. Jens Lange müsste sie kennen. Vor seinem Job bei der Nord Stream AG hat er für Wintershall in Osteuropa gearbeitet. Und obwohl zu diesem Zeitpunkt selbst im deutschen Wirtschaftsministerium klar ist, dass die für Nord Stream 2 geplanten Rohrleitungen zu »redundanter Infrastruktur« führen würden, also unnötig sind, weist laut Aktenlage kein Mitarbeiter des Bergamtes Jens Lange darauf hin. Die ohne Nord Stream 2 angeblich drohende »Versorgungslücke« bleibt demnach unwidersprochen. Dem bald freundschaftlichen Verhältnis zwischen dem Behördenmitarbeiter Müller und dem »Nordstreamler« Lange hilft das vermutlich. Beide werden sich so gut kennenlernen, dass Müller weiß, wann Lange in den Skiurlaub fährt. Termine, die offiziell als Baustellenbesichtigungen gelten, werden sie gemeinsam mit einem Segelschiff bereisen. Per E-Mail werden sie sich häufig schreiben. Da das nicht ausreicht, wird Müller für einen noch vertrauensvolleren Austausch auch sein privates Handy nutzen. Extra für die Kommunikation mit der Nord Stream 2 AG wird er sich dort den verschlüsselten Messengerdienst Threema einrichten.[25]

Jens Lange kommt zum Ende seiner Präsentation. Bis zur deutschen Genehmigung ist es noch ein weiter Weg: ökologische Basisuntersuchungen, Erstellen und Einreichen der Antragsdokumente, Öffentlichkeitsbeteiligung, Teilnahme der Umweltverbände. Doch Lange ist optimistisch. Er möchte, dass die Genehmigung des Bergamts im November 2017 erfolgen soll. Rocco Müller bedankt sich für die Präsentation. Ihm dürfte klar sein, wie straff der Zeitplan ist.

St. Petersburg, Donnerstag, 24. September 2015

Tim Kröger hat es geschafft. Im vierten Jahr hat er mit der *Spirit of Europe* und seiner Segelcrew zum ersten Mal das Nord Stream Race gewonnen. Die Nord Stream AG sagt: »Herzlichen Glückwunsch!«

Nowo-Ogarjowo, Donnerstag, 29. Oktober 2015

Fährt man vom Kreml etwa dreißig Kilometer nach Westen, erreicht man das Dorf Ussowo. Von dort führt eine Abzweigung nach Nowo-Ogarjowo, das unweit des Moskwa-Flusses liegt. Zu Sowjetzeiten wurde die von Bäumen umgebene Residenz des Ortes für Empfänge ausländischer Staatsgäste genutzt. Im Jahr 2000 hat Wladimir Putin sie zu einem seiner privaten Wohnsitze umbauen lassen, inklusive Schwimmbad, Banja, Fitnessstudio, Hubschrauber-Landeplatz und einem geheimen Bahnhof für Putins gepanzerten

Zug. Im Laufe der Jahre hat der Präsident über Offshore-Firmen mehrere Grundstücke in der Umgebung gekauft. Seine Familienangehörigen und Vertrauten konnten sich so in der Nachbarschaft ansiedeln.[26]

Sigmar Gabriel, der Putin am heutigen Tag besucht, scheint sich in Nowo-Orgarjowo wohlzufühlen. Vielleicht, weil er nicht wie Angela Merkel ein Jahr zuvor, vier Stunden auf Putin warten musste. Nach der Begrüßung spricht Gabriel Russlands Präsidenten auf eine eher private Kleinigkeit an. Er bittet Putin um ein Autogramm. Nicht für sich, sondern für Oksana, eine Zahnarzthelferin, die in der Praxis von Gabriels Frau arbeitet. »Oksana« und »Alles Gute« kritzelt Putin auf ein Foto von sich.[27]

Gabriel ist in offizieller Funktion als Wirtschaftsminister angereist: Er will Nord Stream 2 voranbringen. Seit er die Abgabe des Erdgasspeichers in Rehden genehmigt hat, war er nicht untätig. Im September hat er Rainer Seele in Berlin empfangen, den Vorstandsvorsitzenden des österreichischen Mineralölkonzerns OMV, der mit einem Zehntel an Nord Stream 2 beteiligt ist. Im Oktober hat er sich mit Gazprom-Vertretern in Straßburg, mit Gazproms CEO Alexej Miller sowie zwei Mal mit Matthias Warnig in Berlin getroffen. Auch innerhalb der Bundesregierung hat er sich eingesetzt, um Hindernisse der Pipeline zu beseitigen. Etwa eine Woche vor seiner Reise nach Russland haben Gabriels Mitarbeiter im Ministerium ihn darauf hingewiesen, dass die Regierung mehrere Gesetzesvorhaben aus dem Umweltministerium diskutiert, die zu einer »Verschärfung der Anforderungen an Projekte wie Nord Stream 2« führen könnten. Konkret geht es um ein Naturschutzgebiet in der Pommerschen Bucht. Dort sollen nach Vorgaben des Umweltministeriums Tierarten wie ein seltener Flohkrebs geschützt werden. Gabriel hat seinen Staatssekretär die Sache regeln lassen. Der hat das Umweltministerium auf »Pläne für einen zügigen Bau von Nord Stream 2« hingewiesen und dafür gesorgt, dass die geplanten Umweltgesetze sich nur auf die Vorgaben der EU beschränken. Der Schutz von Tierarten wie dem seltenen Flohkrebs wird aus dem Gesetzesvorhaben gestrichen.[28]

Putin dürften Gabriels Bemühungen erfreuen. Der russische Präsident spricht mit dem deutschen Minister mehrere Stunden über Gaspipelines und die deutsch-russischen Beziehungen. Mit am Tisch sitzt Alexej Miller. Er danke Putin, dass er sich Zeit für ihn genommen habe, hat Gabriel laut Kreml-Protokoll zu Beginn des Gesprächs gesagt. Putin habe in diesen Tagen ja »viel zu tun, gerade mit dem Konflikt in Syrien«. Gabriel sei »völlig unklar«, was Deutschland und Russland so auseinanderbringen konnte. Die »Situation um die Ukraine« könne es jedenfalls nicht sein, meint der deutsche Vizekanzler. Nord Stream 2 sei »in unserem Interesse«.[29]

Deutschland wolle deswegen bei dem Projekt die »Einmischung von außen beschränken«. Gabriel meint damit offenbar die EU und die osteuropäischen Länder, die dem Projekt kritisch gegenüberstehen.[30] Seine Aussagen stehen im Widerspruch zu dem, was er an anderer Stelle gesagt hat. »Ich bin bereit, als Vermittler zwischen den Interessen der EU und Russlands zu fungieren«, hat Gabriel laut eines internen Ministeriumspapiers kurz zuvor zur EU-Kommission gesagt.

Im Gespräch mit Putin setzt Gabriel noch einen drauf: Er plädiert dafür, die Sanktionen schon vor der Umsetzung der

Minsker Friedensvereinbarungen schrittweise aufzuheben, und fällt damit Angela Merkel in den Rücken. Die Kanzlerin hat darauf hingearbeitet, einen Konsens in der EU zu erreichen, damit die Sanktionen so lange gelten, bis die Minsker Vereinbarungen vollständig erfüllt sind.[31] Dem Vizekanzler, der Kanzlerkandidat werden will, ist das egal. Er habe bei Putin nur seine »persönliche Meinung« geäußert, sagt Gabriel später, als das Autogramm für Oksana überbracht ist.

Meeresgrund der Ostsee, Freitag, 6. November 2015

Es laufen Routine-Überprüfungen der beiden Erdgasrohre von Nord Stream 1, als die Mitarbeiter etwas Ungewöhnliches bemerken. In der ausschließlichen Wirtschaftszone Schwedens, etwa zweihundert Kilometer vor der Insel Gotland wird ein beunruhigender Gegenstand am Meeresgrund entdeckt. Die Nord-Stream-Angestellten stoppen vorsichtshalber den Gasfluss und informieren Schwedens Behörden.

Am Folgetag berichtet das *Svenska Dagbladet*, dass es sich um ein unbemanntes Unterwasserfahrzeug handelt, eine Drohne, die zur Minenräumung verwendet werden kann. Lars O. Grönstedt, Senior Management Advisor Sweden der Nord Stream AG, gibt sechs Tage nach dem Fund eine Pressemitteilung in englischer Sprache heraus: Ein »Munitions Object« sei in der Nähe der Nord-Stream-Pipeline erfolgreich beseitigt worden, lautet die Überschrift. Die »schnelle und sichere« Aufklärung der Situation bestätige »die Effizienz der von Nord Stream eingerichteten operativen Strukturen und Schnittstellen mit den Behörden«, heißt es in der Veröffentlichung. Nach der Bergung der Drohne durch Schwedens Behörden fließt wieder Gas durch die Pipelines.

Die Currywurst-Connection trifft sich zum Austernessen

Berlin, Mittwoch, 25. November 2015

»Darf man während Syrienkrise, Irak, Ukraine, Terror – darf man in diesen Tagen eigentlich nach Afrika fliegen?« Frank-Walter Steinmeier, der kurz zuvor von einer Reise aus Mosambik und Uganda zurückgekommen ist, beginnt seine Rede vor dem Deutschen Bundestag mit einer rhetorischen Frage. Seine Antwort ist ein »klares Ja«.

Der Außenminister hat den Besuch der ostafrikanischen Länder an den Anfang seiner Rede gestellt, um Kritik zu entkräften, die ihm fehlende Präsenz an den Kriegsschauplätzen der Welt vorwirft. Es sei doch klar, sagt Steinmeier, dass auch scheinbar ferne Krisen »uns in Europa« sehr nahe gekommen sind. Außenpolitik müsse helfen, Frieden zu konsolidieren und Perspektiven für Menschen in ihren Heimatländern entwickeln. Seine Rede, die den gerade beschlossenen Etat seines Ministeriums rechtfertigen soll, gipfelt in der Aussage: »Wir können nicht jeden Euro umrechnen in ausbleibende Flüchtlinge.«[32]

Steinmeiers Rede passt in das Bild, das er seit Jahren von sich zu vermitteln versucht. Als Außenminister möchte er in der Tradition des SPD-Kanzlers Willy Brandt wahrgenommen werden. Schon in seiner ersten Amtszeit von 2005 bis 2009 hat Steinmeier eine »neue Ostpolitik«, die für ihn eine neue Russlandpolitik ist, im Auswärtigen Amt ausgerufen.[33] Seine Devise »Annäherung durch Verflechtung« ist eine Anlehnung an Brandts »Wandel durch Annäherung« und hängt mit einer anderen Verflechtung zusammen: Steinmeier ist ein sehr enger Vertrauter, ein Günstling Gerhard Schröders und Mitglied von dessen Currywurst-Connection.

Im Jahr 1991, Schröder ist Ministerpräsident von Niedersachsen, beginnt Steinmeier als Referent für Medienrecht und Medienpolitik in der niedersächsischen Staatskanzlei zu arbeiten. Weil Steinmeier auch zu den Gegnern eines schnellen deutschen Einigungsprozesses nach dem Mauerfall gehört, soll Schröder beim Vorstellungsgespräch zu ihm gesagt haben: »Du passt zu uns.« Nur zwei Jahre später befördert Schröder Steinmeier, der nun das Büro des Ministerpräsidenten in Hannover leitet. Schröder, der umtriebige Charismatiker, und Steinmeier, der Aktenleser, der die Detailarbeit übernimmt – die beiden ergänzen sich perfekt.[34] Vorläufige Höhepunkte der Zusammenarbeit sind der Landtagswahlkampf im Februar und der Bundestagswahlkampf im Sommer 1998, der die SPD nach 16 Jahren wieder an die Macht und Schröder ins Kanzleramt bringt. Steinmeier ist als Kanzleramtschef in jener Zeit häufig an Schröders Seite. In dieser Rolle treibt er ein Projekt voran, das dem Kanzler und Wladimir Putin besonders wichtig ist: Nord Stream 1. Steinmeier reist nach Moskau, hilft, die ersten beiden Stränge der Ostseepipeline zu ermöglichen, und lernt Dmitri Medwedew kennen, den Aufsichtsratschef von Gazprom und späteren Platzhalter Putins.[35] Steinmeier setzt die Ideen Schröders gekonnt um, sodass dieser seinen Zögling im Falle eines vorgezogenen Rücktritts, den Schröder erwägt, als neuen SPD-Kanzler vorschlagen würde.

Im Jahr 2005 macht Steinmeiers Karriere den nächsten Sprung. Auf die Besetzung der SPD-Ministerien in der von Angela Merkel geführten Großen Koalition hat Schröder nach seiner Abwahl immer noch entscheidenden Einfluss. Er stellt sicher, dass seine russlandfreundlichen Genossen wichtige Posten erhalten. Sigmar Gabriel wird Umweltminister, Steinmeier bekommt das Außenministerium und wird ab 2007 Vizekanzler.

Im Außenministerium setzt Steinmeier Schröders Russland-Kurs fort, zum Nachteil der Ukraine. Seine erste Reise nach Russland führt ihn nach Nowo-Ogarjowo, wo Putin ihn empfängt. »Die Beziehungen zwischen unseren Ländern befinden sich auf einem sehr hohen Niveau und in Ihrer früheren Funktion haben Sie wesentlich dazu beigetragen«, lobt der russische Präsident Steinmeier. Womöglich bezieht Putin seinen Dank auch auf einen Essay Steinmeiers, in dem er als Außenminister Vertrauen als wichtigstes Element der europäisch-russischen Energiepartnerschaft benennt. Dieses Vertrauen, so Steinmeier, dürfe »nicht durch Streitigkeiten zwischen Russland und osteuropäischen Transitländern aufs Spiel gesetzt werden.« Als Gazprom nach der Orangen Revolution das ukrainische Pipeline-Netz übernehmen will, schlägt der ukrainische Präsident Wiktor Juschtschenko einen Kompromiss zur Lösung des Konflikts vor: ein Konsortium, an dem sich zu je einem Drittel Gazprom, die Ukraine sowie Konzerne aus der EU, allen voran deutsche, beteiligen sollen. Damit wäre Gazprom eingebunden, hätte aber keine Mehrheit und nur eingeschränkte Macht in der Ukraine. Steinmeier stellt sich gegen den Vorschlag und handelt wieder im Interesse Schröders, der mittlerweile von Gazprom bezahlt wird. Laut Oleg Orlov, dem Leiter der russischen Menschenrechtsgruppe Memorial, setzt Steinmeier Schröders Russlandpolitik fort, die »extrem schlecht für die Zivilgesellschaft, die Demokratie und das Land insgesamt« sei.

Als sich Polens Verteidigungsminister gegen Nord Stream 1 ausspricht und das Projekt mit dem Hitler-Stalin-Pakt vergleicht,[36] verortet Steinmeier das Problem in der polnischen Psyche und lässt in Warschau eine Idee verbreiten: Seine SPD könne die Forderung nach einem Zentrum gegen Vertreibung in Berlin (welches in Polen scharf kritisiert wird, da es als revisionistisch gilt) blockieren. Im Gegenzug sollen die Polen ihren Widerstand gegen Nord Stream 1 aufgeben. Die polnische Regierung lehnt den Deal ab und möchte, dass die Europäische Kommission für alle EU-Staaten gemeinsam die Verhandlungen mit Gazprom führt.[37]

Die Currywurst-Connection besteht weiterhin, obwohl Schröder und Steinmeier nun lieber Austern essen. Und zwar gerne im Berliner Café des Artistes, das Stefan Warnig gehört, dem Sohn des Nord-Stream-CEO, der als Kind zusammen mit Putins Töchtern gespielt hat.[38]

Im Jahr 2009 bekommt Steinmeier die Chance, der nächste Kanzler der SPD zu werden. Er holt eine junge Landesministerin aus Mecklenburg-Vorpommern in sein Kompetenzteam, die ihm von Erwin Sellering empfohlen wurde. Trotz Manuela Schwesigs Unterstützung verliert Steinmeier als Spitzenkandidat die Bundestagswahl. Die SPD wird Oppositionspartei. Doch dank ihres Förderers Steinmeier schafft Schwesig nach der Bundestagswahl 2013 den Wechsel nach Berlin. In der großen Koalition des Kabinetts Merkel III wird sie Bundesfamilienministerin und Steinmeier erneut Außenminister.

»Außenpolitik gibt es nicht mit Festverzinsung.« Mit diesem Motto will Steinmeier den Bundestag heute überzeugen, dass der Etat seines Ministeriums jeden Euro Steuergeld wert ist. In seiner Rede, die sich auf das Thema Geflüchtete konzentriert, geht er nicht auf Putins Krieg in der Ukraine ein. Er erzählt auch nichts über seine Unterstützung von Nord Stream 2, die ähnlich umfangreich wirkt wie Sigmar Gabriels Handeln im Wirtschaftsressort. Steinmeier hat Forderungen zurückgewiesen, die Genehmigung für den Bau von Nord Stream 2 an die Beendigung des russischen Krieges in der Ukraine zu knüpfen. Er hat öffentlich Zweifel an der Wirksamkeit der gegen Russland verhängten Sanktionen geäußert.[39] Im April hat er Alexej Miller zum Gespräch über Nord Stream 2 empfangen. Im Mai hat er sich mit einem wichtigen Mitarbeiter von Wintershall, dem an Nord Stream 2 beteiligten deutschen Energiekonzern, ausgetauscht.[40] Drei weitere Male traf einer seiner Staatssekretäre Vertreter von Firmen, die am Projekt beteiligt sind.[41] Und heute, während Steinmeier im Bundestag dafür wirbt, »diese Welt ein bisschen friedlicher« zu machen, lässt er ein vertrauliches Dokument verteilen. »Sprachregelung zu Nord Stream II« lautet die Überschrift. Es beinhaltet Vorgaben, wie Vertreter Deutschlands sich öffentlich zu Nord Stream 2 äußern sollen, etwa in Interviews. »Der Bau von Nord Stream 2 ist eine rein unternehmerische Entscheidung von Gazprom, Shell, E.ON, OMV, BASF/Wintershall und Engie«, schreibt Steinmeiers Behörde. »Die Bundesregierung verhält sich dazu neutral.«

Entstanden ist das Dokument in Zusammenarbeit mit Gabriels Wirtschaftsministerium, Auslöser waren »heftige Reaktionen aus Partnerländern« auf die Ankündigung des

Baus von Nord Stream 2 und auf Gabriels Besuch bei Putin in Nowo-Ogarjowo. Deutschland wurde »ein Sonderweg im Verhältnis zu Russland unter Preisgabe europäischer Solidarität und der Ukraine unterstellt«, wie es in einem Dokument aus dem Wirtschaftsministerium heißt.

Während deutsche Beamte und Politiker verpflichtet werden sollen, die Bundesregierung in dieser Angelegenheit als neutral darzustellen, sieht die Realität anders aus: So hat ein deutsches Unternehmen bereits eine Förderung aus öffentlichen Mitteln für die Beteiligung an Nord Stream 2 beantragt. Das deutsche Unternehmen (bei dem es sich vermutlich um Eon oder BASF/Wintershall handelt) möchte eine »Exportkreditgarantie« von der Bundesregierung, die vor wirtschaftlich und politisch bedingten Zahlungsausfällen schützt. Wird diese sogenannte Hermesdeckung gewährt, müsste die Bundesrepublik im Falle eines Zahlungsausfalls von Gazprom einspringen.

Berlin, Donnerstag, 26. November 2015

Matthias Warnig ist um 18:30 Uhr mit Erwin Sellering zum Abendessen verabredet. Warnigs Nord Stream AG hat für das Vier-Augen-Gespräch einen Raum im Luxushotel Waldorf-Astoria reserviert. Für den ehemaligen Agenten ist es am heutigen Tag nicht das erste Gespräch mit einem deutschen Verantwortungsträger. Zuvor war er bei Sigmar Gabriel im Bundeswirtschaftsministerium, zum vierten Mal in diesem Jahr. Worüber sprechen Warnig und Sellering? Über die Folgen der Sanktionen, die zu gering sind, um der russischen Wirtschaft zu schaden, aber Putin ärgern? Über Musik? Darüber, wie Sellering das Konzert des Baltic-Youth-Philharmonic-Orchesters gefallen hat, welches er dank Warnigs Einladung ebenfalls in Berlin genießen durfte? Über den zweiten Russlandtag, der im folgenden Jahr in Mecklenburg-Vorpommern wieder mit finanzieller Unterstützung von Gazprom stattfinden soll? Darüber, wie die Genehmigung für Nord Stream 2 in Sellerings Behörden vorangeht? Über Wladimir Grinin, den russischen Botschafter in Berlin, der in Sellering den ersten von ein paar deutschen Ministerpräsidenten sieht, mit denen er »sehr gut« zusammenarbeiten kann? Oder über die Universität Greifswald in Mecklenburg-Vorpommern, wo es in diesem Sommer Pläne gab, den Lehrstuhl für Ukrainistik einzusparen? Da weder Warnig noch Sellering bereit waren, im Zuge der Recherchen für dieses Buches Antworten zu geben, wissen wir es nicht.

Donnerstag, 31. Dezember 2015

Im gesamten Jahr 2015 hat Deutschland etwa 43,6 Millionen Kubikmeter Erdgas (42,6 Prozent der gesamten Gaseinkäufe) aus Russland importiert und dafür etwa 9,8 Milliarden Euro nach Russland überwiesen[42] – ein Betrag, der etwa 16,4 Prozent der gesamten Militärausgaben Russlands in diesem Jahr ausmacht[43] und 980 Millionen Euro höher als im Vorjahr ist.

V

Der Vorposten des Kreml

Eine Landesbehörde wird zum Spion Putins

Stralsund, Montag, 4. Januar 2016

Den ersten Arbeitstag des neuen Jahres beginnt Rocco Müller mit einer Gefälligkeit. Seit Jahren wurden seine Behörde und ihre Mitarbeiter von der Nord Stream AG zu Veranstaltungen eingeladen. Nun möchte der Sachgebietsleiter einmal die Nord Stream AG einladen. Um 9:37 Uhr verschickt er eine E-Mail an Bruno H., der bei Nord Stream für »Authority Relations und Infrastructure Crossings« zuständig ist.

Sehr geehrter Herr H.,
im Land M-V wird auch in diesem Jahr ein Rekultivierungspreis verliehen. […] In diesem Jahr können auch Maßnahmen aus anderen Bereichen, wie z.B. dem Pipelinebau, diesen Preis erhalten.
Für das genehmigte Vorhaben Nord Stream werden durch Sie umfangreiche Ausgleichs- und Ersatzmaßnahmen umgesetzt.
Anliegendes Formular schicke ich Ihnen, damit Sie sich für diesen Rekultivierungspreis bewerben können. Bei Fragen können Sie mich gern anrufen.
Glückauf, Rocco Müller

Stralsund, Donnerstag, 25. Februar 2016

Bruno H. druckt eine vierzig Seiten lange Bewerbung für den Rekultivierungspreis aus und gibt sie in die Post. Die Sendung kündigt der Mitarbeiter der Nord Stream AG per E-Mail an, »mit freundlichen Grüßen aus dem verschneiten Russland«.

Rostock, Mittwoch, 20. April 2016

Er freue sich sehr, hat Erwin Sellering gesagt, als der Wechsel des Marinekommandos nach Rostock im Jahr 2012 beschlossen war.[1] Deutschlands Seestreitkräfte werden seitdem vom größten Bundeswehrstandort Mecklenburg-Vorpommerns aus geführt. Auch die Verteidigungsarbeit der Nato wird dort koordiniert.

Als Jens Lange und sein Kollege am Vormittag das Marinekommando betreten, müssen sie ihre Personalausweise zeigen. Die beiden »Nordstreamler« sind wegen des Planfeststellungsverfahrens für Nord Stream 2 angereist, so lautet jedenfalls ihr offizielles Anliegen. Peter H., Referatsleiter Infrastruktur und Verhandlungsführer der Armee, empfängt die Gäste und geht mit ihnen in einen Besprechungsraum der Bundeswehr. H. erklärt seine Position. Wenn die Marine und die Luftwaffe Schießübungen in der Pommerschen Bucht durchführen, sei das Szenario einer Havarie der am Grund der Ostsee verlaufenden Pipeline »nicht weit hergeholt«, befürchtet er. Die Nord Stream AG möchte von ihm wissen, wo genau in der Ostsee die Armee ihre Schießübungen durchführt, welche Munition verwendet wird und wo die Nato geheime U-Boot-Manöver trainiert. Peter H. kann sich dazu nicht äußern. Besonders die Koordinaten der U-Boot-Tauchgebiete sind heikel. Weil es Nato-Tauchgebiete sind, liegen diese teilweise in den ausschließlichen Wirtschaftszonen (AWZ) Schwedens, Polens und Dänemarks. Das Marinekommando verwaltet sie zwar für die Nato, doch ist Peter H. nicht befugt, geheime Nato-Daten, die der Landes- und Bündnisverteidigung dienen, herauszugeben, schon gar nicht an einen Konzern, der dem russischen Staat gehört.

Zwei Präzedenzfälle könnten H.s Vorsicht erklären. Im Jahr 2004 observierte der Militärische Abschirmdienst (MAD) wochenlang einen Bundeswehr-Mitarbeiter, der sich mehrmals mit Alexander Kuzmin getroffen hatte. Kuzmin war Konsul des russischen Generalkonsulats in Hamburg und arbeitete als Agent für den GRU, jenen russischen Geheimdienst, der mit dem Angriff auf die Computer des Bundestags zu tun hatte.

Kuzmins Auftrag in Deutschland lautete: Spionage gegen das deutsche Militär. Mit dem Bundeswehr-Mitarbeiter traf er sich 22 Mal, meist in Gaststätten kleiner Städte in Süddeutschland. Rund 10000 Euro hat der Konsul während der Treffen bar an den Bundeswehr-Mitarbeiter übergeben und dafür geheime Informationen erwartet.

Im Jahr 2005 – die Planungen für Nord Stream 1 liefen – musste ein weiterer russischer Spion Deutschland verlassen. Alexander Parfentiew war als Mitarbeiter der russischen Botschaft akkreditiert und versuchte ebenfalls, vertrauliche Dokumente von einem Bundeswehroffizier zu kaufen. Eine Woche nach seiner Enttarnung verließ auch er Deutschland. Die Bundesregierung verhielt sich zu den Fällen Kuzmin und Parfentiew diskret, was vermutlich im Sinne des damaligen Kanzlers Gerhard Schröder war.[2]

Das grundsätzliche Problem Peter H.s mit den Anliegen

seiner beiden Besucher ist nicht neu. Schon bei der Planung von Nord Stream 1 hatte das Verteidigungsministerium ähnliche Einwände gegen die russischen Erdgasrohre geäußert. Der Konflikt war 2012 vor dem Oberverwaltungsgericht in Greifswald gelandet, wo die Bundeswehr Klage gegen das Bergamt Stralsund eingereicht hatte. Die Richterin hatte die Klage zwar abgewiesen, aber ausdrücklich eine Revision vor dem Bundesverwaltungsgericht in Leipzig zugelassen. Begründung: Das Projekt Nord Stream 1 sei in Größe, Komplexität und internationaler Verwobenheit einmalig. Die Verantwortlichen des Verteidigungsministeriums baten das Bundesverwaltungsgericht jedoch nicht um Klärung. Sie befürchteten eine juristische Niederlage, da das Bundesverkehrsministerium Nord Stream 1 zu diesem Zeitpunkt im Genehmigungsverfahren bereits ausdrücklich begrüßt hatte. Wäre das Verteidigungsministerium vor das Bundesgericht gezogen, hätte es dort gegen ein anderes Ministerium der Bundesregierung argumentiert.[3]

Um eine solche Situation mit Nord Stream 2 zu vermeiden, hat Peter H. einen Kompromiss vorbereitet. Er erklärt Jens Lange, was er ihm zuvor schon per E-Mail mitgeteilt hat: Eine zweite Doppelpipeline in der Pommerschen Bucht wäre für die Bundeswehr dann denkbar, wenn »ein möglichst geringer Abstand zwischen den alten und den neu zu verlegenden Pipelinesträngen gewahrt würde«. In der Gegend um Bornholm dürfe Nord Stream 2 »keinesfalls die U-Boot-Tauchquadrate ›Bravo 19‹ und ›Bravo 20‹ queren, da es sich bei diesen Gebieten um sogenannte ›Safe Bottoming Areas‹ handelt, in denen Notverfahren« der Nato (Aufgrundlegung von U-Booten) geübt werden.

Stralsund, Donnerstag, 19. Mai 2016

Keine vier Wochen sind seit ihrem Termin bei der Bundeswehr vergangen, da besuchen Jens Lange und sein Kollege erneut Rocco Müller im Bergamt Stralsund. Lange hat wieder eine Powerpoint-Präsentation vorbereitet. Darin steht:

- *Bundeswehr verweigert unmittelbare Daten- und Informationsbereitstellung an Nord Stream 2*
  Die Abstimmung mit der Bundeswehr gestaltet sich schwierig – Unterstützung durch Bergamt erforderlich

Einige Wochen später setzt Lange schriftlich nach. Er schreibt einen Brief an Rocco Müller und den Leiter des Bergamts. Wie »besprochen, benötigen wir […] zusätzliche Angaben der Bundeswehr«. Gazproms Tochterunternehmen bittet das Bergamt »im Rahmen der Amtshilfe die Angaben […] bei der Bundeswehr anzufordern.« Informationen, die Nord Stream haben möchte, werden von Lange detailliert aufgelistet:

- *Schusszahlen in Artillerieschießgebieten der Ostsee mit Angabe der jeweiligen Übungsart (Luftzielschießen/ Seezielschießen), dem jeweiligen Kaliber, der Unterscheidung nach Übungs- bzw. Gefechtsmunition, der Schussposition*
- *Prognose für die Jahre ab 2016*
- *Aktuelle Munitionsmerkblätter bzw. Datenblätter*
- *Dienstvorschriften in vollständiger Fassung*
  - *für Schießübungen*
  - *für »die Flugkörperwaffe der Marine-Ausbildung und Waffenübungen«*
  - *für »die Flugkörperwaffe der Marine-Waffenübungen*

mit Guided Missile Weapon System Rolling Airframe Missile«

– *für »die Artillerie der Marine-Ausbildung und Waffenübungen«*

- *Für den Drohnenflug: Art und Kaliber der Vorladung, Datenblätter, Beschreibung des Drohnenfluges und Beschaffenheit der Drohne, Häufigkeit des Drohnenfluges*

Vier Tage dauert es, bis die deutsche Landesbehörde das tut, was dem Willen des Kreml entsprechen dürfte. Der Leiter des Bergamts Mecklenburg-Vorpommerns erstellt ein Schreiben an die Bundeswehr, in dem er »insbesondere im Rahmen der Amtshilfe« die geheimen Nato-Daten, die der Verteidigung dienen, kurzfristig erhalten möchte. Die von Nord Stream erstellte Liste wird vom Bergamt eins zu eins übernommen. Offenbar fällt niemandem in der Landesbehörde auf, dass die aus Russland gesteuerte Nord Stream AG das Bergamt benutzen möchte, um Daten über militärische Drohnen und spezielle Raketensysteme der Nato zu erhalten. Beim *Rolling Airframe Missile* handelt es sich um ein System, das von der Bundeswehr auf ihren Fregatten und von der US-Navy auf Flugzeugträgern eingesetzt wird, unter anderem um feindliche Seezielflugkörper abzufangen.

Fördermittel für Russlands Kriegswirtschaft

Schwerin, Dienstag, 24. Mai 2016

Am Vortag des zweiten Russlandtages essen Erwin Sellering und Matthias Warnig im Weinhaus Wöhler zu Mittag. Der CEO der Nord Stream AG, der sich »aus Gründen der nicht gesicherten Vertraulichkeit« mit dem Ministerpräsidenten nicht am Telefon austauscht, hat ein Problem. Und ein Gespräch unter vier Augen könnte zur Lösung beitragen. Schließlich hilft Sellerings Landesbehörde in Stralsund auch beim Thema Bundeswehr.

Das Problem betrifft den südlich von Rügen gelegenen Greifswalder Bodden. Warnig möchte, dass die beiden neuen Erdgasrohre von Nord Stream 2 auf dem Meeresgrund des Boddens verlegt werden. Dass der gesamte Bodden zu Natura 2000 gehört, dem weltweit größten Netz von Naturschutzgebieten, weiß Warnig. Über zwei EU-Richtlinien sind die Natura-2000-Gebiete in der Europäischen Union einheitlich geschützt. Ähnlich wie im EU-Energierecht, das für die Genehmigung von Nord Stream 2 wichtig ist, hat die EU auch im Umweltrecht eine juristische Kompetenz. Der Bau von Nord Stream 2 würde die Natur im Greifswalder Bodden erheblich beeinträchtigen und ist deshalb grundsätzlich unzulässig. Warnig weiß auch das. Aber er hat eine Idee, wie die Pipelines mit Sellerings Hilfe trotzdem im

Bodden verlegt werden könnten. Mecklenburg-Vorpommern müsste erstens zwingende Gründe des überwiegenden öffentlichen Interesses an Nord Stream 2 anzeigen und zweitens auf die Nutzung eines anderen Teils seines Meeresgebietes verzichten. Wenn dieses bis zu 500 000 Quadratkilometer große Gebiet bei der EU-Kommission als neues Natura-2000-Schutzgebiet angezeigt werden würde, könnte es als Ausgleich für die Umweltschäden im Greifswalder Bodden anerkannt werden und den Bau so ermöglichen. Warnigs Idee hat einige Haken. Eine Neuausweisung eines Natura-2000-Naturschutzgebiets ist keine Kleinigkeit. Sie kann weder durch einen Ministerialerlass noch durch eine Verwaltungsvorschrift einfach bestimmt werden und muss europarechtlich sicher sein. Weil Deutschland schon beim Management der bestehenden Natura-2000-Gebiete gegen EU-Naturschutzrecht verstoßen haben soll, läuft bereits ein von der EU-Kommission gestartetes Vertragsverletzungsverfahren gegen die Bundesrepublik. Und sollte bekannt werden, dass ein ehemaliger Stasi-Agent einen deutschen Ministerpräsidenten dazu gebracht hat, für den Bau einer russischen Erdgasleitung auf die Nutzung eines Teils seines Bundeslandes zu verzichten, könnte die Idee schnell scheitern. Für die »Nordstreamler« wäre es deshalb »von großer Wichtigkeit«, wie es in einem internen Schriftstück des Energieministeriums heißt, wenn Sellerings Landesregierung ohne öffentliche Debatte einen Kabinettsbeschluss fasst, der ein neues Natura-2000-Gebiet »politisch« flankiert.

Rostock, Mittwoch, 25. Mai 2016

Vor der Hansemesse, unweit des Rostocker Schifffahrtsmuseums, wehen eine deutsche und eine russische Flagge. In den Räumen des Messegebäudes liegen für siebenhundert Teilnehmende bedruckte Kugelschreiber, Schlüsselbänder, Schreibblöcke, Mini-Schokoladen, ein großer Karton Bonbons und zwanzig Kilogramm Fruchtgummi-Tüten bereit.

Erwin Sellerings Staatskanzlei, vor allem Andrea H., hat monatelang zusammen mit dem Ostinstitut und der IHK den zweiten Russlandtag geplant und vorbereitet. Andrea H., in der Staatskanzlei »Leiterin internationale Angelegenheiten«, ist seit 2015 Vorstandsmitglied im Ostinstitut Wismar. Ihr Nebenjob für seinen prorussischen Verein erfreut Andreas Steininger. H. sei die »entscheidende Schnittstelle« zur politischen Schaltzentrale Mecklenburg-Vorpommerns.

Auch die am Russlandtag beteiligte IHK Rostock hat sich personell verändert. Ein paar Wochen zuvor hat die Handelskammer Frank Röntgen, der in Mecklenburg-Vorpommern mehrere Cafés und eine Konditorei betreibt, zum Vizepräsidenten ernannt. Was die Öffentlichkeit nicht weiß: Röntgen war neun Jahre hauptamtlicher Stasi-Mitarbeiter. Drei Mal im Laufe seines Lebens hat er seinen Namen geändert, womöglich um seine Vergangenheit zu verschleiern. Als der junge Röntgen sich im August 1980 beim Ministerium für Staatssicherheit bewirbt und dabei die Sowjetunion als »engsten Partner unseres Staates« lobt, heißt er Frank Bartkowski. Im Juni 1985 benennt er sich in Frank Zidanik um. Nach der Friedlichen Revolution wird er den Namen seiner Frau, Röntgen, annehmen. Bartkowski, beziehungsweise Zidanik, wird sechs Mal befördert. Am 1. Oktober 1989, als sich zehntausende DDR-Bürger für mehr Demokratie auf die Straßen wagen, wird er zum Oberleutnant ernannt. Der »Genosse, auf den sich das MfS jederzeit verlassen kann«, zeigt »eine hohe Einsatzbereitschaft, gute Arbeitsmoral und die erforderliche Ausdauer. [...] Seine Einstellung zur Wachsamkeit, Konspiration und Geheimhaltung ist gut«, notiert ein Funktionär über ihn. Parteiaufträge erfülle er »vorbehaltlos«, heißt es in seiner Stasi-Akte.

Operative Personenkontrollen (OPK) sind eine besondere Form der Zersetzung. Die Stasi setzt sie gegen Menschen ein, denen sie eine »feindliche Gesinnung« attestiert. Persönliche Wirkungskreise der Überwachten sollen so eingeschränkt und Anhaltspunkte für eine dauerhafte Bespitzelung, sogenannte operative Vorgänge (OV), gesammelt werden. Als Röntgen für eine Beförderung zum Unterleutnant vorgeschlagen wird, begründen seine Chefs dies mit seinen »guten Ergebnissen in der IM-Arbeit«, wodurch operative Personenkontrollen »erfolgreich« durchgeführt werden konnten. Eine »Teilrealisierung durch Festnahme« während eines operativen Vorgangs erreicht Röntgen durch »zielgerichteten IM-Einsatz«. Sieben operative Personenkontrollen sind in seiner Akte vermerkt. Insgesamt leitet und beeinflusst Röntgen 57 Spione. Auch auf seinen jüngeren Halbbruder, geboren 1971, hat er Einfluss. Als dieser 1989 eine Laufbahn als Berufssoldat beim MfS beginnt, betont er, dass ihn die »Gespräche mit seinem Halbbruder und Unterzeichner« motiviert hätten.

Nach der deutschen Revolution kehrt Röntgen in seinen alten Beruf als Koch zurück und macht erneut Karriere. In seiner Konditorei und seinen Cafés beschäftigt der als »Tortenkönig« bezeichnete Unternehmer etwa fünfzig Mitarbeiter in Mecklenburg-Vorpommern. Einer von ihnen ist sein Halbbruder.

Vielleicht denkt Erwin Sellering an den neuen Vizepräsidenten der IHK, als er am Morgen betont, dass sein Bundesland »noch aus der Zeit der DDR« an gute Beziehungen zu Russland anknüpfe und er den Bau von Nord Stream 2 als Selbstverständlichkeit begrüßt.[4]

Die wichtigsten Gäste aus Russland sind da bereits in der Messehalle. Alexander Drosdenko, der Gouverneur des Leningrader Gebiets, hat sich mit seiner Frau auf den Weg gemacht. Fürs Rahmenprogramm haben sich die Drosdenkos einen Fischereiausflug auf der Ostsee gewünscht. In Schwerin wollen sie das Schloss besichtigen und ihre Sightseeing-Tour durch den Besuch eines »typisch, urigen« Lokals abrunden, inklusive Bierverkostung. »Der Gouverneur liebt Brezeln«, haben Sellerings Mitarbeiter in einem Vorbereitungspapier notiert.

Auch Alexei Lichatschow, der stellvertretende Wirtschaftsminister, ist schon angereist. Einige Monate später wird er von Wladimir Putin zum Leiter des staatlichen Atom-Konzerns Rosatom berufen. Die USA, Kanada, Großbritannien und Australien werden Lichatschow sanktionieren, da er Rosatom zu einem wichtigen Unterstützer der russischen Rüstungsindustrie entwickeln wird, der das russische Militär mit Komponenten und Rohstoffen beliefern wird, darunter Aluminiumoxid für Raketentreibstoff, Raketentechnik, Lithium-Ionen-Batterien für Panzer und Luftabwehrsysteme.[5]

Ein anderer russischer VIP-Gast ist ein Bekannter des Ministerpräsidenten. Putins Industrieminister Denis Manturow und Sellering kennen sich spätestens seit einem Besuch Sellerings in Moskau im Jahr 2013 persönlich. Das Ziel, die an der deutschen Ostseeküste gelegenen Werften an russische Eigner zu geben, hat Sellering mittlerweile erreicht. Nun möchte er eine »vertiefte Zusammenarbeit im Bereich des Schiffbaus und der Meerestechnik« durch eine Kooperations-Vereinbarung formalisieren. Manturow, der die Eroberung der Krym für eine »Wiedervereinigung« und die russische Rüstungsindustrie für einen »Motor des Fortschritts« hält,[6] hat seinerseits eine Bitte an Sellering. Wenn der Ministerpräsident als »Impulsgeber zur Optimierung wirtschaftspolitischer Rahmenbedingungen in Richtung Bundesregierung wirken könne«, wäre das in Manturows Sinne. Gemeint sind »das Beseitigen technischer Hürden, das Erreichen von Normen- und Zollvereinfachungen«.[7]

Sellering bemüht sich, den Wunsch zu erfüllen. Gegen zehn Uhr tritt er mit Manturow zur Eröffnung des Russlandtages ans Podium. »Ich halte es für ein vordringliches politisches Ziel«, sagt Sellering, »dass Deutschland und Russland, dass die EU und Russland, zu einer vertrauensvollen, guten Partnerschaft und zu einem Handelsaustausch ohne Sanktionen zurückkehren.«

Manturow hört zu. Er weiß, dass etwa zweieinhalb Millionen Menschen auf der Krym leben. Als die Moderatorin Russland als »großes Land mit 144 Millionen Einwohnern« bezeichnet, meldet er sich zu Wort. »Ich kann Sie korrigieren«, sagt er: »Es sind bereits 146,5 Millionen Einwohner.«

Zu den Hauptsponsoren der Veranstaltung mit jeweils zehntausend Euro gehören Gazprom, Nord Stream 2 und die Erdgastransportfirma Gascade. Sie ist Teil einer Holding, die Gazprom und Wintershall gehört. Die drei Unternehmen tragen fast die Hälfte der Sponsorenleistungen. »Platin-

Sponsor« Nord Stream 2 ist dafür auch inhaltlich präsent. CEO Matthias Warnig, mit dem sich Sellering gestern in Schwerin zum Mittagessen im Weinhaus Wöhler getroffen hat, nimmt an einer Podiumsdiskussion über die europäische Sanktionspolitik teil. Reinhard Ontyd, CCO von Nord Stream 2, hält auf einem »Energie-Workshop« einen Impulsvortrag. Thema: »Nord Stream 2 – Erdgas für Europa«. Moderiert wird das Event von Michael Seidel, dem Chefredakteur der *Schweriner Volkszeitung* (*SVZ*).

Eigentlich hat Mecklenburg-Vorpommern Grundsätze für legitimes Sponsoring, Werbung und Spenden beschlossen. »Sponsoring ist ausgeschlossen, wenn der Anschein entstehen könnte, Verwaltungshandeln würde durch die Sponsoringleistung beeinflusst werden«, heißt es darin.[8] Zumindest in der Redaktion der *Schweriner Volkszeitung* entsteht dieser Anschein offenbar nicht. In der Zeitung aus der Landeshauptstadt erscheint kein kritischer Artikel zur Finanzierung des Russlandtages. Wie hoch das Honorar ist, welches der *SVZ*-Chefredakteur für seine Moderation bekommen hat, verrät er auf Nachfrage nicht.

Eigentlich hat Mecklenburg-Vorpommern auch Regeln, die besagen, welche Leistungen die Landesregierung mit gesponsortem Geld erbringen darf, wenn sie auf die Einnahmen keine Steuern zahlt. Das Aufstellen von Info-Ständen zählt nicht dazu. Doch wie beim ersten Russlandtag im Hotel Neptun gibt es auch diesmal Info-Stände der Sponsoren. Geändert haben sich lediglich die Sponsorenverträge. Um eine Steuerpflicht zu vermeiden, haben Mitarbeiter der Staatskanzlei kurzerhand die Passage mit den Info-Ständen gestrichen.

Nach der Eröffnung setzen Sellering und Manturow sich

in der Messehalle an einen Tisch. Vor ihnen steht ein rot-weiß-violetter Blumenstrauß, der an die Flaggenfarben Russlands und Mecklenburg-Vorpommerns erinnern soll. Während das Publikum applaudiert, unterzeichnen beide die Kooperations-Vereinbarung. Sellering freut sich, weil heute zudem ein Plan, den er vor knapp einem Jahr im Leningrader Gebiet geäußert hat, umgesetzt wird. Ein Tochterunternehmen der russischen Kirov-Werke, die Deutsche Großwälzlager GmbH, wird im Rahmen des Russlandtages eröffnet. Rund 15 Millionen Euro wurden in den Standort im Rostocker Fischereihafen investiert. 830 000 Euro davon sind Fördermittel des Landes.[9] Sellering, Manturow und Kirov-Chef Georgi Semenenko durchschneiden symbolisch ein rotes Band. Dass zur Kirov-Unternehmenskette auch ein Werk gehört, das Waffen und Panzer produziert, stört niemanden im Saal. Sellering nutzt den Moment und äußert sich erneut, noch deutlicher im Sinne seiner Gäste: »Wir warten gemeinsam ungeduldig darauf, dass die Sanktionen endlich fallen.«

Im Vergleich zum ersten Russlandtag, als sich kein Bundesminister nach Rostock wagte, ist die Situation eine andere. Forderungen, trotz des nicht beendeten Kriegs wieder Geschäfte mit Russland zu machen, sind kein Tabu mehr. Zu verdanken hat Sellering das auch Frank-Walter Steinmeier und Sigmar Gabriel. Steinmeier wird in einigen Tagen Verteidigungsmanöver der Nato in Polen als »lautes Säbelrasseln« sowie »Kriegsgeheul« kritisieren und mehr Kooperation mit Russland fordern. Ähnlich wie er hat auch Gabriel seit zwei Jahren auf ein Ende der Sanktionen hingearbeitet, anfangs vorsichtig, dann offensiver. Dass er am Abend auf der Gala in Rostock die Festrede hält, ist so gesehen konsequent.

Ein Preis für Gazproms Vogelfalle

Immenstädt am Peenestrom, Dienstag, 12. Juli 2016

In einem sanierten Gehöft, einige hundert Meter neben der Bundesstraße, die auf die Insel Usedom führt, haben die Gäste auf Bierbänken Platz genommen. Thermoskannen mit Kaffee stehen für sie bereit. Kuchen ist auf weißen Tischdecken angerichtet. Und Erwin Sellerings Landwirtschaftsminister, der die Laudatio halten wird, ist aus der Landeshauptstadt angereist. Trotz der rustikalen Ausstattung hat die Verleihung des Rekultivierungspreises des Landes etwas Feierliches. Gewinner ist in diesem Jahr die Nord Stream AG.

Die Anwesenden sind nicht überrascht. Bereits vor Wochen wurde dem Nord-Stream-Mitarbeiter Bruno H. die Erfolgsnachricht übermittelt. Der hat sich beim Bergamt-Mitarbeiter Rocco Müller bedankt – für dessen »Beitrag« zur Vergabe des Preises und für die »Vorabinformation«. Die Vorfreude war so motivierend, dass Nord Stream die Festveranstaltung im Gehöft Immenstädt gleich selbst organisiert hat. Ein Fotograf ist dabei, Pressemitteilungen sind vorbereitet. An den Wänden des Saals informiert eine Dokumentation über den Fortgang der Arbeiten.

Als Ausgleich für die durch Nord Stream 1 entstandenen Umweltschäden hat man sich mit dem Bergamt Stralsund auf die Renaturierung einer sechshundert Hektar großen Fläche geeinigt. Am Peenestrom um Immenstädt und Pinnow sollen unter anderem Deiche abgetragen werden, damit die Peene, für einige der Amazonas des Nordens, dort wieder über die Ufer treten kann. Die Renaturierung soll verschiedenen Vogel- sowie Säugetier- und Pflanzenarten helfen.

Finanziell haben die Ausgleichsmaßnahmen zunächst der Landesregierung geholfen. Laut Bundesnaturschutzgesetz muss jeder Eingriff in geschützte Lebensräume ausgeglichen werden, das gilt auch für die Ostsee. Das weitgehend geschützte und kommerziell stark genutzte Baltische Meer ist in Zonen eingeteilt. Das zwölf Meilen breite Küstenmeer – Zuständigkeitsbereich des Bergamts Stralsund – beginnt am Ufer des Festlands. Dahinter erstreckt sich die bis zu zweihundert Meilen breite ausschließliche Wirtschaftszone (AWZ) Deutschlands, für die das Bundesamt für Seeschifffahrt und Hydrographie Hamburg zuständig ist.

Baumaßnahmen in der ausschließlichen Wirtschaftszone müssen nicht durch Renaturierung ausgeglichen werden, stattdessen verlangt Deutschland Geld. Auch für Bauarbeiten im Küstenmeer kann das Land entscheiden, Ersatzgeld zu kassieren, wenn für eine Renaturierung keine geeigneten Flächen und Projekte gefunden werden. Das Ersatzgeld fließt in Mecklenburg-Vorpommern in einen Fonds, der im Auftrag der Landesregierung von der »Stiftung Umwelt und Natur Mecklenburg-Vorpommern« verwaltet wird.

Die 1994 gegründete Stiftung, ursprünglich durch den Landeshaushalt finanziert, hat nach dem Start von Nord Stream 1 ein Tochterunternehmen gegründet: die Flächenagentur M-V GmbH. Sie übernahm nach einer Kapitalerhöhung ab Januar 2015 den gewerblichen Betrieb der Stiftung und managt nun auch die von der Nord Stream AG bezahlten Renaturierungsmaßnahmen um Immenstädt und Pinnow. Offensichtlich lohnen sich die Vorgänge fürs Land: Der Ersatzgeld-Fonds wird im Jahr 2017 ein Guthaben von 2,2 Millionen Euro haben.

Till Backhaus, Sellerings Umwelt- und Landwirtschaftsminister, dürfte das gefallen. Öffentlich rechtfertigt er wie Sellering und später dessen Nachfolgerin Manuela Schwesig den Einsatz für Nord Stream 1 und 2 damit, dass das Projekt dem Wohle Mecklenburg-Vorpommerns diene und Arbeitsplätze schaffe. Tatsächlich ist der Landesregierung bekannt, dass Mecklenburg-Vorpommern durch die neuen Pipelines »keine positiven Effekte zu erwarten« hat, da diese »lediglich eine Durchleitung durch Deutschland darstellen«. So steht es in einem internen Papier des Energieministeriums. Weiter heißt es, Sellerings Regierung erwarte aber, »dass sich Nord Stream beim erforderlichen naturschutzfachlichen Ausgleich nicht kleinlich zeigt«.

»Mit der Renaturierungsmaßnahme haben Sie nicht nur Ihren Pflichten Genüge getan«, sagt Sellerings Umwelt- und Landwirtschaftsminister[10] zur Begründung der Preisverleihung. Er bedankt sich für das »gelungene Zusammenspiel von Energiewirtschaft und Naturschutz«. Deutschland sei und werde auch zukünftig »in hohem Maße von Erdgasimporten abhängig sein«. Deshalb wünscht der Minister, dass »dies hier für das zweite Vorhaben von Nord Stream Schule macht«. Bruno H. steht auf, nimmt den Preis für die Nord Stream AG entgegen und lässt sich ein Stück Kuchen schmecken. Die Einladung des Bergamts vom Anfang des Jahres hat sich gelohnt.

Stralsund, Mittwoch, 14. September 2016

Rocco Müller vom Bergamt erhält um 9:03 Uhr morgens vom Umweltamt des Landkreises die Nachricht, dass Biologen den Peenestrom in der Nähe von Pinnow mit einem Kanu befahren und zahlreiche Kadaver entdeckt haben: Krickenten, Schnatterenten, Blässrallen und Vögel, die nicht mehr identifizierbar waren, lagen in verschiedenen Verwesungsstadien auf den mit Gazproms Geld errichteten Brutinseln. Es handele sich um mindestens zweihundert verendete Vögel. Das Timing ist schlecht. Übermorgen möchte die Nord Stream 2 AG die Öffentlichkeit über die Einreichung der ersten Antragsunterlagen in Schweden informieren. In Deutschland und den beiden weiteren Genehmigungsländern Finnland und Dänemark sollen die Bauanträge im kommenden Jahr fertig werden. Aufträge für Rohrlieferungen, die Betonummantelung sowie die Logistik hat Nord Stream bereits erteilt. Der Vertrag für die Verlegung der beiden neuen Pipelinestränge soll bis Ende dieses Jahres unterzeichnet werden.

Noch ärgerlicher ist der Grund für das Vogelsterben. Im Zuge der Renaturierung sollte eine Stromleitung abgebaut werden, die bei Pinnow zu einem alten Pumpwerk führt. Da dieser Rückbau offenbar vergessen wurde, fliegen nun Vögel in die für sie nicht sichtbare Freileitung, stürzen ab und verenden im Wasser. Was als Hilfe für die Tiere geplant war, ist zu einer Vogelfalle geworden.

Hamburg, Dienstag, 18. Oktober 2016

Rocco Müller musste früh aufstehen. Um seinen heutigen Termin in Hamburg rechtzeitig vor 10 Uhr zu erreichen, ist der Bergamtsmitarbeiter vor Sonnenaufgang in Vorpommern losgefahren. Eigentlich wollte er eine Kollegin aus dem Bergamt zum »Workshop« mit der Nord Stream 2 AG mitnehmen. Doch die musste krankheitsbedingt absagen. Müller sitzt allein als Vertreter der Genehmigungsbehörde vor elf Herren, die alle direkt oder indirekt für die Nord Stream 2 AG arbeiten. Arbeitssprache des »technischen Meetings«, wie Müller den vierstündigen Termin später bezeichnen wird, ist Englisch. Thema: der »Pre-Commissioning Plan«, jene Arbeiten, die vor der Inbetriebnahme der beiden neuen Pipelinestränge erledigt werden müssten. Dazu zählt eine Überprüfung, ob die verschweißten Rohre den enormen Druck aushalten, der bei voller Gas-Befüllung entsteht.

Bereits vor dem Termin in der Hansestadt hat eine Juristin der Nord Stream 2 AG dazu eine fünfseitige rechtliche Einordnung der von Gazprom bezahlten Kanzlei Ohms an Müller verschickt. Kernaussage: Die technischen Vorschriften für Erdgasröhren, wie sie der 150 Jahre alte Branchenverband des Deutschen Vereins des Gas- und Wasserfaches (DVGW) vorgibt, müssten bei einer Pipeline, die auf dem Grund der Ostsee verlegt wird, angeblich nicht eingehalten werden.

Bei Nord Stream 1 wurde vom Bergamt eine Wasserdruckprüfung vorgeschrieben. Bei diesem üblichen Test werden die fertig verlegten Rohre mit einer speziellen Flüssigkeit gefüllt, bis der maximale Druck erreicht und die Dichtheit und Festigkeit erwiesen ist. Diese dem Stand der Technik entsprechende Methode ist laut Energiewirtschaftsgesetz und Gashochdruckleitungs-Verordnung geeignet, um Stabilität und Sicherheit neuer Leitungen nachzuweisen. Die »Nordstreamler« möchten allerdings, dass »das Bergamt Stralsund zustimmt, die Festigkeit und Dichtheit mit anderen Methoden zu bestätigen«. Die Anwälte der Nord Stream 2 AG haben für Müller vorbereitet, was sein »positiver Bescheid« auf ihren Ausnahmeantrag alles klarstellen soll. Mit einer 37 Seiten langen Präsentation, vielen Fotos, Diagrammen, Abbildungen, juristischen und technischen Argumenten versuchen die elf Herren, Rocco Müller davon zu überzeugen, dass Nord Stream 2 ohne Wasserdruckprüfung »auf einem Sicherheitsniveau, das gleichwertig oder höher« ist, betrieben werden könne.

Auf dem Rückweg nach Vorpommern dürfte Müller etwas nachdenklich gestimmt sein. Am Ende des »Workshops« haben die »Nordstreamler« mitgeteilt, dass sie den Ausnahmeantrag schnellstmöglich einreichen werden. Müller hat zugesagt, diesen zu bearbeiten. Verstanden, auf welcher Grundlage die Wasserdruckprüfung weggelassen werden kann, hat er nicht.

Pinnow am Peenestrom, Mittwoch, 9. November 2016

Die ungewollt entstandene Vogelfalle steht noch. Der Stromnetzbetreiber hat mittlerweile angeboten, die Masten samt Leitung der Nord Stream AG zu schenken, damit diese das von ihr verursachte Vogelsterben beenden kann. Doch Bruno H., der bei der Vergabe des Rekultivierungspreises für seine Kommunikation und Kompromisse gelobt wurde, sieht in diesem Vorschlag die »Schenkung eines Problems«. Zuerst bedürfe es einer Risikoanalyse und eines exakt ausgearbeiteten Ablaufplans, behauptet Nord Streams Mitarbeiter für »Authority Relations und Infrastructure Crossings«.

Da die Fläche unter den acht Strommasten mit Wasser des Peenestroms geflutet ist, werden verschiedene Lösungen diskutiert: Man könnte mit einem Hubschrauber die Leitungen kappen. Man könnte versuchen, die Masten durch Ziehen der Leitungen vom alten Pumpwerk aus umzureißen. (Wenn nur die Kabel entfernt und die Masten sich selbst überlassen werden, wäre das für Nord Stream »schon okay«.) Man könnte warten, bis die geflutete Fläche gefroren und befahrbar ist. Geschultes Personal könnte die Masten besteigen und die Leitung dann kappen. Ernsthaft überlegt wird auch eine besondere Option: Das Problem könnte durch eine Sprengung gelöst werden.

Schyrokyne, Freitag, 30. Dezember 2016

Das wenige Kilometer östlich der Hafenstadt Mariupol gelegene Dorf Schyrokyne befindet sich eigentlich in der im Minsker Protokoll definierten Sicherheitszone. Von hier bis zur russischen Grenze sind es etwa 45 Kilometer, bis zur Demarkationslinie etwa 1500 Meter. Laut der Friedensvereinbarung (Minsk II) müsste in Schyrokyne seit fast zwei Jahren ein »umfassender Waffenstillstand« herrschen. Tatsächlich tobt in dem fast verlassenen Küstenort wie in anderen Teilen des Donbas eine Artillerie- und Stellungsschlacht wie im Ersten Weltkrieg. Die Organisation für Sicherheit und Zusammenarbeit in Europa (OSZE) registriert an schlimmen Tagen Spuren von »Feuerwalzen« mit mehreren hundert Explosionen auf engstem Raum. Durch diese Art des Krieges, der in Berlin und Schwerin wenig bis gar keine Beachtung mehr erfährt oder als »eingefrorener Konflikt« bezeichnet wird, verschafften sich Putins Truppen seit dem ersten Waffenstillstandsabkommen in kleinen Schritten

5000 Quadratkilometer umfassende Landgewinne – ein Gebiet, das etwa der gemeinsamen Fläche des Saarlandes und Luxemburgs entspricht.[11]

Schyrokyne ist für die Verteidigung der letzten ukrainisch gehaltenen Großstadt im Donbas wichtig. Wer das Dorf hält, kann die Hafenmetropole Mariupol mit ihren Stahlwerken und der Küstenstraße, die Russland mit der annektierten Krym verbinden könnte, mit Raketenwerfern beschießen. Auch um das zu verhindern, hat Petro Poroschenko Schyrokyne für den heutigen Besuch ausgesucht. Der ukrainische Präsident, der seinen Gästen aus den USA mehr als Kyjiw zeigen möchte, stellt ihnen im umkämpften Dorf Soldaten vor, die Weihnachten und den Jahreswechsel im Schützengraben verbringen. Die drei US-Senatoren führen interessierte Gespräche. Wenige Minuten vor ihrer Ankunft in Schyrokyne wurden die ukrainischen Stellungen rund um den Ort mit Mehrfach-Raketenwerfer-Systemen beschossen.

Mindestens 9758 getötete (mehr als 2000 davon Zivilisten) und mindestens 22 800 verletzte oder verstümmelte Kriegsopfer zählen die Vereinten Nationen am Ende des dritten Kriegsjahres.[12] Die Zahl der Kriegsflüchtlinge ist um ein Vielfaches höher. In seiner Neujahrsansprache blickt der ukrainische Präsident dennoch etwas hoffnungsvoll in die Zukunft. »Zum ersten Mal in der Geschichte haben wir keinen einzigen Kubikmeter Gas aus Russland gekauft«, sagt Poroschenko. Dies sei ein großer Schritt auf dem Weg zur Energieunabhängigkeit.

Deutschland hat im Gegensatz dazu etwa 58,7 Milliarden Kubikmeter Erdgas (60,3 Prozent der gesamten Gaseinkäufe und 15 Milliarden Kubikmeter mehr als im Vorjahr) aus

Russland importiert und dafür etwa 11,3 Milliarden Euro nach Russland überwiesen[13] – ein Betrag, der etwa 18,1 Prozent der gesamten Militärausgaben Russlands in diesem Jahr ausmachte[14] und etwa 1,5 Milliarden Euro höher als im Vorjahr ist.

Die »Nordstreamler« recherchieren für die Bundeswehr

Pinnow am Peenestrom, Dienstag, 28. Februar 2017

Fast fünf Monate ist es her, dass die verwesten Vogel-Kadaver auf der preisgekrönten Renaturierungsfläche gefunden worden sind. Das Umweltamt hat damals den Verbotstatbestand der Tötung festgestellt und gemäß Bundesnaturschutzgesetz den sofortigen Abbau der alten Freileitung angeordnet. Die Vogelfalle steht allerdings noch immer.

Die Nord Stream 2 AG hat sich derweil mit anderen Dingen beschäftigt. Das Schweizer Unternehmen Allseas wurde mit der Verlegung der beiden neu geplanten Erdgasstränge beauftragt. Auch wenn sich das EU-Recht nicht geändert hat, auch wenn noch keine Baugenehmigung vorliegt, sind somit Verträge für die Lieferung, die Betonummantelung auf Rügen, die Logistik und die Verlegung der Rohre auf dem Grund der Ostsee unterschrieben. Den »Nordstreamlern« ist es wichtig, die beiden neuen Pipelines so schnell wie möglich zu bauen. Von Januar 2018 an sollen Schiffe auslaufen, um die ersten Rohre zu verlegen.

Heute tut sich auch etwas über der Wasseroberfläche des Peenestroms, nachdem ein Mitarbeiter des Umweltamtes erwähnt hat, dass Medien vom massenhaften Vogelsterben erfahren könnten. Von einem Boot aus werden Sprengladungen an sieben Stahlbetonmasten befestigt und aus der

Ferne gezündet. Die Masten fallen mit dem mehr als drei Kilometer langen Kabel ins Wasser.

Stralsund, Donnerstag, 27. April 2017

Rocco Müller versucht, den »Nordstreamlern« fast jeden Wunsch zu erfüllen. Nach seinem »Workshop«-Besuch in Hamburg war er jedoch so verunsichert, dass er ein Gutachten beim TÜV Nord beauftragt hat. Das Fazit ist eindeutig: Sollte die übliche Wasserdruckprüfung bei Nord Stream 2 entfallen, wäre »das Kriterium einer Festigkeitsprüfung für das Gesamtsystem nicht erfüllt«.

Nachdem Müller das TÜV-Gutachten weitergeleitet hat, sind die »Nordstreamler« nicht erfreut und drängen auf ein Treffen mit dem Bergamt und dem TÜV Nord. Und das soll, wenn es nach ihnen geht, möglichst bald stattfinden, noch im Mai. Dass das Bergamt den in München sitzenden Anwalt Andreas Geiger, den die Behörde zur juristischen Beratung für das Planfeststellungsverfahren engagiert hat, dabeihaben möchte, gefällt den »Nordstreamlern« nicht. Sie wollen die Baugenehmigung unbedingt noch in diesem Jahr erhalten, damit das Projekt 2019 fertiggestellt werden kann. Planung und Umsetzung einer Wasserdruckprüfung würden angeblich im Vergleich zu einer Luftdruckprüfung zu Verzögerungen von zwölf Monaten führen und 200 Millionen Euro Mehrkosten verursachen, behaupten sie.

Als sich Vertreter des Unternehmens ein paar Wochen später mit dem Energie- und dem Umweltminister Mecklenburg-Vorpommerns sowie mit einem Mitarbeiter der Staatskanzlei im Schweriner Schloss treffen und der politischen Führung »nochmals« ihre »Kontakte« und die »Vermittlung von Gesprächen« nach Russland anbieten, beschweren die

»Nordstreamler« sich über »das Vorgehen des hiesigen Bergamtes«.

Gegen diese Strategie wird Rocco Müller machtlos sein. Nach wochenlangem Druck der Nord Stream 2 AG auf die Landesregierung und der Landesregierung auf das Bergamt wird die Behörde dem Unternehmen erlauben, die übliche Wasserdruckprüfung durch ihre alternative Luftprüfmethode zu ersetzen. Für den Fall, dass die neuen Pipelinestränge irgendwann platzen, möchte Müller jedoch nicht zur Verantwortung gezogen werden. Am 19. Mai 2017 fertigt er einen Akten-Vermerk »zum alternativen Prüfverfahren von Nord Stream 2« an. Darin hält er fest, dass »Gashochdruckleitungen, die mit einem Überdruck von mehr als 16 bar« betrieben werden sollen, nach »dem Stand der Technik« errichtet werden müssen. Dieser werde erreicht, wenn »das Regelwerk des Deutschen Vereins des Gas- und Wasserfaches e. V. eingehalten wird«. Da das Regelwerk die alternative Luftprüfmethode der Nord Stream 2 AG nicht umfasst, da »weder eine allgemeine Anerkennung führender Fachleute noch eine Erprobung des Verfahrens vorliegen«, komme »nur die Erteilung einer Ausnahme« in Betracht. Die Voraussetzungen für eine Ausnahme wurden von der Nord Stream 2 AG »aber nicht dargelegt«. Müllers Aktenvermerk endet damit, dass »bei der Beurteilung, ob eine […] Ausnahmegenehmigung nach §2 Abs.3 GasHDrLtgV möglich ist«, auch eine »Haftung des Landes in den Blick zu nehmen« sei. »Sollte sich das Verfahren nämlich als nicht sicher erweisen bzw. nicht die gleiche Sicherheit wie das Standardverfahren bieten, wäre es dem Land anzuraten, einen entsprechenden Haftungsausschluss […] zu vereinbaren.«

Schwerin, Dienstag, 30. Mai 2017

Erwin Sellering verlässt die Staatskanzlei. Bevor er in den bereitstehenden Wagen steigen kann, begrüßt ihn ein Bekannter, der ihm eine rasche Heilung wünscht.

Es ist einer von vielen Genesungswünschen, die den Ministerpräsidenten heute auf verschiedenen Wegen erreichen. In einer an die Bevölkerung Mecklenburg-Vorpommerns gerichteten Erklärung, in der er sich für den Zuspruch wegen des ersten Russlandtages bedankt, hat Sellering seine Krankheit öffentlich gemacht: Er wird sein Amt niederlegen und sofort mit der Therapie des Lymphdrüsenkrebs beginnen.[15]

Hamburg, Freitag, 2. Juni 2017

Peter H. hat sich auf den Weg nach Hamburg gemacht. Schon während der Anreise zum heutigen Termin ist der Jurist, Wirtschaftswissenschaftler und Verhandlungsführer des Verteidigungsministeriums für das Nord-Stream-2-Projekt irritiert. Sein Job ist es, die Interessen der Bundeswehr zu vertreten, besonders, wenn es um Landesverteidigung oder Bündnisverpflichtungen, etwa gegenüber der Nato, geht. Peter H. ist überzeugt, der Job von Leuten wie Rocco Müller vom Bergamt Stralsund bestehe darin, neutral und unabhängig zu prüfen, ob, wie und unter welchen Auflagen die neuen Erdgasleitungen genehmigt werden sollten. H. wundert sich, dass Müller und seine Kollegen aus Stralsund sich nicht so verhalten.

Die Besprechung mit den beiden Genehmigungsbehörden (Bergamt und Bundesamt für Seeschifffahrt und Hydrographie) sowie fünf Nord-Stream-Vertretern soll um 11 Uhr auf St. Pauli in den Räumen des Bundesamtes stattfinden. Vor mehr als zehn Tagen wurde der Termin vereinbart. Danach erhielt H. eine Anfrage vom Bergamt, die Besprechung auf 10 Uhr vorzuverlegen. Da er bereits andere Verpflichtungen geplant hatte, musste H. die Vorverlegung ablehnen, worauf er vom Bergamt per E-Mail aufgefordert wurde, dies zu begründen. H. war nicht sicher, ob die E-Mail ernst gemeint ist. In einem eigentlich zur Klärung geführten Telefongespräch erfuhr er, dass Mitarbeiter der Nord Stream 2 AG Bahnverbindungen für ihn und seine Bundeswehr-Kollegen nach Hamburg recherchiert hatten. Eine Vorverlegung des Termins sei für H. »grundsätzlich möglich und zumutbar« schlussfolgerten »Nordstreamler« und Bergamt-Mitarbeiter.

Zwei andere Terminsachen ärgern den Referatsleiter der Bundeswehr noch mehr. Beim heutigen Treffen soll es um eine von der Nord Stream 2 AG in Auftrag gegebene und bezahlte Analyse gehen. Titel: »Risiko von Pipelineschäden in Übungsgebieten der Bundeswehr«. Von der Existenz des umfangreichen Dokuments hat H. erst erfahren, nachdem er beim Bergamt nach Unterlagen dieser Art gefragt hat. Und erst acht Tage vor Ablauf seiner Frist, um Einwände für das Genehmigungsverfahren beim Bergamt einzureichen, wurde ihm der Bericht vom Bergamt zur Verfügung gestellt – viel zu spät, um die komplizierten Berechnungen und Annahmen durch Experten des Verteidigungsministeriums prüfen zu lassen und in seiner Stellungnahme zu berücksichtigen.

Hat das Bergamt die Weitergabe bewusst im Sinne der Nord Stream 2 AG verzögert? Peter H. dürfte sich diese Frage stellen, da die Analyse bereits vor fast einem halben Jahr fertig gestellt wurde. Der heutige Termin, der die Analyse präsentieren soll, findet erst zwei Tage nach Ablauf der Eingabefrist seiner Stellungnahme statt.

Im Laufe des Treffens werden H.s Irritationen nicht weniger. Die von der Nord Stream 2 AG bezahlte Auftragsarbeit befasst sich mit der Befürchtung, die geplanten Pipelines könnten durch Schießübungen der Bundeswehr oder anderer in der Ostsee getroffen werden. Wenn die Ummantelung der Rohre den Beschuss nicht aushalten würde, käme es zu Explosionen am Grund der Ostsee und zu Gasfreisetzungen. H. möchte das Risiko minimieren und verlangt von der Nord Stream 2 AG Daten über Dicke und Beschaffenheit sowie ein Stück eines Rohres. Damit könnte die Bundeswehr mit Physikern und Ballistik-Experten klären, wie hoch die Gefahr ist und wie die Beschaffenheit der Rohre verbessert werden müsste, damit eine Detonation auf dem Grund der Ostsee ausgeschlossen werden kann. Zum Konflikt kommt es, weil die »Nordstreamler« die Problematik anders angehen wollen: Die Bundeswehr soll dem russisch kontrollierten Unternehmen alle Informationen über Art, Häufigkeit, Standorte und Waffensysteme geben, damit die Nord Stream 2 AG eigene Berechnungen vornehmen kann. Während der Sitzung fordert ein Anwalt der Nord Stream 2 AG Peter H. zwei Mal auf, Auskünfte über »alle Geschossarten und Kaliber« der Bundeswehr zur Verfügung zu stellen.

H. wundert, dass in der vorliegenden Analyse bereits Daten verarbeitet wurden, die von der Bundeswehr mit dem Geheimhaltungsgrad »VS« (Verschlusssache) gekennzeichnet gewesen sind und die weder vom Bergamt noch von der Nord Stream 2 AG ohne Freigabe der Bundeswehr an das externe Unternehmen, welches das Gutachten erstellt hat, hätten weitergegeben werden dürfen. H. wundert sich noch mehr, dass das Bergamt während der Debatte keine kritischen Nachfragen an die Nord Stream 2 AG stellt. Er fühlt sich von der Landesbehörde Mecklenburg-Vorpommerns benachteiligt. Während die sich wie ein Handlanger Gazproms verhält und nicht einsehen möchte, dass das Gutachten wissenschaftliche Erkenntnisse missachtet, ahnt H., was ein Grund der Überrumpelungsaktion sein könnte: Nord Stream 2 soll mit ähnlichen Rohren wie Nord Stream 1 durch die Ostsee verlegt werden. Sollte die Bundeswehr in einem wissenschaftlichen Verfahren belegen, dass die Rohre, die für Nord Stream 2 geplant sind, einen Beschuss nicht aushalten würden, wären damit auch die beiden bereits verlegten Leitungen von Nord Stream 1 nicht sicher. In so einem Fall müsste Gazprom nicht nur die neu geplanten, sondern auch die beiden alten Pipelines mit einer sicheren Ummantelung versehen oder unter der Ostsee vergraben.

Als es um die Dokumentation des heutigen Treffens geht, ist H. erneut irritiert. Nicht das Bergamt oder das Bundesamt für Seeschifffahrt und Hydrographie fertigt das Protokoll der Sitzung an. Die deutschen Behördenmitarbeiter überlassen diese Aufgabe wegen ihrer Arbeitsbelastung der Nord Stream 2 AG.

Stralsund, Freitag, 30. Juni 2017

Rocco Müller erhält eine E-Mail von der Nord Stream 2 AG. »Wie gerade telefonisch besprochen, würden wir Sie gerne bitten, für uns die genauen Koordinaten der U-Boot-Tauchgebiete Bravo 13 und 24 zu erfragen.« Die Aufforderung endet »mit Dank im Voraus«.

Müller stellt die Anfrage im Namen des Bergamts noch am selben Tag an die Bundeswehr.

Manuela Schwesig übernimmt

Schwerin, Dienstag, 4. Juli 2017

Trotz Chemotherapie ist Erwin Sellering ins Schweriner Schloss gekommen. Er sitzt noch einmal in der ersten Reihe des Plenarsaals. Zum Auftakt der Dringlichkeitssitzung des Parlaments hält die Landtagspräsidentin eine Lobrede auf ihn. Viele Volksvertreter erheben sich und klatschen. Dann die Abstimmung: Mit vierzig von siebzig abgegebenen Stimmen ist Manuela Schwesig zur neuen Ministerpräsidentin gewählt. Sellering applaudiert langsam und kräftig, dabei blickt er mit zusammengepressten Lippen nach unten. Schwesig, die mit ihrer Familie auf den hinteren Rängen sitzt, geht nach vorne. Als sie an ihrem Vorgänger und Förderer vorbeikommt, umarmen sie sich. Er überreicht ihr einen Blumenstrauß, sie legt anschließend ihren Amtseid ab.

Sellering hat sich stets in der Rolle des altväterlichen Gönners gefallen. Drei seiner politischen Zöglinge wurden als mögliche Nachfolger gehandelt: Energieminister Christian Pegel, Finanzminister Mathias Brodkorb und Manuela Schwesig, die seit 2013 Bundesfamilienministerin im Kabinett Merkel III war. Sellering hat Schwesig vorgeschlagen, weil sie, so die offizielle Begründung, die Schnittstelle nach Berlin sei.

Beide kennen sich schon lange und sind einander »persönlich verbunden«, wie Schwesig es ausdrückt. Als er noch Minister und sie Mitglied der Schweriner Stadtvertretung war, suchte sie seine Nähe. 2008 vertraute der gerade zum Ministerpräsidenten gekürte Sellering ihr das Sozialressort an und machte die damals 34-Jährige zur jüngsten Landesministerin Deutschlands.

Schwesig, in Frankfurt an der Oder geboren, wuchs in der DDR auf. Im Jahr 2000 zog sie nach Schwerin und arbeitete im Finanzamt. Drei Jahre später trat sie in die SPD ein, 2009 schickte Sellering sie ins Kompetenzteam des Kanzler-Kandidaten Frank-Walter Steinmeier. Hinter den Kulissen hat sie sich seitdem als Bundesfamilienministerin und stellvertretende SPD-Bundesvorsitzende einen Ruf als machtbewusste Netzwerkerin erarbeitet.

Sellerings demonstrative Russlandnähe wird Schwesig in den kommenden Jahren übernehmen. Auch sie lehnt es ab, die DDR als Unrechtsstaat zu bezeichnen, weil dies angeblich so wirke, »als sei das ganze Leben Unrecht gewesen«.[16]

Die neue Ministerpräsidentin ist keine brillante Rednerin. Als sie ihre Bereitschaft erklärt, Sellerings Amt zu übernehmen, trägt sie ihre wie auswendig gelernt klingenden Sätze stockend vor. Neben ihrem Ehrgeiz ist ein Gespür für die Macht der Bilder eine ihrer Stärken.

Ihre Rückkehr von Berlin nach Schwerin sieht Schwesig als Zwischenschritt. Wenn sie sich als Ministerpräsidentin profiliert, kann sie sich als Kanzlerinnenkandidatin der SPD empfehlen.

In der Nord Stream 2 AG beobachtet man die Veränderung in Mecklenburg-Vorpommern aufmerksam. Am Tag des Machtwechsels schickt Matthias Warnig einen Brief nach Schwerin. Er gratuliert der Ministerpräsidentin »recht herzlich im Namen des gesamten Nord Stream 2-Teams«, rühmt die Unterstützung der bisherigen Landesregierung und geht davon aus, dass sich das mit Schwesig an der Spitze »nicht ändern wird«. Sie antwortet ebenfalls mit einem persönlichen Brief. Auf »eine gute Zusammenarbeit« mit dem ehemaligen Stasi-Spion freue sie sich, Warnigs Wunsch nach einem »baldigen Treffen« werde sie nachkommen. Schwesig und Warnig werden sich mindestens sieben Mal verabreden, oft werden sie sich unter vier Augen treffen.

Stralsund, Montag, 17. Juli 2017

Pünktlich um 9:33 Uhr wird das fünftägige Erörterungsverfahren Nord Stream 2 im größten Saal des Intercity Hotels eröffnet. Im Vorraum hängen Plakate mit Werbung für die Pipelines. Sie wirken so dominant, dass ein Teilnehmer sich davon »förmlich erschlagen« fühlt.

Mehr als vier Jahre nachdem die ersten Anträge für eine Verdoppelung der Ostseepipelines eingereicht wurden, sollen nun Fakten geschaffen werden. Erteilen Müllers Bergamt und das Bundesamt für Seeschifffahrt und Hydrographie einen Planfeststellungsbeschluss, hat die Nord Stream 2 AG ein nationales Recht auf Durchführung des Baus. Andere behördliche Entscheidungen, Genehmigungen, Erlaubnisse, Bewilligungen oder Zustimmungen sind in Deutschland für den Bau dann nicht mehr erforderlich. Was das EU-Recht dazu sagt, interessiert Müller offenbar wenig. Beeinträchtigen die Erdgasrohre allerdings öffentliche Interessen wie die Sicherheit des Landes oder besteht die Gefahr der Verunreinigung des Meeres, müssten die Behörden Auflagen erteilen oder die Genehmigung untersagen.

Wie Peter H., der in zwei Tagen für die Bundeswehr nach Stralsund kommen wird, hat auch Rica Münchberger vom Naturschutzbund Deutschland (Nabu) eine Stellungnahme mit Einwänden gegen die Genehmigung eingereicht. Die Geschäftsführerin des Nabu-Landesverbandes ist skeptisch. Vor der deutschen Küste sollen fünf Meeresschutzgebiete von Nord Stream 2 durchquert werden. Gemessen am Versorgungsbedarf Deutschlands war schon Nord Stream 1 aus ihrer Sicht nicht notwendig.

Bei der ersten Doppelpipeline hatten die Umweltverbände BUND (Bund für Umwelt und Naturschutz) und WWF (World Wide Fund for Nature) erst geklagt und sich dann außergerichtlich geeinigt. Nach der Einigung haben die »Nordstreamler« 2011 die Ostseestiftung gegründet und mit zehn Millionen Euro Startkapital ausgestattet. Was mit dem Erdgasgeld zum Schutz der Natur passiert, durften die Umweltverbände entscheiden. Münchbergers Chef, der Vorsitzende des Nabu Mecklenburg-Vorpommern, arbeitet im Kuratorium; der Büroleiter des WWF in Stralsund ist Vorsitzender der Ostseestiftung.

Die aktuelle Stellungnahme des Nabu zu Nord Stream 2 ist sechzig Seiten lang. Weil die Baupläne gegen mehrere EU-Umweltrichtlinien verstoßen, wird das Projekt von Münchberger und ihren Kollegen abgelehnt. Ein großes Problem sieht der Nabu auch in den Daten, auf deren Grundlage der Bau geplant wurde. Auswirkungen auf die Umwelt und auf die Regeneration der Natur nach den Baumaßnahmen hat die Nord Stream 2 AG mit eigenen Monitoring-Daten ermittelt, die angeblich beim Bau der ersten Pipelinestränge gesammelt wurden.

Im Tagungsraum haben Münchberger und ihre Kolleginnen auf den Gästestühlen Platz genommen. Rechts vor ihnen sitzen die Vertreter der Nord Stream 2 AG, links die Mitarbeiter des Bergamts und des Bundesamts.

Nabu: Das Bundesamt konnte die Daten prüfen, oder liegen die nur beim Bergamt?

Bundesamt: Ich denke, dass diesbezüglich bis jetzt noch kein Bedarf gesehen wurde, die Daten selbstständig auszuwerten und zu überprüfen.

Nabu: Habe ich das jetzt richtig verstanden: Das Bundesamt geht davon aus, dass die Interpretation der von der Nord Stream AG erhobenen Daten ausreichend ist, um zu beurteilen, ob die zweite Pipeline genehmigungsfähig ist oder nicht, ohne dass Sie die Daten selbst überprüfen konnten oder wollten?

Bundesamt: Im Bereich der AWZ (Ausschließlichen Wirtschaftszone) ja. [...]

Nabu: Dem Bergamt liegen diese Daten aber vor?

Müller, Verhandlungsleiter: Uns liegen nicht die Rohdaten vor, uns liegen die Monitoring-Ergebnisberichte vor.

Nabu: Dann stellt sich das für mich immer noch so dar, dass – durch wen auch immer, jedenfalls beauftragt durch die Nord Stream AG – Daten erhoben worden sind, diese sind ausgewertet und interpretiert worden, und das ganze Verfahren beruht jetzt allein auf der Interpretation der Daten durch den Antragsteller selbst?

Müller, Verhandlungsleiter: Am einfachsten wäre natürlich, wenn der Vorhabenträger diese Frage selbst beantwortet. [...] Ich würde Herrn Jan K. von Nord Stream 2 darum bitten.

Nabu: Aber ich habe mich gerade an die Genehmigungsbehörde gewandt. [...] Und ich glaube nicht, dass der Vorhabenträger für die Genehmigungsbehörde antworten sollte.

Nord Stream 2 AG: Es ist nichts Ungewöhnliches, dass Rohdaten nicht im Original sozusagen beigelegt werden, sondern dass sie vom Gutachter bewertet und eingefügt werden.

Nabu (in Richtung Bergamt): Darf ich antworten?

Nord Stream 2 AG: Ja, natürlich.

Nabu: Wer erteilt das Wort: der Vorhabenträger oder die Genehmigungsbehörde? […] Dass der Vorhabenträger das als ein durchaus übliches Verfahren bezeichnet und ansieht, das ist mir schon klar. Ich möchte nur wissen, ob sich das Bergamt – so, wie es eigentlich sein sollte – ein eigenes Bild machen konnte. Das scheint mir jetzt nicht so zu sein.

Schwerin, Moskau, Montag, 21. August 2017

Erwin Sellering erreicht aus dem Kreml eine Botschaft. Ihm soll der russische »Orden der Freundschaft« verliehen werden, die höchste Auszeichnung, die Putin an Ausländer vergibt. Zur Liste der Preisträger gehören der Geschäftsführer der Nord Stream 2 AG, Matthias Warnig, und weitere Freunde des Präsidenten wie die Schauspieler Gérard Depardieu und Steven Seagal, der Politiker Silvio Berlusconi und der US-Regisseur Oliver Stone, der Putins und Wiktor Janukowytschs Ansichten über den Euromaidan in einem Film veröffentlicht hat, der die Revolution als von den USA gelenkten Staatsstreich falsch darstellt.

Der Orden, der eine stilisierte Weltkugel zeigt und an einem hellblau-grünen Band hängt, wird Sellering ein paar Monate später vom russischen Botschafter in Schwerin überreicht. Zuvor wird seine Nachfolgerin nach St. Petersburg reisen und Sellerings Arbeit in Russland fortführen.

Manuela Schwesig hat in der Schule Russisch gelernt, einige Sätze sind ihr noch vertraut. Als sie während ihrer ersten Auslandsreise im neuen Amt mit Russlands Gouverneur Alexander Drosdenko die »Tage der deutschen Wirtschaft im Leningrader Gebiet«, dem Gegenstück zu den Russlandtagen in Rostock, eröffnet, sagt sie die ersten Worte auf Russisch.

Schwesig ist stolz, noch nie war Mecklenburg-Vorpommern mit einer so großen Delegation in Russland vertreten. Als sie die Kirov-Produktionsstätte in Rostock anpreist, die Nord-Stream-Pipeline lobt und versichert, dass sie Nord Stream 2 unterstützen werde, begleiten sie rund hundert Wirtschaftsvertreter. Schwesig verkündet, dass für den nächsten Russlandtag in Rostock 300 000 Euro aus dem Landes-Etat reserviert sind.[17] Auch auf Russlands Krieg gegen die Ukraine kommt sie zu sprechen, wobei sie diesen als »Konflikt um die Ukraine« bezeichnet. Schwesig berichtet,[18] dass sie vor wenigen Tagen mit Deutschlands Wirtschaftsminister Sigmar Gabriel ein Bürgerforum in Mecklenburg-Vorpommern besucht habe. Den Menschen dort sei wichtig gewesen, »dass sich das Verhältnis zu Russland wieder entspannt«. Für sie ist klar, dass sie »den Kurs« ihres Vorgängers »fortsetzen« wird. Beim Abendempfang hebt sie ihr Glas »auf das friedliche Zusammenleben« und wechselt noch einmal ins Russische: »Sa wasche sdorowje!«

Angela Merkels Teufelsprojekt

Brüssel, Schwerin, Berlin, Montag, 2. Oktober 2017
Marion Scheller, die einst das Büro des CDU-Kanzlers Helmut Kohl organisierte, trat so gut wie nie in der Öffentlichkeit auf. Auch als sie von 2013 bis 2016 unter Sigmar Gabriel im Wirtschaftsministerium als Referatsleiterin arbeitete und ein Sondervermögen (»Energie- und Klimafonds«) von jährlich drei Milliarden Euro koordinierte, äußerte sie sich nicht öffentlich. Und als sie vor etwa einem Jahr ihre leitende Tätigkeit im Wirtschafts- und Energieministerium kündigte, um unmittelbar zu Gazproms Nord Stream 2 AG zu wechseln, haben nur wenige Zeitungen über sie berichtet.[19] Im Vergleich zur Wandlung Gerhard Schröders vom Bundeskanzler zum Oberlobbyisten Putins, der vor wenigen Tagen neben seinem Job als Verwaltungsratsvorsitzender der Nord Stream 2 AG auch Chef des Aufsichtsrates von Rosneft geworden ist, wurde Schellers Seitenwechsel weniger bekannt. Dabei galt sie als Spitzenbeamtin, die gemeinsam mit ihrem Ehemann Kay Scheller (Chef des Bundesrechnungshofes) im deutschen Politikbetrieb gut vernetzt ist.

Vermutlich waren Schellers Kontakte zu früheren Kollegen kein Einstellungshindernis bei der Nord Stream 2 AG, wo sie nun als »Senior Advisor for Governmental Relations« Verbindungen zu »Regierung und Parlament sowie zu Verbänden, Thinktanks, NGOs und den Medien« halten soll.

Ein Nine-to-five-Job ist das für sie am heutigen Tag nicht. Abends zwischen 19:56 Uhr und 20:02 Uhr verschickt Scheller gemeinsam mit ihrem neuen Kollegen Steffen Ebert fünf ähnliche E-Mails nach Mecklenburg-Vorpommern. Den Leiter des Bergamts Stralsund, Rocco Müller vom Bergamt, Manuela Schwesig, den Chef der Staatskanzlei in Schwerin und einen Staatssekretär, der als enger Schwesig-Vertrauter gilt, möchte Scheller offenbar noch vor der Nachtruhe über ein brisantes Gutachten informieren. Dessen Existenz und Folgen sind für Gazprom mindestens ein PR-Erfolg.

»Meinung des juristischen Dienstes« lautet die Überschrift des Dokuments, das auf 25 Seiten argumentiert, die Europäische Union sei für den Betrieb von Nord Stream 2 gar nicht zuständig. Die seit 2009 als Teil des dritten EU-Energiepakets geltende Richtlinie, also ein EU-Rechtsakt, der ein Ziel definiert, welches die Mitgliedstaaten durch eigene Gesetze erreichen müssen, sei laut des Gutachtens »nicht auf die Nord-Stream-2-Pipeline anwendbar«.

Wo das Gutachten entstanden sein soll und wie es den Weg an die Öffentlichkeit gefunden hat, wirft Fragen auf. Der juristische Dienst des EU-Rats ist Teil des Sekretariats der Mitgliedstaaten der EU. Etwa zwei Dutzend Juristen arbeiten dort für die Nationalstaaten. Vor Erstellung des Gutachtens hat Deutschland im EU-Rat offensiv dafür geworben, dass das Ergebnis eines Gutachtens in seinem Sinne ausfällt. In einem internen Papier des Wirtschaftsministeriums, Marion Schellers ehemaligem Arbeitgeber, heißt es, ein »Mitspracherecht der EU-Kommission bei Nord Stream« werde als überflüssig gewertet. In einem anderen internen Papier, ebenfalls aus dem Wirtschaftsministerium, das als streng vertraulich eingestuft ist, wird die Haltung des von der SPD geführten Ministeriums noch deutlicher. Die EU habe »keine rechtliche Grundlage, in das Projekt einzugreifen«. Das deutsche Ministerium unterstellt der EU, »politische Argumente gegen Nord Stream 2« zu betonen, eine »politisierte Rechtsauffassung« zu vertreten, die angeblich »keine rechtliche Grundlage« habe. »Von Brüssel angestiftet« hätten sich Dänemark und Schweden »gegen Nord Stream 2 exponiert«. Undiplomatisch, fast drohend heißt es weiter, es sei »von vordringlicher Wichtigkeit, der EU-Kommission zu verstehen zu geben, dass die Bundesregierung« eine »eindeutige Position« habe: »Das 3. Energiepaket kann auf Nord Stream 2 nicht angewendet werden.« Die Zuständigkeit für die Genehmigung liege »ausschließlich bei nationalen Behörden«.

Das Dokument, das sich wie eine Vorlage für das Gutachten des juristischen Dienstes des Rats der EU liest, ist auf den 6. Februar 2017 datiert, wenige Tage nachdem Sigmar Gabriel vom Wirtschafts- ins Außenministerium gewechselt ist, da Frank-Walter Steinmeier Bundespräsident geworden war.

Hat die Bundesregierung dafür gesorgt, dass in einem Gutachten in Brüssel die Meinung verbreitet wird, die EU habe bei Nord Stream 2 nichts zu sagen? Hat der Einfluss Gazproms damit zu tun? Zwei voneinander unabhängige Quellen dieses Buches halten beides für möglich. Der einen Person wurde gesagt, das Gutachten könne nicht schlecht sein, da es Gazproms Anwälte selbst verfasst haben.

In den Tagen nach Marion Schellers abendlichen E-Mails verbreitet sich die Botschaft des Gutachtens auch in der deutschen Öffentlichkeit. Mehreren Zeitungen wurde das Dokument aus dem juristischen Dienst des EU-Rats zugespielt. Die Überschriften der daraus entstandenen Artikel lauten: »EU darf sich nicht bei umstrittener Pipeline einmischen« (*Spiegel*), »Gutachten: Gas-Pipeline Sache der EU-Staaten« (*Süddeutsche Zeitung*), »Chancen für Nord Stream 2 steigen« (*Handelsblatt*).

Brüssel, Mittwoch, 11. Oktober 2017

Thema der heutigen Anhörung vor dem Energie-Ausschuss des Europa-Parlaments ist Nord Stream 2.

Mindestens eine halbe Million Euro hat Gazprom im Jahr 2016 in der EU für Lobbyaktivitäten ausgegeben. Etwa eine Million Dollar soll der russische Konzern in diesem Jahr für Lobbying in den USA bezahlt haben.[20] Klaus-Dieter Borchardt wundert es daher nicht, dass Gazprom es offenbar schafft, vermeintliche »EU-Gutachten« an Medienhäuser zu geben, damit diese Gazproms Sichtweise verbreiten. Es sei allerdings die Aufgabe der EU-Kommission, über die Einhaltung des EU-Rechts zu wachen, erklärt er den Abgeordneten. Wie einst für Süd Stream gelte auch für Nord Stream 2 die seit 2009 wirksame Gasrichtlinie der EU, die von Deutschland im August 2011 durch das Energiewirtschaftsgesetz in nationales Recht umgesetzt wurde – kurz nach Inbetriebnahme des ersten Strangs von Nord Stream 1. Die sich zuspitzende öffentliche Debatte ändere nichts an den rechtlichen Rahmenbedingungen, ist sich Borchardt sicher.

Als »Werkzeug russischer Energieaggression« hat der ukrainische Präsident Petro Poroschenko das Projekt vor kurzem in Brüssel betitelt. Sigmar Gabriel verbreitet die Auffassung, Nord Stream 2 sei juristisch eine deutsch-russische Angelegenheit. Und Angela Merkel soll die Pipeline in kleiner, nicht öffentlicher Runde als »Teufelsprojekt« bezeichnet haben.[21] Die deutsche Regierungschefin, die vor zwei Wochen wiedergewählt wurde und einen Koalitionspartner finden muss, hat sich öffentlich bisher nicht von Nord Stream 2 distanziert. Die Kanzlerin hält sich an die von Gabriel und Steinmeiers Ministerien erarbeitete »Sprachregelung«.

Um zu verhindern, dass Nord Stream 2 erst gebaut und die Genehmigungsfrage irgendwann danach vor dem Europäischen Gerichtshof entschieden wird, erklärt Borchardt im EU-Parlament, was er mit seinen Kollegen vorbereitet hat: eine Präzisierung der Gasrichtlinie aus dem Jahr 2009. Borchardt ist sich sicher, dass diese schon jetzt Pipelines, die Gas aus Drittstaaten in die EU importieren, regelt. Gazproms Juristen und Mitarbeiter des deutschen Wirtschaftsministeriums sind anderer Meinung. Sie wollen in der geltenden Gasrichtlinie keine Gültigkeit für die zweihundert Seemeilen umfassenden ausschließlichen Wirtschaftszonen (AWZ) der EU-Länder in der Ostsee erkennen. Durch eine Anpassung der Richtlinie möchte Borchardt diesen Punkt nun eindeutig regeln. Beim Formulieren der Richtlinien-Anpassung haben er und seine Kollegen in der Kommission darauf geachtet, allgemeingültig zu formulieren. Sie soll nicht als Anti-Gazprom-Gesetz zu verstehen sein, sondern für alle Erdgasleitungen, die zukünftig eine Genehmigung beantragen, in der EU gelten.

Bis aus einem Kommissionsvorschlag ein Rechtsakt der EU wird, dauert es bei relativ unstrittigen Themen einige Wochen. Wenn die EU-Mitgliedstaaten durch qualifizierte Mehrheit im Rat und das EU-Parlament dem Vorschlag zustimmen, wird er veröffentlicht und erlangt Rechtsgültigkeit. Wenn es so kommt, könnte es mit Nord Stream 2 ähnlich laufen wie mit Süd Stream. Borchardts Ankündigung kann von Wladimir Putin aber auch anders gedeutet werden: Spätestens jetzt hat ein Wettlauf mit der Zeit begonnen. Schafft Gazprom es, Nord Stream 2 zu bauen und in Deutschland genehmigen zu lassen, bevor die Richtlinien-Präzisierung der Kommission in Kraft tritt?

Berlin, Donnerstag, 23. November 2017

Neben Marion Scheller und Gerhard Schröder gibt es eine weitere Person im Berliner Politikbetrieb, die sich nun mit Russlands Wirtschaft beschäftigt und sehr gut vernetzt ist: Ronald Pofalla, ehemaliger CDU-Generalsekretär, Ex-Bundesminister für besondere Aufgaben und Ex-Kanzleramtsleiter. Der Vertraute Merkels lehnt locker am Rednerpult, während er im großen Saal des Roten Rathauses in Berlin seine Rede zum Petersburger Dialog hält. Pofalla liest Grußworte der Kanzlerin vor, spricht eigene markige Sätze ins Mikrofon, lächelt zufrieden, wird von mehr als zweihundert Zuhörern beklatscht und lässt sich dabei von Kamerateams filmen. Besonders die Mitarbeiter von RT (früher Russia Today) setzen Pofalla gekonnt ins richtige Bild.

Pofallas Rede klingt wie die eines engagierten Außenpolitikers. Und als er sich beim regierenden Bürgermeister Michael Müller von der SPD bedankt, da dieser im Roten Rathaus den roten Teppich hat ausrollen lassen für die vielen Gäste aus Russland, wirkt er gar wie der Gastgeber eines Gipfeltreffens. Offiziell hat der Mann mit dem blonden Scheitel seine politischen Ämter vor fast zwei Jahren verlassen. Nach mehr als zwei Jahrzehnten als Spitzenpolitiker schied Pofalla Ende 2014 mit der Begründung, mehr Zeit für seine Familie haben zu wollen, aus dem Deutschen Bundestag aus. Ab Januar 2015 war er »Generalbevollmächtigter für politische und internationale Beziehungen« bei der Deutschen Bahn und übernahm im Frühjahr desselben Jahres im Deutsch-Russischen Forum auch noch die Leitung des Petersburger Dialogs. Transparency Deutschland sprach von einem »Verfall politischer Sitten«. Abgeordnetenwatch warf die Frage auf, wie Pofalla sein langjähriges Abgeordnetenmandat mit seinem Vorstandsposten bei der Bahn, der mit mehr als einer Million Euro dotiert sei, vereinbaren wolle. Und beim Parlamentarischen Staatssekretär im Justizministerium entstand der Eindruck, Pofalla sei von der Bahn als Chef-Lobbyist »gezielt gekauft« worden.

Wegen seiner neuen Rolle beim einst von Gerhard Schröder und Wladimir Putin gegründeten Petersburger Dialog wurde Pofalla öffentlich nicht so stark kritisiert. Nach einer Unterbrechung im ersten Kriegsjahr, als die Veranstaltung wegen der Annexion der Krym ausgesetzt wurde, fand sie wieder regelmäßig statt. Das diesjährige Eröffnungskonzert wurde mit Geldern der Bielefelder Schüco KG ermöglicht. Der Fenster- und Türenproduzent sponsort seit Jahren die Russisch-Deutsche Musikakademie. Auch im Jahr 2022 wird das Unternehmen sein Russland-Geschäft, das für einen Umsatz von rund 60 Millionen Euro sorgen wird, fortführen.

Pofallas Verdienst ist es, die Lobbyveranstaltung Petersburger Dialog erstmals ins Rathaus der deutschen Hauptstadt gebracht zu haben. Wiktor Subkow, der Aufsichtsratsvorsitzende von Gazprom, leitet den Petersburger Dialog auf russischer Seite. Bis kurz vor seiner Anreise war nicht klar, ob die deutsche Polizei ihn in Berlin hätte verhaften müssen.

Gegen Subkow, der bereits in den 1990er-Jahren unter Putin in St. Petersburg gearbeitet hat und mit der Tambow-Mafiagruppe in Verbindung stand, hat die spanische Justiz vor wenigen Jahren einen internationalen Haftbefehl ausgestellt. Ihm wird eine Verstrickung in die Straftaten Gennady Petrows, eines anderen Freundes Putins, vorgeworfen: Mord, Erpressung, Drogen- und Waffenhandel sowie Geldwäsche. Subkow war es auch, der nach Kriegsbeginn in der Ukraine angekündigt hat, Russland werde ab 2019 kein Erdgas mehr durch die Ukraine nach Westeuropa liefern. 2015 fügte er als Gazproms Sprecher hinzu, dass die Europäische Union nur noch wenig Zeit habe, um sich auf diese Situation vorzubereiten. Weder Ronald Pofalla noch die anderen 250 Teilnehmer des 16. Petersburger Dialogs können also behaupten, Subkow hätte nicht vor dem gewarnt, was Gazprom plant.

Brüssel, Montag, 27. November 2017

Wie an jedem vierten Samstag im November hat Kira Bondar am Wochenende eine Kerze in Gedenken an den Holodomor angezündet. Zwischen 1931 und 1934 sind in der Sowjetunion mindestens fünf Millionen Menschen verhungert, mehr als 3,9 Millionen von ihnen in der Ukraine. Sie starben, weil Josef Stalin angeordnet hatte, ihnen die Getreideernte wegzunehmen, damit die Sowjetunion sie ins Ausland verkaufen konnte.

Am Vorabend des Holodomor-Gedenktages hat Bondar erfahren, dass fünf weitere ukrainische Soldaten im Krieg gestorben sind. Die Kerze, die die Mutter angezündet hat, brennt auch für sie.

Die Reise Andrij Koboljews von Kyjiw nach Berlin und weiter nach Brüssel hat Bondar für ihren Chef mitorganisiert. Trotz der Termine mit Politikerinnen und Politikern solle er sich auch Zeit für Medienvertreter nehmen, hat sie ihm geraten. In diesem Jahr haben Bondar und ihre Kollegen bei Naftogaz viel Arbeitszeit damit verbracht, Behauptungen, die nicht stimmen, zu korrigieren. Der Ursprung dieser Fake News lag meist in Russland. Je länger der Krieg anhält, desto schlimmer werden die Auseinandersetzungen an der Propagandafront, denkt Bondar.

Koboljew will dem Rat seiner Kollegin folgen. In Berlin kam zwar kein Gespräch mit deutschen Journalisten zustande, aber nach einem Termin mit dem stellvertretenden Ständigen Vertreter Polens bei der EU hat der Naftogaz-Chef sich Zeit für Korrespondenten deutscher Medien in Brüssel freigehalten. Der Reporter des Deutschlandfunks spricht ihn auf Nord Stream 2 an. Gazproms Megaprojekt sei nicht aus ökonomischen Gründen geplant worden, sagt Koboljew. Die Ukraine solle umgangen und eine große russische Invasion der Ukraine vorbereitet werden. »Es geht dabei nur um das strategische Ziel von Herrn Putin, den Weg für eine umfassende Militäroperation gegen die Ukraine freizumachen.« Wenn Putin sein Ziel mit Nord Stream 2 erreicht habe, befürchtet Koboljew, würden »die Kämpfe im Osten der Ukraine umgehend an Intensität zunehmen« oder »russische Panzer sogar überall über die Grenzen in alle Teile der Ukraine hineinrollen«.[22]

Biete Hotelübernachtungen, erwarte Umweltprüfung

Stralsund, Berlin, Freitag, 1. Dezember 2017

Beunruhigt greift der Leiter des Bergamts Stralsund zum Telefon. Die Prüfungen für den Planfeststellungsbeschluss von Nord Stream 2 müssten unbedingt bis Ende des Jahres fertig sein, sagt er. Alles andere wäre eine Katastrophe.

Am anderen Ende der Leitung hört Thomas G. in Berlin aufmerksam zu. G. führt ein Unternehmen mit Landschaftsarchitekten, Ingenieuren, Biologen und Sachverständigen. Weil das Bergamt nicht alle für die Plangenehmigung von Nord Stream 2 notwendigen Prüfungen allein stemmen kann, hat es einen Teil ausgelagert. G.s Unternehmen wurde beauftragt, umweltfachliche Fragen zu klären. Mehrere tausend Seiten sind dafür zu lesen, zu analysieren und eine rechtssichere Beurteilung abzugeben. Da bisher kein Abgabetermin vereinbart wurde, wundert sich Thomas G. über das Drängen des Behördenchefs. Dass Bergamt und Nord Stream 2 AG bereit sind, Schnelligkeit über Gründlichkeit zu stellen, ahnen G. und seine Mitarbeiter bereits.

Eigentlich hat der Antragsteller sich aus Verfahren wie diesem herauszuhalten. Um den Eindruck von zu viel Nähe zu vermeiden, sollten die »Nordstreamler« G.s Angestellte nicht direkt kontaktieren. Doch im September hat ein Jurist der Nord Stream 2 AG am frühen Morgen eine Biologin aus

G.s Unternehmen angerufen – auf ihrem Privathandy. Die Nummer hatte sich der »Nordstreamler« organisiert, um »Druck hinsichtlich der Beschleunigung der Arbeiten aufzubauen«, wie die Biologin später sagen wird. Das Telefonat habe sie schon deswegen nicht führen wollen, weil Umweltverbände das als Hinweis auf Parteilichkeit deuten und bei einer Klage gegen die Plangenehmigung anführen könnten.

Dem Juristen der Nord Stream 2 AG war das offenbar egal. Nach dem ersten Telefonat hat er die Biologin regelmäßig angerufen. Weil Nord Stream 1 bereits gezeigt habe, dass bei bestimmten Aspekten des Pipelinebaus keine Bedenken bestünden, soll er sie gedrängt haben, diese nicht erneut zu überprüfen. Dass die beiden Projekte nicht als deckungsgleich behandelt werden könnten, soll er nicht akzeptiert haben.

Einmal soll er ihr sogar gedroht haben: Wenn die Prüfung nicht zügig ablaufe, hätte es auch für ihren Arbeitgeber, Thomas G.s Unternehmen, negative Konsequenzen.

Berlin, Montag, 4. Dezember 2017

Die neue Arbeitswoche beginnt für Thomas G. mit einer Überraschung. Als er am Telefon mit einem »Nordstreamler« spricht, fragt dieser, ob die Nord Stream 2 AG helfen könne, damit die Umweltprüfungen für den Planfeststellungsbeschluss schneller vorangehen. Man könne G. und seinen Mitarbeitern zum Beispiel Hotelzimmer in Stralsund buchen.

Thomas G. ist verdutzt. An Räumlichkeiten mangelt es in seinem Unternehmen nicht. Was eine schnellere Prüfung behindert, sind die Unterlagen, die die Nord Stream 2 AG bereitgestellt hat, etwa für eine Umweltverträglichkeitsprüfung. Einige Aussagen in den Unterlagen sind widersprüchlich. So stellen die »Nordstreamler« beispielsweise die Beeinträchtigungen für Schweinswale durch die neuen Pipelines als unerheblich dar, weil diese schon bei Nord Stream 1 unerheblich gewesen seien. In einem anderen Dokument wird jedoch beschrieben, dass die Schiffe, die die Rohre für Nord Stream 2 in der Ostsee verlegen sollen, wesentlich lauter arbeiten als jene Schiffe, die bei Nord Stream 1 eingesetzt wurden. Der Geräuschunterschied hätte erhebliche Folgen für die lärmempfindlichen Wale.

Thomas G. sagt dem Nord-Stream-Mitarbeiter, eine Überarbeitung der Antragsunterlagen durch die Nord Stream 2 AG könnte die Prüfung beschleunigen. Wenn »konsolidierte Unterlagen« nachgereicht würden, müssten seine Experten nicht erst die zahlreichen Widersprüche herausfiltern, die einer rechtssicheren Prüfung im Weg stehen. Er denkt, damit habe er einen konstruktiven Vorschlag gemacht. Doch der »Nordstreamler« lehnt dies ab.

Stralsund, Montag, 11. Dezember 2017

Rocco Müller und der stellvertretende Bergamtsleiter empfangen die aus Berlin angereisten Gäste. Der Amtsleiter, der sich nach seinem Anruf bei Thomas G. krankgemeldet hat, ist noch nicht wieder in seiner Behörde anwesend. Für Thomas G. und seine Kollegen ist der Termin im Norden ein Krisengespräch. Das Bergamt besteht darauf, dass alle Ergebnisse der umweltfachlichen Prüfung bis Ende des Jahres vorliegen. Thomas G. erklärt, warum dies völlig unmöglich ist. Erneut weisen er und seine Kollegen auf die widersprüchlichen Unterlagen hin.

Die Mitarbeiter des Bergamts haben sich eine Änderung

überlegt: Sie wollen einige Prüfungen, die G.s Experten übernehmen sollen, nun lieber an eine vierte Partei abgeben, an die UmweltPlan GmbH Stralsund, die sich auch um die Prüfung aller Natura-2000-Gebiete kümmert. Das Unternehmen hat einen direkten Draht zur Landesregierung. In der Vergangenheit hat es mindestens eine fünfstellige Förderung aus der Staatskasse erhalten. Auch den »Nordstreamlern« müsste UmweltPlan gut bekannt sein. Die Stralsunder haben »Rekultivierungsarbeiten« am Peenestrom übernommen, die als Ausgleich für die von Nord Stream 1 entstandenen Umweltschäden gedacht waren und zur Vogelfalle wurden.

Thomas G. kann den zeitlichen Druck des Bergamts immer noch nicht verstehen, stimmt der Vertragsänderung aber zu. Sein Unternehmen muss nun nur noch einen Teil der ursprünglich vereinbarten Leistungen erbringen. Auf eine geforderte Frist bis zum 17. Januar 2018 lässt er sich aber nicht ein. Korrektes Arbeiten ist ihm wichtiger als Schnelligkeit.

Montag, 1. Januar 2018

Im Jahr 2017 hat Deutschland etwa 52,3 Prozent seiner gesamten Gaseinkäufe (62,1 Milliarden Kubikmeter Erdgas) aus Russland importiert und dafür etwa 10,8 Milliarden Euro nach Russland überwiesen[23] – ein Betrag, der etwa 18,2 Prozent der gesamten Militärausgaben Russlands im abgelaufenen Jahr ausmachte.[24]

Neben den Milliardeneinnahmen verläuft für Gazprom allerdings nicht alles wie geplant. Ursprünglich sollten im nun beginnenden Jahr 2018 bereits beide Stränge von Nord Stream 2 mit Gas befüllt sein. Tatsächlich sind selbst die

Genehmigungen für den Bau noch ungewiss, zumindest außerhalb Mecklenburg-Vorpommerns. In Dänemark hat das Parlament ein Gesetz verabschiedet, das Nord Stream 2 nicht nur aus Umwelt-, sondern auch aus sicherheits- oder außenpolitischen Gründen verbieten kann. Die dänische Regierung verhält sich anders als die deutsche Große Koalition, die sich auf eine weitere Amtsperiode unter Angela Merkels Führung vorbereitet. Dänemarks Energieminister unterstützt Klaus-Dieter Borchardts Vorschlag zur Überarbeitung der EU-Gasrichtlinie und ist überzeugt, dass Nord Stream 2 ein Projekt mit erheblichen geopolitischen Auswirkungen ist. Ähnlich ist Frankreichs Haltung. Emmanuel Macron möchte Merkel jedoch nicht blamieren und verzögert eine Abstimmung bisher.

In Polen verläuft die Debatte kritischer. Im Januar trifft sich der polnische Ministerpräsident Mateusz Morawiecki mit dem US-Außenminister. Er fordert die USA dabei auf, ihren im vergangenen Sommer wegen Russlands Kriegsführung in der Ukraine, in Syrien und wegen der Einmischung in die US-Präsidentschaftswahlen 2016 verabschiedeten »Countering America's Adversaries Through Sanctions Act« zu konkretisieren, damit auch am Bau von Nord Stream 2 beteiligte Unternehmen sanktioniert werden können. Zudem verfolgen die Polen wie Kira Bondar und Andrij Koboljew das internationale Schiedsgericht in Stockholm. Nachdem Gazprom 2014 einseitig verkündet hatte, den Erdgaspreis für die Ukraine drastisch zu erhöhen, hat Koboljew dagegen in Stockholm geklagt. Die Verfahren über den Gaspreis, die Transitgebühren und die Durchleitungsvolumen laufen seit Jahren. Naftogaz will Entschädigungen in Milliardenhöhe. Gazprom verlangt Milliarden für nichtgetätigte Zahlungen. In wenigen Tagen wird Stockholm urteilen und Naftogaz 2,6 Milliarden Euro zusprechen. Da Putins Staatskonzern trotz Urteilsspruch nicht zahlen wird und Gas, das Naftogaz schon bezahlt hat, nicht liefert, wird Naftogaz versuchen, durch Pfändungen bei der Nord Stream AG und der Nord Stream 2 AG im schweizerischen Zug sowie bei niederländischen Gazprom-Tochtergesellschaften an Geld zu kommen.[25]

Die deutsche Bundesregierung wird sich aus dem Streit heraushalten, weil sie, laut eigener Behauptung, »nicht am Bau der Pipeline beteiligt« sei.

Stralsund, Montag, 29. Januar 2018

Um in Deutschland endlich die erste Baugenehmigung zu erhalten, hat die Nord Stream 2 AG monatelang Druck ausgeübt. Selbst Matthias Warnigs Idee, für die Pipeline ein neues Meeresschutzgebiet auszuweisen, wurde versucht umzusetzen. Im vergangenen Sommer hat das Umweltministerium Mecklenburg-Vorpommerns eine Änderung der Landesverordnung zu Natura-2000-Gebieten erörtert, um »das Vorhaben Nord Stream 2 im engen zeitlichen Zusammenhang mit dem Planfeststellungsbeschluss [...] abzusichern«. Eine öffentliche Debatte oder einen Kabinettsbeschluss zur Natura-2000-Gebietserweiterung gab es noch nicht. Doch an der Ostsee ist man angesichts des Zeitdrucks erfinderisch. Die Baugenehmigung wird »nun so geschrieben, als ob das Kabinett die Sache beschlossen hätte«, heißt es im Energieministerium.

Das Bergamt in Stralsund soll von den »Nordstreamlern« initiierte und von der Landesregierung gewünschte Vorgaben wie diese umsetzen. Zwei Tage bleiben der kleinen Behörde laut gesetzter Frist dafür noch. Thomas G. und seine Mitarbeiter haben deshalb die vergangenen Wochen durchgearbeitet und auch an den Weihnachtsfeiertagen Überstunden gemacht. Die letzten von G. und seinen Kollegen bearbeiteten Unterlagen sind heute im Bergamt angekommen.

Um 10:21 Uhr geht eine weitere E-Mail beim Bergamtsleiter ein.

Betreff: *Planfeststellungsbeschluss Nord Stream Pipeline 2*
Bedeutung: *High*

Sehr geehrter Herr T.,
in der Bezugssache weise ich – höchst vertraulich – auf Folgendes hin: Der Planfeststellungsbeschluss-Entwurf in seiner mir jetzt vorliegenden Fassung weist noch eine Reihe von Punkten auf, die das Potenzial für Rechtsfehler haben [...] er ist trotz enormer Anstrengungen zu sehr »mit der heißen Nadel gestrickt«. In der uns für die Prüfung zur Verfügung stehenden, knappen Zeit war uns eine vollständige und abschließende Prüfung/Korrektur des Entwurfs nicht möglich [...] die vom Vorhabensträger bis spät in das Anhörungsverfahren hinein geänderten Planunterlagen weisen Fehlerpotenziale auf:

- *Übungsbetrieb der Bundeswehr [...] dürfte ein Projekt im Sinne des § 34 BNatSchG sein*
- *rechtliche Risiken wegen Risikobewertung zur Lage der Gaspipeline im Übungsbetrieb Bundeswehr, die Schadenseintrittswahrscheinlichkeit betrachtet nicht die Schadensfolgen [...] Bundeswehr trägt hierzu vor, dass Schadensszenarien nicht berücksichtigt wurden*

- *es ist fraglich, ob die berechneten Schadenswahrscheinlichkeiten […] jenseits praktischer Vernunft liegen […]*
- *Erlass der Verordnung über die Erweiterung der FFH-Schutzgebietsverordnung Greifswalder Bodden erst nach Erlass Planfeststellungsbeschluss; Meldung des Gebiets an EU-Kommission nach Erlass Planfeststellungsbeschluss; Fraglich, ob bloße Festsetzung […] ohne Verbesserungsmaßnahmen rechtlich als Kohärenzsicherung anzuerkennen ist*
- *Mangels durch den Vorhabenträger selbst vorgenommener Änderung seiner Planunterlagen […] musste durch das Bergamt (händische) Streichung der nicht planfestzustellenden Maßnahmen in den Antragsunterlagen vorgenommen werden, ob solche Streichungen durch die Behörde in diesem Umfang zulässig sind, erscheint fraglich.*

Absender ist der in München sitzende Rechtsanwalt Andreas Geiger, den das Bergamt zur juristischen Beratung engagiert hat. Geiger war beim Erörterungstermin im Intercity Hotel und vorige Woche bei einer mehrtägigen Besprechung in Stralsund, als er den gesamten Planfeststellungsbeschluss mit Rocco Müller und weiteren Mitarbeitern des Bergamts prüfen wollte. Schon da hat Geiger kritisiert, dass die Zeit zur Kontrolle des Beschlusstextes nicht ausgereicht habe. Er schätzt, es bräuchte noch zwei bis drei Wochen, damit wenigstens jede Zeile des 630 Seiten langen Dokuments gegengelesen werden kann, und ist nicht gewillt, für den Beschluss Verantwortung zu übernehmen. Geiger empfindet es als seine Fürsorgepflicht, dem Bergamt mitzuteilen, dass er für die Rechtmäßigkeit des Beschlusses nicht einstehen kann. Als Anhang an seine E-Mail sendet er eine zehn Seiten lange Liste mit Problemen nach Stralsund. »Keinesfalls«, schreibt der Jurist, ließen sich diese Fehler »bis morgen abstellen«. In der Auflistung taucht auch die fehlende Vorgabe einer Wasserdruckprüfung auf. Geiger kritisiert, dass die schneller umzusetzende Luftdruckprüfung der »Nordstreamler« nicht der gesetzlich geforderten Nachweispflicht über »Dichtheit und Festigkeit der Gashochdruckleitung« entspricht.

Für seinen Rat hat das Bergamt Geiger und seiner sachbearbeitenden Kollegin in den beiden vergangenen Jahren mindestens 251 295 Euro gezahlt. Kurz vor Vollendung des Beschlusses ignoriert die Landesbehörde diesen Rat weitgehend.

Um 12:37 Uhr leitet der Bergamtsleiter die Liste der befürchteten Rechtsfehler an den Anwalt der Nord Stream 2 AG weiter. Danach liest er die Pressemitteilung, die zur Verkündung der Genehmigung vorbereitet ist.

Wenige Stunden später, um 17:13 Uhr, meldet sich ein Mitarbeiter des Energieministeriums des Landes beim vorgesetzten Minister Christian Pegel. Er berichtet, dass mit dem Bergamt besprochen wurde, »dass die Verfahrensentscheidung am Mittwoch, 31.01.2018, 10 Uhr fertig sein wird«.

Die Überschrift der vorbereiteten Pressemitteilung lautet: »Nord Stream 2: Erste Genehmigung in Deutschland erteilt«.

Schwerin, Berlin, Mittwoch, 31. Januar 2018

Erwin Sellerings Krebstherapie ist erfolgreich verlaufen. Bereits vor einem Monat hat er seine Rückkehr als Landtagsabgeordneter verkündet. Dass Manuela Schwesig sich in dieser

Woche medienwirksam und »ganz klar« für den Abbau der Wirtschaftssanktionen der EU gegen Russland ausgesprochen hat, hat ihm gefallen.

Heute, am Tag, an dem die Öffentlichkeit von der Baugenehmigung für die beiden neuen Pipelinestränge in Deutschland erfährt, steht ein Essen mit dem Geschäftsführer der Nord Stream 2 AG auf Sellerings Plan. Matthias Warnig und er wollen sich ungestört austauschen. Ein Gesprächsthema könnte die Genehmigung durch das Bergamt sein. Da sie im Sofortvollzug verordnet wurde, kann Warnigs Unternehmen umgehend mit dem Bau beginnen. Ein anderes Thema könnte die von Warnig vor dem zweiten Russlandtag geforderte Erweiterung der Natura-2000-Gebiete sein. Eine Woche nach Veröffentlichung des Planfeststellungsbeschlusses wird die Landesregierung per Kabinettsbeschluss die betreffende Landesverordnung ändern. In einer E-Mail wird das Umweltministerium die Rechtsanwälte der Nord Stream 2 AG darüber informieren. Einen Monat später wird Sellerings Nachfolgerin Manuela Schwesig, wie von den beiden Herren gewünscht, die neue Landesverordnung offiziell unterschreiben.

Thomas G. ist nicht nach einem feierlichen Essen zumute. Per Fax erhält er eine außerordentliche Vertragskündigung. Obwohl sein Unternehmen die vereinbarten Aufgaben längst erfüllt hat, möchte das Bergamt G. und dessen Kollegen kein Honorar zahlen. »Das Vertrauensverhältnis« sei endgültig zerstört, G.s Rechnung werde man wegen »fehlender Nachvollziehbarkeit« nicht begleichen, heißt es in der Begründung.

Er ist irritiert und beschließt, Klage gegen das Bergamt einzureichen. Zu einem Prozess wird es nicht kommen. Da sich das Bergamt keine großen Chancen vor Gericht ausrechnet, zahlt die Behörde einige Wochen später doch noch. Die Kosten werden von der Nord Stream 2 AG übernommen.

Rica Münchberger erfährt aus der Zeitung von der Genehmigung. Aus Sicht der Landesgeschäftsführerin des Naturschutzbunds Deutschland (Nabu) hat die Behörde so gut wie alle eingebrachten Kritikpunkte übergangen und ungeprüften Angaben der Nord Stream 2 AG vertraut. Der Nabu kann nun Klage gegen die Genehmigung einreichen. Diese kann sich jedoch Jahre ziehen, in denen die Nord Stream 2 AG weiterbauen darf. Soll Münchberger aus Umweltgründen gegen eine Pipeline klagen und fordern, diese wieder abzubauen – was weitere Umweltschäden anrichten würde? Nach einigen Überlegungen wird der Anwalt des Nabu eine Hauptklage gegen den Genehmigungsbescheid einreichen und einen Eilantrag stellen, um einen Baustopp zu erwirken.

Kiel, Dienstag, 20. Februar 2018

Als Peter H. den Planfeststellungsbeschluss aus Stralsund im Internet abruft, kann er es nicht glauben: Das Bergamt hat darin geheime Daten zu Übungsgebieten und Munition der Nato, die die Bundeswehr dem Bergamt ausdrücklich nur für das Prüfverfahren zur Verfügung gestellt hat, veröffentlicht. Schusszahlen, die Rückschlüsse auf Übungen und das Verhalten der Bundeswehr im Krieg ziehen lassen, sind nun für jedermann einsehbar.

Die Weitergabe und Veröffentlichung von als Verschlusssache gekennzeichneten Daten wie diesen ist verboten. Peter H. hat das dem Bergamt gegenüber unmissverständlich klar gemacht, dachte er zumindest.

Fassungslos schreibt er eine E-Mail an das Bergamt, das – nach einigem Hin und Her – Schwärzungen im Planfeststellungsbeschluss vornimmt. Christian Pegel, der verantwortliche Minister, wird später sagen, da sei »ein Versehen passiert«.[26]

VI

Vorbereitungen für den großen Krieg

Nowitschok im Parfümfläschchen

Salisbury, Sonntag, 4. März 2018

Um 16:15 Uhr geht im Polizeirevier Bourne Hill ein Notruf ein. Zwei Polizisten machen sich auf den Weg. Mit Blaulicht fahren sie in der südwestlich von London gelegenen Stadt durch die Fußgängerzone und halten vor einer Einkaufspassage. Neben einer Parkbank liegt eine Frau auf dem Boden. Sie wird von einem Passanten, der Arzt ist, betreut. Auf der Bank sehen die Beamten einen Mann sitzen. Er starrt ins Leere und wirkt wie betäubt. Auf den Pflastersteinen vor ihm ist Erbrochenes zerlaufen. Als sie seine Taschen durchsuchen, finden sie ein Telefon, das auf dem Display kyrillische Buchstaben anzeigt. Es gehört einem Doppelagenten.[1]

Der 1951 in Kaliningrad geborene Sergej Skripal ist ein Jahr älter als Wladimir Putin. Zu Sowjetzeiten und nach dem Zerfall des kommunistischen Regimes arbeitete er für den russischen GRU, der ihn in den Neunzigern als Spion in Malta und Spanien einsetzte. In dieser Zeit tat Skripal etwas, das Putin als Sünde ansieht, die er den »Bestien«, die sie begehen, nicht verzeihen kann. Skripal ließ sich vom spanischen und britischen Auslandsgeheimdienst als Doppelagent anwerben. Derartiger Verrat, sagte Putin in einem Interview, könne schlecht für die Gesundheit sein.[2]

Im Jahr 2004 enttarnen seine russischen Kollegen den Überläufer und verhaften Skripal in Moskau, wo er wegen

Hochverrats zu Lagerhaft in der russischen Republik Mordwinien verurteilt wird. Doch nach fünf Jahren hilft die britische Regierung. Der ehemalige Doppelagent des MI6 kommt im Rahmen eines Gefangenenaustauschs frei und erhält von den Briten ein Haus in Salisbury.

Im Krankenhaus wird klar, dass Sergej und seine Tochter Julija Skripal vergiftet wurden. Erinnerungen an einen anderen ehemaligen russischen Geheimdienstoffizier werden wach. Alexander Litwinenko wurde 2006 in London mit radioaktivem Polonium getötet. Er hatte interne Korruptionsfälle bei Putin, der damals Chef des russischen Geheimdienstes FSB war, angezeigt. Putin ließ jedoch nicht die korrupten Kollegen, sondern den Whistleblower Litwinenko verfolgen, einsperren und nach seiner Flucht aus Russland vergiften.

Parallelen zwischen den Fällen Litwinenko und Skripal werden in den folgenden Tagen offensichtlich. Experten des britischen Defence Science and Technology Laboratory und der Organisation zum Verbot von chemischen Waffen (OPCW) weisen nach, dass Skripal und seine Tochter mit dem Kampfmittel Nowitschok in Kontakt gekommen sind, jenem Gift, das eine Signatur, eine Art Herkunftscode in sich trägt und bereits gegen den bulgarischen Waffenproduzenten Emilian Gebrew eingesetzt wurde. Eine weitere Verbindung zu Gebrew und den Explosionen seiner Waffen- und Munitionslager in der Nähe des tschechischen Dorfes Vrbětice sind die Täter. Die Agenten Anatoli Tschepiga und Alexander Mischkin der GRU-Einheit 29155 haben erneut ihre falschen Identitäten (Ruslan Boschirow und Alexander Petrow) benutzt, dieses Mal um von Moskau nach London-Gatwick zu reisen. Vor zwei Tagen bezogen sie ein Zimmer im »City Stay Hotel« im Osten Londons, in dem Ermittler später Spuren von Nowitschok finden werden. Überwachungskameras haben beide am Flughafen, am Bahnhof von Salisbury und am heutigen Tag in der Nähe von Skripals Haus aufgezeichnet. Dort sollen sie das Gift auf die Klinke der Eingangstür gesprüht haben. Um 22:30 Uhr, während Skripal und seine Tochter in Lebensgefahr schweben, fliegen Tschepiga und Mischkin zurück nach Moskau.

Sergej und Julija Skripal überleben nach mehreren Wochen im Krankenhaus den Anschlag. Ende Juni findet der Brite Charlie Rowley im Park von Salisbury in einer Box ein in Zellophan gehülltes Parfümfläschchen. Er hält es für einen Flacon der Marke »Nina Ricci«, nimmt es mit und schenkt es seiner Freundin. Die dreifache Mutter sprüht sich Nowitschok auf ihre Handgelenke und stirbt.

Die Regierungen Deutschlands, Frankreichs, der Vereinigten Staaten und des Vereinigten Königreichs verurteilen das Attentat als »die erste offensive Verwendung von Nervenkampfstoffen in Europa seit dem Zweiten Weltkrieg«. Großbritannien kündigt an, russische Diplomaten auszuweisen und alle hochrangigen bilateralen Kontakte nach Russland auszusetzen. Alle Minister und die königliche Familie werden die Fußball-WM in Russland boykottieren. Die USA verhängen Sanktionen und drohen mit Maßnahmen gegen Firmen, die sich an Nord Stream 2 beteiligen. Frankreich lässt den russischen Stand auf der Pariser Buchmesse entfernen.[3] Auch Deutschlands neuer Außenminister Heiko Maas reagiert und lässt vier russische Diplomaten ausweisen.

Manuela Schwesig attackiert ihren Parteikollegen für diesen Kurs. Sie fordert »mehr Dialogbereitschaft mit Russland«, einen Abbau der bestehenden EU-Wirtschaftssanktionen und verbittet sich Kritik am Pipeline-Projekt, für das es mittlerweile auch von Finnland eine Baugenehmigung gibt.[4] Möglich, dass Gerhard Schröder sie in dieser Haltung bestärkt hat: Vor einigen Tagen hat er sich mit ihr zum Mittagessen in Berlin getroffen. Dieser Zweiertermin bleibt lange geheim. Ein Gesprächsprotokoll über das, was der Aufsichtsratsvorsitzende der Nord Stream AG mit der Ministerpräsidentin besprochen hat, gibt es nicht. Es sei ein »persönlicher Austausch« gewesen und »kein Arbeitsgespräch«, lässt Schwesig später mitteilen.[5] Recherchen für dieses Buch belegen, dass ihre Staatskanzlei und Schröders von der Bundesrepublik finanziertes Büro den Termin offiziell als Arbeitsgespräch geplant haben.

Die Vertuschung des Schmieröl-Skandals

Lubmin, Krym, Dienstag, 15. Mai 2018

Es ist ein diesiger Frühlingsmorgen. Fünf gelbe Tieflöffelbagger tauchen ihre Schaufeln tief ins Wasser des Greifswalder Boddens, holen Erde, Sand und Schlick vom Grund des Meeres und schütten alles auf Transportschiffe. *Peter the Great* heißt eines der Baggerschiffe, die die Gräben ausheben, in denen die Doppelpipeline Nord Stream 2 verlegt werden soll.

Rund zweieinhalbtausend Kilometer südöstlich sind ebenfalls große Fahrzeuge im Auftrag des Kreml unterwegs. Der Beginn des Baus von Nord Stream 2 fällt auf den Tag des Abschlusses eines Bauprojekts, das dem vor wenigen Wochen wiedergewählten russischen Präsidenten ähnlich wichtig sein dürfte.

Wladimir Putin lenkt einen Lkw, an dem eine russische Fahne weht, über die neue, fast zwanzig Kilometer lange Brücke, die Kertsch auf der Krym mit der Halbinsel Taman im Süden Russlands verbindet. Gut vier Jahre nach der Annexion weiht Putin das neue, vierspurige Bauwerk ein. Die russische Föderation ist nun direkt mit der Krym verbunden. Die Brücke sichert die Energieversorgung auf der Halbinsel und ist ein wichtiges Puzzleteil im Krieg gegen die Ukraine. Alle Schiffe, die ins Asowsche Meer wollen, müssen unter der Brücke hindurchfahren. Der Kreml wird das zum Anlass nehmen, die Straße von Kertsch so zu kontrollieren, als wäre sie russisches Territorium. Er möchte durch die Vollendung des Baus einen Schlussstrich unter die Debatte über die völkerrechtswidrige Eroberung ziehen. Für die Ukraine ist die längste Brücke Europas ein Symbol ihrer Niederlage.

Von knapp sechshundert Pfeilern wird das Bauwerk getragen, das mit 7500 Pfählen bis zu 95 Meter tief im schlammigen Grund des Schwarzen Meeres verankert ist. »Früher, noch unter den Zaren«, sagt Putin, habe man »davon geträumt, so eine Brücke zu bauen.«[6]

Drei Milliarden Euro soll die Kertsch-Brücke gekostet haben. Gebaut wurde sie von der Firma eines Freundes des Präsidenten. Arkadij Rotenberg und Putin kennen sich seit ihrer Kindheit, als sie im selben Judoverein trainierten. Während Putin nach der Schule beim KGB anfing, studierte Rotenberg an der Fakultät für Körperkultur, Sport und Gesundheit der Leningrader Universität. Danach versuchte er sich als Kleinunternehmer. Rotenbergs Karriere änderte sich, als Putin die Kontrolle im Kreml übernahm. Der neue Präsident machte seinen Judofreund zum Chef des Staatsunternehmens Rosspirtprom, das damals dreißig Prozent des russischen Wodka-Marktes kontrollierte. 2001 kaufte Rotenberg mit einem Geschäftspartner die Northern Sea Route Bank (SMP Bank). Seinen Spitznamen »Putins persönliche Geldbörse« verdiente er sich fortan, indem er seinen finanziellen Reichtum durch »Geschäfte« mit Gazprom vervielfachte. Mit der SMP Bank erwarb Rotenberg Bau-, Gas- und Rohrunternehmen, die Gazprom zu überhöhten Preisen belieferten. Kritiker wie der ermordete Boris Nemzow oder Alexei Nawalny definieren Putinismus als ein Mafia- oder

Gangster-Regime, da der Präsident und seine Freunde sich durch Kickback-Deals an Aufträgen von Staatsfirmen bereichern. Die Kickback-Summe oder Korruptionssteuer wird in Russland auch als *otkat* (übersetzt »Rückschlag«) bezeichnet. Im Jahr 2007 wollte Gazprom beispielsweise eine neue Pipeline im Norden Russlands bauen. Statt Pläne für ein kurzes Verbindungsstück im bestehenden Pipeline-Netzwerk umzusetzen, entschied der Staatskonzern sich für eine 2400 Kilometer lange neue Erdgasleitung. Unabhängige Experten schätzten die Baukosten auf etwa 15 Milliarden Dollar. Tatsächlich zahlte Gazprom 44 Milliarden Dollar. Die einzige Erklärung sei, dass es für Gazproms Auftragnehmer eine gute Chance war, viel Geld zu verdienen, erklärte der russische Energieexperte Michail Krutichin.[7] Ihm zufolge müsste man Gazprom als drei getrennte Unternehmen betrachten. Gazprom I erkundet Erdgasfelder, fördert Gas, handelt damit innerhalb Russlands und baut Pipelines. Die meisten der etwa 500 000 Angestellten arbeiten für Gazprom I.

Gazprom II ist ein politisches Instrument Putins. Wenn Entscheidungen gegen wirtschaftliche Interessen getroffen werden, etwa die Drosselung der Gaslieferungen an die Ukraine 2006, 2009 und 2014, liegt das an Gazprom II.

Für Putins Freunde wie Arkadij Rotenberg ist Gazprom III am wichtigsten. Es initiiert große Investitionen, damit staatliche Gelder in private, zur Putin-Clique gehörende Unternehmen fließen.

Rotenbergs (oder Putins) Privatvermögen vergrößerte sich auch dank Nord Stream 1. Bevor der Bau der ersten Doppelpipeline beschlossen wurde, meldete sich ein Geschäftspartner Rotenbergs bei zwei deutschen ehemaligen Mannesmann-Mitarbeitern. Waldemar Grust und Klaus Werner Rayermann, die in der Sowjetunion Erfahrungen mit Stahl-Geschäften gemacht hatten, gründeten zusammen mit dem Russen Ivan Shabalow das Handelsunternehmen Eurotube GmbH. Die russische Seite (Shabalow, später die Rotenberg-Brüder) stieg mit 500 000 Euro ein. Waldemar Grust (mit drei jüngeren Familienmitgliedern) und Klaus Werner Rayermann (mit zwei jüngeren Familienmitgliedern) investierten jeweils 250 000 Euro. Durch »Verbindungen« zu ehemaligen Kollegen in Deutschland und nach Russland konnten die Eurotube-Inhaber einen goldenen Vertrag abschließen. Alle in Mülheim an der Ruhr von einem anderen Unternehmen hergestellten Stahlrohre, die in Russland für Nord Stream 1 verbaut wurden, konnte Gazprom nur von der Handelsfirma Eurotube GmbH erwerben. Gazprom hätte die Stahlrohre auch direkt beim Hersteller kaufen können, doch dann hätte es den Zwischenhändler Eurotube nicht gebraucht. Rotenbergs Eurotube GmbH produzierte nichts und kassierte viel. Der Umsatz soll mehr als hundert Millionen Euro jährlich betragen haben.[8] Als Gewinn wies Eurotube allein im Jahr 2012 fast zehn Millionen Euro aus. Dieser »Geschäftserfolg« könnte dazu beigetragen haben, dass Rotenbergs Geschäftspartner Ivan Shabalow, der die Eurotube-Idee übermittelt hatte, sich am bayerischen Tegernsee zwei mehrere Millionen Euro teure Luxusvillen mit See- und Bergblick leisten konnte.

Nach der Annexion der Krym setzten die USA und die EU Arkadij Rotenberg auf ihre Sanktionslisten. In Italien wurden daraufhin seine Villen und ein Luxushotel im Wert von vierzig Millionen Euro beschlagnahmt. Auch in Deutschland hätten seine »wirtschaftlichen Ressourcen«, wie es in der Verordnung der EU über die Sanktionen heißt, seit 2014 eingefroren werden müssen. Doch offenbar interessieren sich deutsche Behörden nicht sonderlich für »Putins Geldbörse«. Drei Wochen nach Baubeginn von Nord Stream 2 wird es Rotenberg gelingen, drei Villen, die in Berlin auf einem 1860 Quadratmeter großen Grundstück in der Nähe des Grunewaldsees zu einem schlossartigen Komplex verbunden sind, über seinen Bruder und seine Tochter für acht Millionen Euro zu verkaufen. Im Jahr darauf wird er seine Gemälde von Dalí, Feininger und Chagall, die im Kunstlager Hasenkamp bei Köln lagern, über Strohmänner nach Moskau transportieren lassen. Auch bei dieser Verletzung der Sanktionen werden deutsche Behörden zuschauen. Rotenberg wird derweil in Russland weitere »Geschäfte« umsetzen: Eine der vielen Firmen von Putins Judofreund bekommt von Gazprom den Auftrag, die durch Russland verlaufenden Zuliefer-Pipelines für Nord Stream 2 zu bauen.[9]

Greifswalder Bodden, Dienstag, 29. Mai 2018

Zwei Wochen nach Baubeginn pausieren die fünf Baggerschiffe. Mindestens 145 Kilogramm Schmieröl-Klumpen, die an die Ufer des Greifswalder Boddens gespült wurden, haben den Baustopp verursacht. In der Sonne schimmert die giftige Substanz lila, gelb und braun. Werden die Klumpen nicht rechtzeitig eingesammelt, zerfallen sie, und die Giftstoffe verteilen sich im Wasser – mit unabsehbaren Folgen für die Umwelt. Für Menschen besteht die Gefahr von schweren Haut- und Augenschäden.

Für das Tourismusland Mecklenburg-Vorpommern sind das keine guten Nachrichten. »Das Problem ist tagelang einfach ignoriert worden«, sagt ein Mitarbeiter einer der beteiligten Behörden. Er vermutet, die verzögerte Warnung der Öffentlichkeit sei Absicht gewesen, da zunächst die Angst, dass Urlauber wegbleiben könnten, größer als der Wille zur Transparenz war.[10]

Entstanden ist der Umweltschaden durch ein Leck am Baggerschiff *Peter the Great*. Hätte das Bergamt in Stralsund die Baugenehmigung genauer erarbeitet, wäre das Unglück allerdings vermeidbar gewesen. Eigentlich sollte die Nord Stream 2 AG verpflichtet werden, nur Schwimmbagger einzusetzen, die mit ungefährlichen, biologisch abbaubaren Schmierölen funktionieren. So stand es im vom Bergamt beauftragten Umweltgutachten von Thomas G. und seinen Experten. Wie Recherchen für dieses Buch belegen, wurde vor Erlass des Planfeststellungsbeschlusses die entsprechende Passage gestrichen. Für die entstandenen Umweltschäden könnte somit auch das Bergamt verantwortlich gemacht werden.

Till Backhaus, Umwelt- und Landwirtschaftsminister, der den Rekultivierungspreis für die Vogelfalle an die Nord Stream AG vergeben hat, fordert nach dem Schmieröl-Klumpen-Skandal Konsequenzen. Öffentlichkeitswirksam kündigt er an, von nun an biologisch leicht abbaubare Schmierstoffe auf Arbeitsschiffen vorzuschreiben. Er betont, »in hochsensiblen Ökosystemen« der Ostsee müsse »alles im Einklang mit dem Naturschutzrecht geschehen«. Ein großer Teil des Schmieröls hat sich da längst in der Ostsee verbreitet oder wurde von Tieren über die Nahrung aufgenommen. Offenbar weiß der Minister nicht, was das Bergamt aus der Baugenehmigung gestrichen hat, oder er täuscht die Bevölkerung bewusst.[11,12]

Lubmin, Montag, 4. Juni 2018

Peter the Great liegt immer noch im Hafen. Bevor sich die Story vom Umweltschaden beim Pipeline-Bau in vielen nationalen oder internationalen Medien verbreitet, möchte die Nord Stream 2 AG die Wogen glätten. Steffen Ebert, der bei seiner PR-Arbeit fürs Nord Stream Race Erfahrungen mit Booten auf der Ostsee gesammelt hat, ist deshalb mit einer Karte des Greifswalder Boddens nach Lubmin gefahren. Im Ostseebad sind er und seine Kollegen gern gesehene Gäste. Durch Nord Stream 1 hat die Gemeinde 2,75 Millionen Euro Steuereinnahmen pro Jahr. Auf dem postergroßen Plakat, das Ebert neben Umwelt- und Landwirtschaftsminister Till Backhaus am Strand stehend in Pressekameras hält, haben die »Nordstreamler« die bisherigen Reinigungsarbeiten an der Küste markiert. Die gemeinsam mit dem Ministerium organisierte Pressekonferenz soll eine klare Botschaft transportieren: »Nord Stream 2 übernimmt Verantwortung«, lautet die Überschrift in einer vom Konzern verbreiteten Mitteilung. Gleichzeitig weisen die »Nordstreamler« darauf hin, dass ein Baggerfahrer einer beauftragten Firma das Leck nicht gemeldet und somit womöglich eine Straftat begangen habe.

Für den Presse-Termin am gesäuberten Strand wurde auch die Polizei mobilisiert. Die Beamten haben offenbar die Anweisung bekommen, Umweltschützer fernzuhalten, die demonstrieren wollen. Als ein Fotograf der Deutschen Presse-Agentur zur Präsentation von Eberts Plakat gehen möchte, halten die Polizisten ihn fest, nehmen seine Personalien auf und wollen ihm verbieten, Fotos von ihnen zu machen.

Etwa die Hälfte der ausgetretenen giftigen Substanz ist in den vergangenen zwei Wochen eingesammelt worden.

Der Schmieröl-Skandal entspreche »nicht den hohen Umweltstandards von Nord Stream 2«, doch das vom Baggerschiff *Peter the Great* eingesetzte »Schmierfett enthalte nach Herstellerangaben keine wassergefährdenden Stoffe«, behaupten die »Nordstreamler«. Der Verstoß gegen das Landeswassergesetz werde mit einem Ordnungswidrigkeitsverfahren geahndet, er gehe »davon aus, dass die Räumungsarbeiten am morgigen Tag der Umwelt im Wesentlichen abgeschlossen sein werden«, sagt Minister Backhaus. Es wirkt so, als wollen Ministerium und »Nordstreamler« die Angelegenheit damit für erledigt erklären.

Schwerin, Dienstag, 5. Juni 2018

Zufall? Schlechtes Timing? Zu viel Einfluss eines Unternehmens auf einen Minister? Als Till Backhaus gemeinsam mit den »Nordstreamlern« in Lubmin vor den Pressefotografen stand und sein Ministerium sowie die Nord Stream 2 AG Pressemitteilungen veröffentlichten, erreichte eine Information des Umweltbundesamtes die Landesregierung. Der Schaden, den das Schmieröl in der Ostsee anrichten kann, ist dramatisch größer, als von der Nord Stream 2 AG behauptet. Recherchen für dieses Buch belegen, dass Untersuchungen des Umweltbundesamtes ergeben haben, dass die Substanz mindestens der Wassergefährdungsklasse 2 (deutlich wassergefährdend), wohl sogar 3 (stark wassergefährdend), zuzuordnen ist.

»Hallo, Herr Minister, sollten wir die jetzt vorgelegten Erkenntnisse über die Wassergefährdungsklasse 2 bis 3 […] in einer Pressemitteilung kundtun?«, fragt eine Mitarbeiterin des Ministeriums. Einerseits bedeute diese Information, »neues Öl ins Feuer zu gießen«, fügt sie hinzu. »Andererseits könnte man […] uns den Vorwurf des Vertuschens machen. Was meinen Sie dazu?«

Der Minister hat eine klare Meinung. In einem Telefonat mit einer Mitarbeiterin gibt er die Anweisung: »Wir geben keine Pressemitteilung dazu heraus.«

Als im Oktober 2018 das Baggerschiff *Francesco di Giorgio* für Nord Stream 2 auf der Ostsee aktiv ist und durch einen Schaden mindestens dreihundert Liter Hydrauliköl verliert, schickt die Marine zur Schadensbegrenzung ein Ölbekämpfungsschiff. Der zuständige Landesminister informiert die Öffentlichkeit nicht über das Unglück.[13]

Putin tanzt

Steiermark, Samstag, 18. August 2018

Ein Ständchen des aus Russland mitgebrachten Don-Kosaken-Chors, ein Blumenstrauß und ein Tänzchen mit der Braut: Wladimir Putin bemüht sich, auf der Hochzeit der österreichischen Außenministerin Karin Kneissl ein guter VIP-Gast zu sein. Seinen Trinkspruch über nützliche Ochsen hält er auf Deutsch.

Nach anderthalb Stunden und vielen Fotos im österreichischen 4000-Seelen-Dorf reist der russische Präsident weiter zu Angela Merkel. Sein »privater« Hochzeitsbesuch hat das politische Signal da bereits gesendet: Trotz Ukraine- und Syrien-Krieg wird Putin wieder nach Österreich, dem Land, das die EU-Ratspräsidentschaft innehat, zum Tänzchen geladen. Dass ihn die deutsche Bundeskanzlerin erstmals seit der Annexion der Krym wieder persönlich im Schloss Meseberg in Brandenburg empfängt, passt für Putin perfekt. Er möchte, dass die EU-Sanktionen beendet, die (Gas-)Geschäfte erweitert werden und die Europäer ignorieren, dass beispielsweise am heutigen Tag ein im Jahr 1988 geborener und ein im Jahr 1997 geborener ukrainischer Soldat im Krieg im Donbas sterben. Es sind die Todesopfer Nummer 10111 und 10112, ungefähr, denn ganz genaue Statistiken gibt es nicht.

Merkel befürwortet die Idee einer UN-Blauhelmtruppe, die in der Ostukraine für die Einhaltung eines Waffenstillstands sorgen soll. Putin ist skeptisch und stimmt der Idee auch nach dem Vier-Augen-Gespräch nicht zu. Trotzdem verkauft Merkel das Treffen als »pragmatische Wiederannäherung«. In vielen Punkten ist sie nicht Putins Meinung, doch ihr Widerspruch wirkt weniger energisch als in vorigen Jahren. Bereits vor der parlamentarischen Sommerpause hat sie sich überlegt, nach dieser Amtszeit nicht wieder als Kanzlerin zu kandidieren. Den Vorsitz der CDU wird sie in einigen Wochen abgeben.

Vermutlich macht Merkel sich, anders als ihr SPD-Koalitionspartner und Teile ihrer eigenen Partei, keine Illusionen über ihren Gast. Dass Putin skrupellos sein kann, weiß sie. Ihr ist auch klar, dass Nord Stream 2 eines seiner Machtinstrumente ist. Doch selbst wenn sie daraus den Schluss gezogen haben sollte, dass das Pipelineprojekt nicht durchgeführt werden dürfe, würde sie ihn wohl nicht offen äußern. In der deutschen Wirtschaft, in ihrer wirtschaftsnahen Partei und in der SPD stieße sie damit auf Protest, den sie nicht riskieren will. Als sie neben Putin stehend sagt, die Ukraine müsse »auch, wenn es Nord Stream 2 gibt, eine Rolle im Gastransit nach Europa spielen«, klingt es so, als glaubte sie selbst nicht daran.

Auch in den kommenden Jahren wird die Kanzlerin wiedergeben, was die Sprachregelung ihrer Regierung vorgegeben hat: dass Nord Stream 2 ein privatwirtschaftliches Projekt sei. Dass das nicht stimmt, weiß Merkel, die Putin in zahlreichen Verhandlungen kennengelernt hat, am besten.

Schwerin, Dienstag, 18. September 2018

Erwin Sellering fühlt sich wieder fit. Nach monatelangen Chemo- und Antikörpertherapien betritt der ehemalige Ministerpräsident am Vormittag die Sporthalle am Lambrechtsgrund. Die Spielstätte des Volleyball-Bundesligisten soll heute zum Gründungsort eines neuen Vereins werden. Dass Sellering die Mehrzweckhalle dafür offenbar ohne Mietpreiszahlung überlassen wird,[14] könnte damit zu tun haben, dass die Nord Stream 2 AG ein äußerst großzügiger Sponsor des SSC-Volleyballteams ist.

Neben dem Ostinstitut, wo Sellering mittlerweile Vorstandsmitglied ist, braucht sein Bundesland einen weiteren prorussischen Verein und am besten eine millionenschwere prorussische Stiftung, ist er sich sicher. Um beides zu organisieren, hat er vor einigen Tagen etwa zwanzig Personen aus Mecklenburg-Vorpommern ins Schweriner Schloss geladen. Ihm seien gute Beziehungen mit Russland »persönlich weiterhin sehr wichtig«, hat er in seinen Einladungen geschrieben. Um diese Beziehungen zu erweitern, erfordere es neben einem Verein »eine Organisationsform, die weitergehende Handlungsmöglichkeiten eröffnet«. Seiner »Überzeugung« nach komme dafür eine Stiftung in Frage, die »finanzielle Unterstützung von Unternehmern erfährt, die an einem vertieften, freundschaftlichen Austausch mit Russland besonderes Interesse haben«. In eine derartige Stiftung möchte er sich »gern persönlich einbringen«.

Viele politische Weggefährten Sellerings haben sich gefragt, wie der einstige Landesvater mit seiner Rolle als Ministerpräsident a. D. umgehen wird. Auf die direkte Frage, was er nun machen wolle, soll er geantwortet haben, er werde etwas mit Russland machen, wie Schröder, nur schlauer.[15]

Stiftungen haben in der Regel den Zweck, Vermögen zu verwalten. Wer einmal investiert, trennt sich für immer von seinem Geld. Eine Stiftung kann völlig unabhängig agieren. Ist das ein Grund, weshalb Sellering auf die Stiftungsidee kam?

Heute geht es erst einmal um den neuen Verein. Für seinen Namen hat Sellering sich etwas überlegt, das bei fast jedem ehemaligen DDR-Bürger Erinnerungen weckt. Wohl in Anlehnung an die einstige Massenorganisation Deutsch-Sowjetische Freundschaft (DSF) möchte er den Verein Deutsch-Russische Partnerschaft (DRP) nennen.

Im Jahr 1988 waren mehr als 6,4 Millionen DDR-Bürger Mitglied in der DSF. Sie wurde gegründet, um antisowjetische Einstellungen in der Bevölkerung durch Kultur, Sport, Agitation und Propaganda abzubauen. Sellerings DRP soll prorussische Einstellungen in der Bevölkerung Mecklenburg-Vorpommerns aufbauen. Dies dürfte im Sinne Wladimir Putins sein. Der damalige KGB-Spion bekam 1987 beim »Ball der Waffenbrüderschaft« in der Dresdner Bezirksverwaltung der Stasi die goldene Ehrennadel der Deutsch-Sowjetischen Freundschaft (DSF).

»Von der Sowjetunion lernen, heißt siegen lernen«, lautete einer der Leitsätze der Deutsch-Sowjetischen Freundschaft, der nicht nur militärisch gemeint war. Es wirkt so, als wolle Sellering nun einen ähnlichen Optimismus entfachen, auch in jüngeren Generationen. Für das kommende Jahr plant er eine »Deutsch-Russische Jugendwoche«.

Zu den Gründungsmitgliedern der DRP gehören Andreas Steininger vom Ostinstitut Wismar, der Russland-Lobbyist Falk Tischendorf, den Sellering 2016 zum Russlandbeauftragten des Landes ernannt hat, der Zahnarzt Uwe Neumann, der als Leiter der Kunsthalle Rostock anlässlich des Russlandtages 2018 Sponsorengeld kassieren wird, um russische Werke in seinem zeitgenössischen Museum zu zeigen, sowie Markus Fein, der langjährige Chef der Musikfestspiele MV, der später Räume der Festspiele an die Deutsch-Russische Partnerschaft vermieten wird.

Auch eine Mitarbeiterin der Staatskanzlei, die für Sellering Reisen nach Russland organisiert hat, ist dabei. Genauso wie die SPD-Lokalpolitikerin Gayane Kirakosjan, die Interviews mit russischen Propagandamedien vermittelt, und Cornelia Nenz, Vorsitzende des Rundfunkrats des Norddeutschen Rundfunks. Öffentlich wird Nenz mehrfach behaupten, die USA und die Nato hätten den Krieg in der Ukraine angezettelt. Aus ihrer Sicht habe die »dümmliche Erzählung« eines russischen Angriffs nichts mit der Realität zu tun.[16] 2024 wird Manuela Schwesig ihr den Landesverdienstorden verleihen.

Die neue Deutsch-Russische Partnerschaft (DRP) entsteht in enger Absprache mit der Ministerpräsidentin und bekommt vom Land die Zusage für eine Anschubfinanzierung über 600 000 Euro aus dem Strategiefonds.

Neben Steffen Ebert (jetzt »Nordstreamler«, vor 1990 Stasi-IM), und Frank Röntgen (jetzt Vizepräsident der IHK in Rostock, damals Stasi-Oberleutnant) treten Sellerings DRP weitere ehemalige Stasi-Mitarbeiter bei. Einer von ihnen ist der Greifswalder Unternehmer Werner Dietzsch, der Sellerings Russlandtage ab 2014 besucht und die Landesregierung auf mehreren Delegationsreisen nach Russland begleitet hat. Dietzsch ist Geschäftsführer des Ingenieursunternehmens DEN GmbH, im Unternehmerverband Vorpommern aktiv und gilt dort als »Motor der Beziehungen zu

Russland«.[17] Recherchen für dieses Buch belegen, dass diese Beziehungen lang zurückreichen.

1947 im Vogtland geboren, studiert Dietzsch an der Elektrotechnischen Hochschule Leningrad. Nach seiner Rückkehr tritt er der SED bei und arbeitet ab 1980 als Hauptabteilungsleiter »Spezielle Produktion« (Maritime Rüstungstechnik) im VEB Nachrichtenelektronik Greifswald. 1984 unterschreibt er aus »politisch-ideologischer Überzeugung« eine Verpflichtungserklärung, wählt den Decknamen »Gerd Wilde« und spioniert als Inoffizieller Mitarbeiter zur politisch-operativen Durchdringung und Sicherung des Verantwortungsbereiches (IMS). Er arbeitet als Leiter der Außenstelle des VEB auf der Peenewerft Wolgast, die Schiffe für Staaten des Warschauer Paktes produziert, bespitzelt Kollegen, die wie er Geheimnisträger sind, berichtet beispielsweise über Kontakte von deren Ehepartnern nach Westdeutschland und zur Kirche. Als Reisekader wird Dietzsch ins nichtsozialistische Wirtschaftsgebiet geschickt. »Der IMS belastete Personen und reagierte selbstständig bei operativ interessanten Erscheinungen«, heißt es in seiner Stasi-Akte.

Auch der Vizepräsident des Unternehmerverbandes Vorpommern, Dietrich Lehmann, wird DRP-Mitglied. Der Inhaber der Mele Energietechnik GmbH aus Torgelow hat ebenfalls eine bewegte Vergangenheit, in der er als Stasi-Spitzel ins Ausland reisen durfte.

Der 1951 geborene Lehmann heißt als IM »Holger Hagen« und leitet den Betriebsteil Torgelow der Technischen Gebäudeausrüstung Neustrelitz. Von seinen Reisen soll er technische Projektunterlagen aus dem Westen mitbringen. Die Stasi sichert ihm und seiner Familie dafür »im Falle einer Festnahme« im Westen Unterstützung zu.[18]

Der hochrangigste ehemalige Stasi-Angestellte, der bald der DRP beitritt und später stellvertretender Vorstandsvorsitzender von Sellerings Verein wird, ist der Vermögensverwalter Harald Radtke. Während er 1974 die Offiziershochschule Kamenz in Sachsen besucht, bespitzelt er als IM seine Mitschüler. 1980 wird er als politisch-operativer Mitarbeiter im Ministerium für Staatssicherheit angestellt und Hauptmann. Wegen seiner guten Russischkenntnisse darf er bei Treffen mit Tschekisten, Mitgliedern der Geheimpolizei der Sowjetunion, dolmetschen. »Sein Handeln als Tschekist ist aus tiefster Überzeugung und vom festen Willen geprägt, den Feind als Feind zu erkennen und zu liquidieren«, heißt es in einer Beurteilung. Ab September 1985 leitet Radtke als Offizier für Sonderaufgaben zwei IM-führende Mitarbeiter. Wenige Monate vor dem Fall der Mauer ernennt ihn das Ministerium für Staatssicherheit zum Major.[19, 20]

Im Kanzleramt wird mit Kriegsflüchtlingen gerechnet

Berlin, Rostock, Dienstag, 16. Oktober 2018

Als Kira Bondar am Morgen in Berlin-Tegel landet, ahnt sie bereits, dass ihr dreitägiger Deutschland-Besuch stressig wird. Zwölf Termine hat die Agentur Advice Partners für sie und vier Kollegen von Naftogaz mit Abgeordneten, Behördenvertretern und Energie-Expertinnen organisiert. Ein Ziel der Reise ist es, den Deutschen die ukrainische Perspektive auf Nord Stream 2 näherzubringen. Bondar hat mitbekommen, dass Angela Merkel im Sommer Putin empfangen hat. Das Ausmaß der deutschen Abhängigkeit von Russland ist ihr aber nicht bekannt. 2015 konnte sie sich nicht vorstellen, dass Siemens unter Umgehung der Sanktionsgesetze vier Turbinen für zwei neue Gaskraftwerke auf der Krym an eine Tochterfirma des russischen Staatskonzerns Rostec verkauft. Jetzt ahnt sie nicht, was Manuela Schwesig, Erwin Sellering und Andreas Steininger für den gerade stattfindenden dritten Russlandtag geplant haben. Während die Ukrainer in Berlin sind, trifft sich die Ministerpräsidentin Mecklenburg-Vorpommerns zum »VIP-Dinner« in der Sky Bar des Neptun Hotels in Rostock-Warnemünde mit dem russischen Vize-Industrie-Minister Wassilij Osmakow, mit Matthias Warnig, Erwin Sellering und etwa einem Dutzend hochrangiger russischer Entscheidungsträger. Das exklusive Abendessen soll am Vorabend des offiziellen Starts die russischen Ehrengäste auf den Russlandtag einstimmen. Schwesig möchte, dass Sellerings Lobby-Veranstaltung mit neunhundert Gästen größer als je zuvor wird. Finanziert mit Steuergeldern und Zuwendungen von der Nord Stream 2 AG, sollen in Rostock dafür die Stadthalle, das Kreuzfahrtterminal, das Volkstheater, das Neptun- und das Radisson-Blu-Hotel genutzt werden. Die Zusammenarbeit mit dem Kreml soll durch Wirtschafts-, Energie-, Transport- und Industrie-Geschäfte ausgebaut werden. Zehn Abkommen werden unterzeichnet, eines über die gemeinsame Entwicklung von Drohnen.

Eine von Gazprom mitbezahlte Ausstellung in der Kunsthalle Rostock zählt wie mehrere Konzerte sowie ein Galaabend mit Fanfarenzug zum Programm. Dass die EU-Sanktionen immer noch gelten, wird an der deutschen Ostseeküste als »Stimmungskiller« gesehen, wie es der stellvertretende russische Minister im Beisein von Schwesig ausdrückt.[21] Osmakow, der später wegen seines Beitrags zum Krieg in der Ukraine durch die USA auch persönlich sanktioniert wird, hält Schwesigs Bundesland für einen »Vorposten« des Kreml »in Europa«.[22] Am Abend wird Schwesig ihm als Willkommensgeschenk eine Uhr überreichen, die die deutsche und die russische Zeit anzeigt. Es soll die Stimmung des Russen aufhellen und zum Motto des Russlandtages passen: »Was uns verbindet«.

In Berlin trifft sich Kira Bondar zusammen mit Naftogaz-Kolleginnen zu einem Gespräch mit einem Journalisten der *Bild*-Zeitung. Andere Kollegen haben am Nachmittag einen Termin im Bundeskanzleramt. Am Empfang von Merkels Dienstsitz werden die Ukrainer von Karola W. abgeholt.

Sie gehen in einen kleinen Besprechungsraum. Neben W. nehmen Frank Gunter Wetzel und Christian Schmidt am Meeting teil. Wetzel arbeitet als Gruppenleiter (Industrie und Energie), Schmidt als Referatsleiter (Energiepolitik) im Kanzleramt. Abteilungsleiter der beiden ist Lars-Hendrik Röller. Unter seiner Führung sollen Expertise und Entscheidungsempfehlungen für die Wirtschafts-, Finanz- und Energiepolitik der Bundeskanzlerin zusammenlaufen. Röllers in diesem Frühjahr verstorbener Vater Wolfgang war ein alter Bekannter von Matthias Warnig. 1990 war Röller Senior Vorstandschef der Dresdner Bank. »Was wollen Sie machen, wenn es die DDR nicht mehr gibt?«, soll er den damals 35-jährigen Stasi-Offizier Warnig gefragt haben. Warnigs Antwort führte dazu, dass Röller Warnig bei der Dresdner Bank anstellte und ihn zum Leiter des Büros des Geldhauses in Sankt Petersburg machte, wo Wladimir Putin kurz zuvor zum stellvertretenden Bürgermeister ernannt worden war.

Für den Termin mit den Ukrainern hat Röller Junior heute keine Zeit.

Nachdem die Naftogaz-Vertreter und die drei Berater von Merkel Platz genommen haben, versuchen die Ukrainer zu erklären, welche Folgen Nord Stream 2 haben werde. Der Kreml setze Rohstoffe wie Gas und Öl als Waffe ein. Auch Deutschland könne vom Einfluss Putins auf Gazprom betroffen sein. Als die Kanzleramtsmitarbeiter die Sprachregelung der Regierung vortragen, wonach die Pipeline nur eine privatwirtschaftliche Angelegenheit sei, werden Bondars Kollegen konkreter. Mit Nord Stream 2 werde eine große Invasion Russlands in der Ukraine sehr wahrscheinlich, entgegnen sie. Da auch das nicht das Interesse der Deutschen weckt, fragt einer der Naftogaz-Mitarbeiter, ob das Bundeskanzleramt verstanden habe, was ein noch größerer Krieg in der Ukraine bedeute. Sehr viele Kriegsflüchtlinge werde es dann geben, die nach Deutschland kommen. Die Vertreter der Bundeskanzlerin antworten sinngemäß: Ja, wir wissen, was wir mit ihnen machen werden. Die Ukrainer sind überrascht. Einer erwidert, dass es bei einer Kriegseskalation nicht zehn- oder hunderttausende, sondern Millionen Flüchtlinge aus der Ukraine geben werde. Darauf antworten die Deutschen, sie müssten das nachrechnen. Bisher seien sie von geringeren Zahlen ausgegangen.

Die Naftogaz-Vertreter sind fassungslos. Während sie sich abmühen, vor Nord Stream 2 und dem damit verbundenen russischen Angriff zu warnen, hat das Kanzleramt diesen längst eingeplant und in die »Nord-Stream-2-Rechnung« eingepreist. Die Ukrainer verlassen das Treffen mit der Schlussfolgerung, dass es für die deutsche Regierung in Ordnung ist, wenn Russland eine Offensive startet. Sie berichten Bondar vom Termin im Bundeskanzleramt. Bei einem anderen Termin mit Mitarbeitern des Außen- und Wirtschaftsministeriums hören sie ähnliche Aussagen. Bevor sie die deutsche Hauptstadt wieder verlassen, notiert Bondar die wichtigsten Erkenntnisse der Reise:

Die deutsche Regierung:

1. »Braucht dieses Gas«.
2. Wird sich nicht gegen die Pipeline stellen, sondern sie unterstützen und dafür sorgen, dass niemand ihr schadet.
3. Scheint fokussiert zu sein, die Gaseinfuhren aus Russland in Deutschland zu konzentrieren.
4. Wird die Ukraine nicht schützen (militärisch oder finanziell), wenn Putin voll angreift.

5. Hat offenbar analysiert, was mit potenziellen Flüchtlingen aus der Ukraine geschehen soll (»wir wissen, was wir mit ihnen machen werden«), aber unterschätzt das Ausmaß des Problems. Die offizielle Position scheint ein Eskalationsszenario zu akzeptieren, da die Ukraine, trotz allem, in der Einflusssphäre Russlands sei.

Da sie aus Berlin keine Unterstützung mehr erwarten, beschließen Bondar und ihr Team, ihre Arbeit auf Washington zu konzentrieren. Nach und nach werden die Naftogaz-Mitarbeiter Kontakt zu einflussreichen US-Senatoren aufnehmen. Vor allem ein Vertreter aus Texas wird für sie im Kampf gegen Nord Stream 2 zu einem wichtigen Verbündeten: Ted Cruz.[23]

Seoul, Mittwoch, 7. November 2018

Gerhard Schröder trägt einen schwarzen Smoking, Soyeon Schröder-Kim ein besticktes weißes Seidenkleid. Für das Paar und seine vierhundert Gäste wird im Hyatt-Hotel das koreanische Festtagsgericht Bulgogi aufgetischt.

Das Ja-Wort hat Schröder seiner fünften Ehefrau schon im Mai in Seoul gegeben. Im Oktober haben sie mit Sigmar Gabriel, Frank-Walter Steinmeier, Gazprom-Chef Alexei Miller, Nord-Stream-2-Chef Matthias Warnig und zahlreichen Prominenten im Berliner Hotel Adlon gefeiert. Zum nunmehr dritten Hochzeitsfest hat Schröder auch einen langjährigen Freund in die koreanische Millionen-Metropole eingeladen: Theo Sommer, der fast zwei Jahrzehnte lang Chefredakteur und danach Herausgeber der Wochenzeitung *Die Zeit* war. Sommer steht vor dem Paar und hält eine persönliche Rede: »Ich erlebe Soyeon von Anbeginn als aufgeschlossene, selbstbewusste, moderne Frau – eine schöne Frau auch, was dir, Gerhard, offenbar auch aufgefallen ist«, sagt er.[24]

Vielleicht haben diese Worte einen Anteil daran, dass Sommer für Schröder-Kim später zu ihrem »Lieblingsjournalisten« wird, wie sie in einem Interview sagt.[25] Vielleicht mag sie ihn auch, weil Sommer ein besonderes Verhältnis zu ihrem neuen Ehemann hat. Die beiden feiern nicht nur private Feste gern gemeinsam, auch politisch haben sie gleiche Ansichten.

Im Juni 1989, als sich der Zerfall der Sowjetunion durch das Bürgerkomitee Solidarność in Polen und Massenstreiks in der Ukraine andeutete, war Schröder der Meinung, man solle die Menschen nicht über die Chancen einer Wiedervereinigung anlügen. »Es gibt sie nicht.«[26] Sommer prophezeite kurz vor dem Fall der Mauer: »Wer heute das Gerippe der deutschen Einheit aus dem Schrank holt, kann alle anderen nur in Angst und Schrecken versetzen.«[27]

Seit dem Jahr 2000 ist Sommer, der für einige als »wahrscheinlich wirkungsmächtigster« Leitartikler der *Zeit* gilt, Editor-at-Large.[28] Fast jede Woche veröffentlicht er in dieser Position einen Beitrag, meist über die »Weltpolitik«, häufig über Nord Stream 2. Mal zitiert er darin ausführlich einen von Schröder unterzeichneten offenen Brief, der nach Russlands Annexion der Krym zu einer »neuen Entspannungspolitik« gegenüber Russland aufruft.[29] Mal schreibt er über eine »bewegende und hocherfreut aufgenommene Rede« des »Bundeskanzlers a. D.«.[30] Ein anderes Mal verteidigt er Schröder gegen Kritik an dessen lukrativen Jobs für den Kreml, Russland sei schließlich nur ein »unbequemer Nachbar«, Schröder »hat also recht«.[31] In einem Text wird Sommer den Aufruf des »Altbundeskanzlers« verbreiten, die Ukraine möge »ihr Säbelrasseln« einstellen.[32] »Wie Gerhard Schröder richtig angemerkt hat«, wird es in einem anderen Text über Nord Stream 2 wörtlich heißen.[33] »Keine Angst vor Nord Stream 2«, lautet die Überschrift einer weiteren Kolumne.[34] Und drei Monate nach seiner Rede auf Schröders Hochzeitsfest wird er in der *Zeit* sieben vermeintliche Fakten über die Pipeline aufzählen und erklären, »warum sie sinnvoll ist«.[35] Seine Behauptungen decken sich dabei zufällig mit denen in Gazproms Pressemitteilungen. Dass er ein enger Freund des Nord-Stream-2-Lobbyisten ist und Vorträge bei Veranstaltungen hält, bei denen auch das Ehepaar Schröder beteiligt ist, macht die *Zeit* in keinem der von Sommer verfassten Artikel transparent.

»Nord Stream 2 killt die Ukraine«

Dienstag, 1. Januar 2019

»HAPPY NEW YEAR TO EVERYONE, INCLUDING THE HATERS AND THE FAKE NEWS MEDIA! 2019 WILL BE A FANTASTIC YEAR FOR THOSE NOT SUFFERING FROM TRUMP DERANGEMENT SYNDROME«, twittert Donald Trump. Mit dem Trump Derangement Syndrome (TDS) meint er eine übermäßig negative Reaktion auf ihn selbst. Als der US-Präsident nach dem Beginn des Baus von Nord Stream 2 in einer Rede vor den Vereinten Nationen gewarnt hatte, Deutschland werde »total abhängig von russischer Energie«, saßen Außenminister Heiko Maas und Deutschlands UN-Botschafter Christoph Heusgen lachend im Saal. Tatsächlich hat Deutschland im abgelaufenen Jahr fast die Hälfte (etwa 48,8 Prozent) seiner gesamten Gaseinkäufe aus Russland importiert. Etwa 10,2 Milliarden Euro wurden dafür nach Russland überwiesen,[36] ein Betrag, der fast ein Fünftel (etwa 19,5 Prozent) der gesamten Militärausgaben Russlands im Jahr 2018 ausmachte.[37]

In Schwerin sind Erwin Sellering, Manuela Schwesig und die Mitglieder der Deutsch-Russischen Partnerschaft der Meinung, die letzten Kilometer von Nord Stream 2 seien bald verlegt und die Pipeline werde in gut einem Jahr in Betrieb gehen. In Washington, Warschau und Kyjiw sind die Verantwortlichen dagegen gewillt, alles zu tun, um die »Putin-Pipeline« zu verhindern. Beide Seiten verhalten sich wie zwei Züge, die auf demselben Gleis immer weiter aufeinander zurollen.

Rumänien, das vom heutigen Tag an für ein halbes Jahr den Vorsitz des EU-Rats innehat, möchte die von Klaus-Dieter Borchardt erarbeitete Präzision der Gasrichtlinie im Rat zur Abstimmung stellen. Der polnische Außenminister Jacek Czaputowicz sagt, Deutschland und Österreich wehrten sich »mit immer neuen Täuschungsmanövern« dagegen, dass die Gasrichtlinie angewendet werde. Die Pipeline zerstöre den Effekt von Sanktionen. »Nord Stream 2 killt die Ukraine. Wenn der russische Gas-Transit durch die Ukraine wegfällt, verliert das Land die Garantie eines Schutzes vor weiteren russischen Aggressionen.«[38]

Ähnlich äußert sich der US-Botschafter in Deutschland. »Wir waren einverstanden mit Nord Stream 1, aber Nord Stream 2 geht zu weit«, sagt Richard Grenell.[39] Kurz nach dem Jahreswechsel wird er Briefe an Unternehmen verschicken, die am Bau der Pipeline beteiligt sind. Wenn mit Nord Stream 2 und Turk Stream der europäische Gas-Import über die Ukraine überflüssig werde, verliere dieser an sicherheitspolitischer Bedeutung, womit die Gefahr russischer Interventionen weiter steige. Firmen, die sich im russischen Energieexport-Sektor engagierten, beteiligten sich an etwas, das ein »erhebliches Sanktionsrisiko« nach sich ziehen könne.[40]

Aachen, Dienstag, 22. Januar 2019
Angela Merkel und Emmanuel Macron lachen, als sie den Aachener Vertrag unterzeichnen. Die Neuauflage des Élysée-Vertrags, der 18 Jahre nach dem Ende des Zweiten Weltkrieges die einstigen Kriegsgegner zu Freundschaft und Zusammenarbeit verpflichtete, haben die Kanzlerin und der französische Präsident lange geplant. Ihr Treffen in der westlichsten deutschen Großstadt nutzen sie auch, um strittige Themen zu besprechen. Seit langem warnt Macron, dass Nord Stream 2 die Spaltung der Europäischen Union voranzutreiben drohe. Nun teilt er Merkel mit, dass er bei diesem Thema nicht auf ihren Koalitionspartner Rücksicht nehmen kann. Frankreich schließt sich damit Polen, den baltischen Ländern, der Tschechischen Republik, der Slowakei, Dänemark und weiteren EU-Staaten an. »Die Pipeline ist mehr als nur ein Wirtschaftsprojekt, denn sie betrifft die Energieversorgung Europas. Wir wollen die Versorgungsquellen diversifizieren und die Autonomie Europas stärken«, wird Macrons Europaministerin einige Tage später sagen.[41] Dass Engie, ein französisches Unternehmen, an Nord Stream 2 beteiligt ist, hindert die französische Regierung nicht.

Klaus-Dieter Borchardt erfährt nach der Jubiläumsfeier für den Élysée-Vertrag von der Positionierung Frankreichs. Der Direktor der Energie-Abteilung der Kommission bereitet umgehend den letzten Trilog, ein Verhandlungstreffen zwischen Vertretern der Kommission, des EU-Parlaments und dem Ministerrat vor, das am **Dienstag, dem 12. Februar 2019**, zu einer Einigung führen wird. Deutschland schafft es nicht, die Richtlinie zu verhindern oder eine Ausnahmeregelung für Nord Stream 2 in den Gesetzestext zu verhandeln.

Kyjiw, Freitag, 19. April 2019

Zehntausende Zuschauer auf den Tribünen und dem Rasen, Menschen, die sich ukrainische Flaggen umgehängt haben, zwei Bühnen, Lautsprecher, Videoleinwände – all das war seine Idee. Er, Wolodymyr Selenskyj, hat diesen Wahlkampf-Showdown zwei Tage vor dem Stichwahlsonntag im größten Fußballstadion Kyjiws vorgeschlagen. Kurz vor 19 Uhr betritt er frisch rasiert im dunkelgrauen Anzug eine der beiden Bühnen.

Als Jurist, Komiker, Schauspieler und Fernsehproduzent habe er in seinem Leben keine politischen Erfahrungen gesammelt, haben sie gesagt. Niemand wisse, was man von ihm, dem 41-jährigen Nobody, erwarten könne. Er sei ein Diener des Oligarchen Ihor Kolomojskyj, eine Gefahr für die Ukraine. Als koksende russische Marionette wollten Kritiker ihn diffamieren. Vor knapp vier Monaten, bis zur Silvesternacht, galt noch die ehemalige Premierministerin Julija Tymoschenko als Favoritin. Nur wenige hatten bis dahin ernsthaft mit ihm gerechnet. Doch dann hat er, der Fernsehstar, fast zur gleichen Zeit, als Poroschenko seine Neujahrsansprache im Fernsehen hielt, seine Kandidatur verkündet – auf dem beliebten TV-Kanal von Kolomojskyj. Mit fast allen Gepflogenheiten eines normalen Wahlkampfs hat er danach gebrochen. Er hat keine Flyer verteilen lassen, sich keinen kritischen Fragen von Journalisten gestellt, sich bis zum heutigen Stadionauftritt geweigert, öffentlich mit Poroschenko zu debattieren. Er war auch nicht durch die vielen Fernsehsender des Landes getourt. Zum Erfolg im ersten Wahlgang haben der TV-Kanal von Kolomojskyj, das Internet, wo ihm allein auf Instagram Millionen Abonnenten folgen, und vor allem seine TV-Serie *Diener des Volkes* genügt. Als etwas ungeschickter, aber ehrlicher Lehrer, der plötzlich Präsident wird, sogleich die Korruption in seinem Land bekämpft und unfähige Politiker entlässt, ist Selenskyj zur Berühmtheit geworden. Und was in der fiktiven Welt des Fernsehens passierte, kann nun Wirklichkeit werden.

In den Augen vieler Zuschauerinnen und Zuschauer wirkt Selenskyj dynamischer und glaubwürdiger. Er und nicht Poroschenko, der schon vor mehr als zwanzig Jahren erstmals ins Parlament gewählt wurde, verkörpert die Sehnsucht nach einem Neuanfang, den sie sich schon nach der Euromaidan-Revolution gewünscht haben.

Zwei Tage später kommt es so, wie Selenskyj gehofft hat. Er wird in einer weitestgehend fairen Wahl zum jüngsten und zum ersten jüdischen Staatsoberhaupt der Ukraine gewählt. »Als ein Bürger der Ukraine sage ich in alle Länder der früheren Sowjetunion: Schaut zu uns. Alles ist möglich«, verkündet er nach seinem Wahlsieg.

Möglich ist, dass Wladimir Putin diesen Satz gelesen hat. Zum Wahlerfolg wird er Selenskyj jedenfalls nicht gratulieren. Drei Tage nach der Wahl kündigt Putin an, russische Pässe im besetzten Donbas verteilen zu lassen. Dort lebende Ukrainer werden vom Kreml damit als russische Bürger angesehen. Ähnlich ist er vorgegangen, bevor es 2008 zum Krieg in Georgien kam. Für den neuen ukrainischen Präsidenten, der im Wahlkampf versprochen hat, sein Land in die EU zu führen und den Krieg zu beenden, ist Putins Ankündigung eine Kampfansage.[42] Auch Poroschenko, der sich in seiner Amtszeit mehrmals gegen die Nord-Stream-Pipelines ausgesprochen hat und gute Verbindungen in die ukrainische Armee hat, wird nach seiner Wahlniederlage nicht in Rente gehen.

Europäische Union, Freitag, 3. Mai 2019

Die Richtlinie 2019/692 zur Änderung der Richtlinie 2009/73/EG über gemeinsame Vorschriften für den Erdgasbinnenmarkt erscheint im Amtsblatt der EU. Zwanzig Tage später wird sie in Kraft treten. Alle Erdgaspipelines der EU, die nach dem 23. Mai 2019 in Betrieb gehen sollen, müssen für eine Genehmigung (Zertifizierung) die Regeln der EU einhalten, auch wenn sie aus Drittländern kommen.

St. Petersburg, Freitag, 7. Juni 2019

Ru Yi und Ding Ding heißen die beiden Pandas, die eine neue Freundschaft symbolisieren sollen. Deshalb hat der chinesische Präsident Xi Jinping sie anlässlich seines dreitägigen Besuchs aus ihrer chinesischen Heimat in den Moskauer Zoo bringen lassen. Vorgestern hat Xi die beiden Bären zusammen mit Wladimir Putin dort besucht. Gestern waren Putin und Xi in der St. Petersburger Universität, da der Chinese dort (wie zuvor Gerhard Schröder und Heino Wiese) die Ehrendoktorwürde verliehen bekam. Und als Putin um 14:03 Uhr seine Eröffnungsrede auf dem St. Petersburg International Economic Forum (SPIEF) beginnt, sitzt Xi daneben und lächelt.

Putin beginnt optimistisch. Er erwähnt, dass die Weltwirtschaft seit dem Ende des Kalten Krieges gewachsen sei, und gratuliert den Gewinnern eines nationalen Rankings russischer Regionen. Was die Verbesserung des Investitionsklimas betreffe, so Putin, liege die Krym neben neun anderen Regionen an der Spitze. Hunderte Zuhörer in der Kongresshalle am Rande St. Petersburgs klatschen. Dann wettert der Präsident gegen jene, die Nord Stream 2 verhindern wollen, weil sie sich »daran gewöhnt haben, dass andere ihre Rechnungen bezahlen« (er meint offenbar Ukrainerinnen und Ukrainer), macht sich über den neuen ukrainischen Präsidenten lustig und ehrt Russlands »Freunde aus Europa«, die heute im Saal seien. An sie gerichtet stellt er klar: Nord Stream 2 entspreche »voll und ganz den nationalen Interessen der Beteiligten«.

In der ersten Reihe sitzen Gerhard Schröder und Matthias Warnig, etwas weiter hinten Sachsens Ministerpräsident Michael Kretschmer und Manuela Schwesig, die für mehrere Tage mit ihrem Ehemann, ihrem Energieminister Christian Pegel und ihrem Staatssekretär Stefan Rudolph nach St. Petersburg gereist ist.

Am Vormittag hat Schwesig Fotos aus ihrem Hotel mit dem Ausblick auf Putins Heimatstadt gepostet und sich für einen Ausbau der »wirtschaftlichen Zusammenarbeit mit Russland« ausgesprochen. Im Laufe des Tages nimmt sie an einem Panel mit Alexej Mordaschow teil, jenem Oligarchen, der dem TV-Journalisten Hubert Seipel über ein Offshore-Konto 600 000 Euro überwiesen hat. Sie trifft sich mit Putins Industrieminister Denis Manturow, mit Gouverneur Alexander Drosdenko und mit Schröder. Das Treffen mit Schröder wird später Irritationen auslösen. Auch dieser Termin wird vor dem Parlament und der Öffentlichkeit verheimlicht. Als das Medium *t-online* darüber berichten möchte, teilt Schwesigs Sprecher mit, dass das Treffen »spontan verabredet« gewesen sei, »da beide gleichzeitig in der Stadt waren«. Es habe sich »nicht um ein Arbeitsgespräch« gehandelt. Recherchen für dieses Buch belegen jedoch, dass Schwesigs Mitarbeiter schon Wochen vor der Reise einen Arbeitstermin »in einer offiziellen Atmosphäre« geplant hatten.

Für die Ministerpräsidentin ist dies die dritte Russlandreise in zwei Jahren. Im November 2018 war sie mit ihrem Ehemann in Moskau, um sich mit Manturow zu treffen und bei einer Abendveranstaltung des Deutsch-Russischen Forums die Festrede zu halten. Wie in Moskau ist auch an diesem langen Wochenende in St. Petersburg ein Team des Norddeutschen Rundfunks (NDR) dabei. Der verantwortliche Redakteur des öffentlich-rechtlichen Senders, der auf beiden Reisen über Schwesig berichtet, heißt Jörg-Michael Schmidt. Er wird der Landesregierung auch während des nächsten Russlandtages behilflich sein. Das vierte von der Landesregierung organisierte Event wird wegen der Corona-Pandemie erst im Juni 2021 stattfinden. Schmidt wird dabei Gespräche von Schwesig mit russischen Politikern moderieren und tausend Euro Honorar bekommen. Im Sommer 2022 wird er Teil des Landesrundfunkrates, der den Landesfunkhausdirektor beraten und die Einhaltung der Programmanforderungen beim NDR überwachen soll.

Christian Pegel, erst Sellerings und nun Schwesigs Energieminister, ist heute etwas früher aufgestanden. Er war beim »Business Breakfast« der Nord Stream 2 AG (Titel: »Energy for Europe«) dabei, um sich ebenfalls mit Schröder auszutauschen. Die Begrüßung am Frühstücksbuffet hat der ehemalige CDU-Politiker und Gaslobbyist Friedbert Pflüger übernommen, der dafür und für die Moderation eines Panels bezahlt wird. Der aus der Gegend um Hannover stammende Pflüger war 15 Jahre Abgeordneter des Bundestags. Nachdem er Bürgermeister Berlins werden wollte und gegen Klaus Wowereit (SPD) verlor, kündigte er an, in die Wissenschaft zu wechseln. Im Jahr 2010 wurde Pflüger Direktor des von ihm gegründeten European Centre for Energy and Resource Security, das vergleichbar ist mit Andreas Steiningers Ostinstitut in Wismar. Der Wissenschaftler Pflüger schmückt sich seitdem mit dem Namen des renommierten King's College in London, an das sein »Institut« zwar angedockt ist, von dem seine wissenschaftliche Stelle allerdings nicht finanziert wird. Ein Jahr vor seinem Ausscheiden aus der Politik hat er die Pflüger International GmbH gegründet. Der Wissenschaftler tritt seitdem auch als Unternehmer auf. 2016 veröffentlichte Pflügers wissenschaftliches Institut zwei Studien über Machbarkeit und geopolitische Dimension von Nord Stream 2. Das Fazit fiel zugunsten der Pipeline aus. Finanziert wurden die Arbeiten unter anderem vom Energiekonzern Uniper, der an Nord Stream 2 beteiligt ist und Aufträge an Pflügers Beraterfirma vergeben hat.

Im Beirat von Pflügers Institut saß ein Gazprom-Mitarbeiter. Wegen seiner Lobbyarbeit in Berlin und Brüssel, wo er regelmäßig Veranstaltungen mit Entscheidungsträgern (u.a. »Energiegespräche im Reichstag«) organisiert, bezeichnet der *Spiegel* Pflüger später als »Schattenmann von Nord Stream 2«.[43] Wie viel Geld er durch an Nord Stream 1 und 2 beteiligte Firmen eingenommen hat, will er auf Nachfrage nicht beantworten.

Brüssel, Montag, 10. Juni 2019

Klaus-Dieter Borchardt erfährt aus Presseberichten von Putins Rede in St. Petersburg. Vor Jahren war Borchardt selbst eingeladen, beim jährlichen Wirtschaftsforum auf einer Panel-Debatte über den europäischen Gasmarkt zu diskutieren. Friedbert Pflüger kennt der EU-Beamte, allerdings verbindet er mit dem ehemaligen CDU-Politiker keine guten Erinnerungen. Im Februar 2015 wurde Borchardt von Pflüger zu einem Round-Table auf der Münchner Sicherheitskonferenz eingeladen. Borchardt hatte sich auf eine sachliche Debatte vorbereitet, doch der Raum war voller Nord-Stream-2-Befürworter, die nicht offen für Argumente der EU waren. Ein anderes Mal, nach einem Termin mit dem damaligen EU-Kommissar Günther Oettinger, soll Pflüger Borchardt in Berlin an einer Hotelbar angesprochen haben. Weil Borchardt Deutscher sei, könne er beim Thema Nord Stream 2 doch kein »Bremser« sein und müsse in Brüssel deutsche Wirtschaftsinteressen vertreten. Borchardt könne für Nord Stream 2 doch sicher etwas tun, was sicher geschätzt werden würde, soll Pflüger zu Borchardt gesagt haben. Diesen Dialog, den man als Versuch einer Bestechung deuten kann, bestreitet Pflüger auf Nachfrage vehement.[44]

Mord im Tiergarten

Berlin, Freitag, 23. August 2019

Selimchan Changoschwili verabschiedet sich von seiner achtzehnjährigen Tochter, die gerade aus der Berufsschule gekommen ist. Gegen 11:50 Uhr verlässt er seine Wohnung und macht sich auf den Weg Richtung Moschee.

Ein anderer Mann, der dunkle Kleidung trägt und sich eine Perücke, eine Baseballkappe und eine Sonnenbrille aufgesetzt hat, wartet am Eingang des Kleinen Tiergartens. Er hat einen Rucksack und ein Mountainbike dabei. Als Changoschwili in den Park geht, verfolgt der Mann ihn auf seinem Fahrrad. Im Tiergarten zieht er eine Glock 26 mit Schalldämpfer und schießt Changoschwili in die Wirbelsäule und in den Hinterkopf. Danach zielt er mit ausgestrecktem Arm auf Changoschwilis Kopf und drückt erneut ab. Zeugen werden die Tat später als kaltblütige Hinrichtung beschreiben.

Um 12:06 Uhr kontaktieren zwei Männer die Polizei. In einem Gebüsch am Spreeufer, wenige Meter von ihnen entfernt, ziehe sich ein Mann um und werfe Gegenstände in den Fluss. Ein Sonderkommando, das zufällig in der Nähe ist, stellt den Mann. Die Polizisten finden unter seinem T-Shirt eine am Bauch festgebundene Tasche, darin sind 3720 Euro, 110 polnische Złoty und ein russischer Pass mit dem Namen Wadim Sokolow.

Die Ermittler werden später herausfinden, dass der wahre Name des Täters Wadim Krassikow ist. Seine akribisch geplante Tat wurde in Ausbildungszentren des russischen Inlandsgeheimdienstes vorbereitet. Krassikow, der für sowjetische und russische Sicherheitsbehörden gearbeitet hat, ist unter falscher Identität über Umwege nach Berlin gereist.

Das Kammergericht Berlin wird Krassikow zu lebenslanger Haft verurteilen und eine besondere Schwere der Schuld konstatieren. Als Auftraggeber macht das Gericht staatliche Stellen in Moskau aus. Indizien sprechen dafür, dass die Verantwortung für die Tat im Kreml liegt. Putin ging wohl davon aus, die Tat als einen Akt internationaler Terrorismusbekämpfung ausgeben zu können.[45] Changoschwili stammt aus Georgien und gehörte dort der muslimischen Minderheit der Kisten an. In den Tschetschenienkriegen kämpfte er gegen Russlands Armee und wurde von russischen Behörden als Terrorist gesucht. Nachdem er in Georgien einen Mordversuch überlebt hatte, flüchtete er zunächst in die Ukraine und dann nach Deutschland. Ab 2006 hat er als Informant für georgische und ukrainische Sicherheitsbehörden gearbeitet.[46]

In Berlin sei jemand getötet worden, der in Russland gesucht wurde, »ein blutrünstiger und brutaler Mensch«, sagt Putin und bezeichnet den Georgier als »Banditen«, der an einem Terroranschlag in der Moskauer Metro beteiligt gewesen sei. Diesen Vorwurf hat Changoschwili vor Jahren als Lüge zurückgewiesen. Dem deutschen Staat wirft Putin vor, Changoschwili zu Lebzeiten nicht ausgeliefert zu haben. Einen offiziellen Auslieferungsantrag haben russische Behörden aber nicht gestellt.

Im Jahr 2024 wird Krassikow im Rahmen eines Gefangenenaustauschs freigelassen und an Russland übergeben. Putin wird ihn wie einen Freund empfangen.

Warum ist Wadim Krassikow dem russischen Präsidenten so wichtig? Womöglich hat er eine weitere Verbindung nach Deutschland. Andrij Burlakow, der die insolventen Werften in Mecklenburg-Vorpommern übernommen und als Geldwäscheanlage missbraucht haben soll, kannte Krassikow offenbar gut. Das sagt Burlakows einstige Lebensgefährtin. In den 2000er-Jahren war Krassikow demnach angeblich als Burlakows Sicherheitsmann und Fahrer tätig.

Schwerin, Dienstag, 10. September 2019

In der Staatskanzlei, dort, wo zwei Jahre zuvor Erwin Sellering seinen Rücktritt verkündet hat, steht Manuela Schwesig vor einem Gemälde. Die gute Nachricht sei, sagt sie, dass die Ärzte ihre Genesungschance als hoch einschätzten. Sie hat Brustkrebs und muss in den nächsten Monaten behandelt werden. Ihren Posten als kommissarische SPD-Vorsitzende legt sie nieder, Ministerpräsidentin möchte sie bleiben.

Fribourg, Mittwoch, 18. Dezember 2019

Nachdem Dänemark Ende Oktober die Baugenehmigung für seine Ausschließliche Wirtschaftszone (AWZ) südöstlich von Bornholm erteilt hat, möchte die Nord Stream 2 AG den Bau so schnell wie möglich abschließen. Zwei Spezialschiffe der Schweizer Reederei Allseas sind fast täglich im Einsatz. Etwa 2310 von 2460 Kilometern Pipeline sind verlegt. 150 Kilometer fehlen noch, als die republikanischen US-Senatoren Ted Cruz und Ron Johnson einen Brief an Allseas schicken. Die Senatoren fordern das Schweizer Unternehmen zur Beendigung der Arbeiten auf. Andernfalls habe man im Zugriffsbereich der USA mit dem Einfrieren von Vermögen, dem Beschlagnahmen von Schiffen und Einreiseverboten zu rechnen. Cruz und Johnson beziehen sich auf den »Protecting Europe's Energy Act« (Peesa), den Donald Trump am folgenden Tag unterzeichnen wird. Das US-Gesetz droht allen Unternehmen mit wirtschaftlichen Schäden, die Spezialschiffe für die Verlegung von Rohren für Nord Stream 2 oder Turk Stream zur Verfügung stellen. In diesem Jahr wird Deutschland fast die Hälfte (etwa 49 Prozent) seiner Gaseinkäufe aus Russland importieren,[47] die USA wollen, dass sich dieser Anteil durch Nord Stream 2 nicht erhöht.

Für die Kollegen von Kira Bondar, die mit ihr in Berlin waren und im Bundeskanzleramt enttäuscht wurden, ist der »Protecting Europe's Energy Act« die Belohnung für mehrere Jahre Lobbyarbeit. Nachdem die Naftogaz-Vertreter in Berlin zurückgewiesen worden waren, haben sie in Kyjiw halb im Scherz, halb mit dem Mut der Verzweiflung gesagt, dass sie nun eben die US-Regierung dazu bringen müssten, Sanktionen gegen Nord Stream 2 zu verhängen. Fast jeden Monat sind sie fortan nach Washington geflogen, haben das politische System in den Vereinigten Staaten kennengelernt und begriffen, dass selbst gegen den Willen von Donald Trump Sanktionen möglich sind. Durch ihre Überzeugungsarbeit hat eine Mehrheit im Repräsentantenhaus und im Senat für die Verhängung von Sanktionen gegen Nord Stream 2 votiert. Einer ihrer größten Gegenspieler in Washington war die deutsche Botschaft.

Der Brief von Cruz und Johnson bewirkt, was seine Absender und die Ukrainer sich erhofft haben. Allseas zieht beide Verlegeschiffe ab. Die Bauarbeiten ruhen. Manuela

Schwesig ist empört. »Die Pipeline ist wichtig für die künftige Energieversorgung in Deutschland«, sagt sie in einem Interview. Steffen Ebert schreibt ihr daraufhin eine E-Mail und bedankt sich »für ihre klare Position« zu den US-Sanktionen. Den Brief der US-Senatoren schickt er ihr als Anhang. Sein Kommentar: »Koloniale Drohungen in Perfektion«.

Olaf Scholz will Nord Stream 2 retten

Insel Hiddensee, Mittwoch, 1. Januar 2020
Mit »sonnigen Grüßen« beginnt Manuela Schwesig ihre Neujahrsgruß-Aufzeichnung. Von Mütze und Schal gewärmt steht sie unter blauem Himmel vor einem leeren Strandabschnitt auf ihrer Lieblingsinsel. Nach Klimapaket- sowie Weihnachts- und Jahresendansprachen ist es ihre vierte Video-Botschaft innerhalb weniger Wochen. Kurze Zeit später wird sie via Social Media mitteilen, dass sie ihre Krebstherapie gut überstanden hat.

Noch weiß sie nicht, dass im chinesischen Wuhan am Tag zuvor bei Dutzenden Menschen eine unbekannte Lungenerkrankung diagnostiziert wurde, die Forscher als SARS-CoV-2 bezeichnen werden.

Berlin, Washington, Mittwoch, 5. August 2020
Olaf Scholz, seit 2018 Vizekanzler und Bundesfinanzminister, greift zum Telefon. Die deutsche Regierung sei »sehr besorgt« wegen der Sanktionsdrohungen, sagt er seinem US-Amtskollegen Steven Mnuchin. Scholz glaubt, Donald Trump kämpfe so vehement gegen die Pipeline, weil er amerikanisches Flüssiggas (LNG) verkaufen wolle. Das wird per Tanker verschifft und kann nur in speziell ausgestatteten Häfen entladen werden. Um Trump zu besänftigen, verspricht

der Finanzminister, den Ausbau deutscher LNG-Terminals »massiv durch die Bereitstellung von bis zu einer Milliarde Euro zu erhöhen«. Die USA hätten damit einen größeren Zugang zum europäischen Gasmarkt. »Im Gegenzug werden die USA die ungehinderte Fertigstellung und den Betrieb von Nord Stream 2 erlauben«, schreibt Scholz' Ministerium. Und: »Die existierenden rechtlichen Möglichkeiten für Sanktionen werden nicht ausgeschöpft.«[48]

Womöglich ist Scholz' Versuch, Nord Stream 2 zu retten, ein Freundschaftsdienst. 2002 wurde er auch dank Gerhard Schröders Unterstützung zum Generalsekretär der SPD, bis 2004 verteidigte Scholz Schröders Politik gegen Kritiker.

Seinen Vorschlag hat Scholz bereits der Kanzlerin unterbreitet sowie mit Außenminister Heiko Maas, einem Mitarbeiter aus Peter Altmaiers Wirtschaftsministerium und Lars-Hendrik Röller, Abteilungsleiter im Kanzleramt, diskutiert. Sie lehnen den Plan ab. »Eine Übernahme der Finanzierung durch den Bund würde den Bau der Terminals weder beschleunigen, noch könnte dadurch deren spätere Nutzung gewährleistet werden«, heißt es im Wirtschaftsministerium. Es drohe »eine vom Bund zu verantwortende Investitionsruine, wenn die finale Investitionsentscheidung den Unternehmen abgenommen wird«. Zudem sei die Verhinderung von Nord Stream 2 erklärtes Ziel der US-Administration, die sich davon »nach einhelliger Meinung« vom Auswärtigen Amt, vom Bundeskanzleramt und vom Bundeswirtschaftsministerium »durch keinerlei Gegenangebote abbringen lassen« werde.

Trotz der Ablehnung seiner Kollegen unterbreitet Scholz der US-Regierung seinen Vorschlag. Das Weiße Haus lässt mitteilen, man falle nicht auf solchen »crap« herein.[49]

Sassnitz, Donnerstag, 6. August 2020

Die *Akademik Tscherskij* mit ihrem blauen Rumpf, dem Hubschrauberlandedeck, zwei Kränen und einem Auslegearm verkörpert die Hoffnung der »Nordstreamler«. Auf den Decks sind Arbeiter zugange, die das Spezial-Schiff für den Einsatz auf der Ostsee vorbereiten. Wenn sie fertig sind, soll die *Tscherskij* einen Kilometer Pipeline pro Tag verlegen können und die noch auf dem Hafengelände lagernden etwa 15 000 mit Beton ummantelten Rohre auf den Grund der Ostsee bringen.

Noch liegt das dem Gazprom-Konzern gehörende Schiff im Hafen von Mukran, wo Schiff und Crew versorgt werden. Für die Chefs der Fährhafen Sassnitz GmbH, die zu zehn Prozent dem Land Mecklenburg-Vorpommern und zu neunzig Prozent der Stadt Sassnitz gehört, kommt deshalb heute ein Brief an. Darin schreiben die drei US-Senatoren Ted Cruz, Ron Johnson und Tom Cotton:

> *Der Hafen Mukran lagert Nord-Stream-2-Rohre und versorgt die unter russischer Flagge fahrenden Schiffe* Fortuna *und* Akademik Tscherskij *mit Proviant, nachdem Repräsentanten der Russischen Föderation öffentlich und wiederholt ihre Absicht bekundet haben, eines oder beide Schiffe für die Fertigstellung von Nord Stream 2 einzusetzen.*
> *Dieses Schreiben dient als rechtlicher Hinweis, dass Güter, Dienstleistungen, Unterstützung und Versorgung das Risiko bergen, die Fährhafen Sassnitz GmbH und den Hafen Mukran […] rechtlichen und wirtschaftlichen Sanktionen auszusetzen. […] Die US-Regierung weiß, dass Nord Stream 2 kurz vor der Fertigstellung steht, und betrachtet die Pipeline als eine ernsthafte Bedrohung für die europäische Energie-*

sicherheit und die nationale Sicherheit der USA. […] Russische Beamte sind der Ansicht, dass die wirtschaftlichen und geopolitischen Gewinne aus der Pipeline die Kosten wert sind. Sie glauben, dass die Wirtschaftsmacht sie von einer möglichen rechtlichen Haftung abschirmt. Die Überlegungen, die die Fährhafen Sassnitz GmbH anstellen muss, sind anders. Wenn Sie weiterhin Waren, Dienstleistungen und Unterstützung für Nord Stream 2 bereitstellen, werden Sie das finanzielle Überleben Ihres Unternehmens gefährden.

Schwerin, Dienstag, 11. August 2020

Gegen 14:30 Uhr trifft Matthias Warnig sich mit Manuela Schwesig, dem Chef ihrer Staatskanzlei und weiteren Vertretern der Nord Stream 2 AG. Der Stand des Baus, die Sanktionsdrohungen und Auswirkungen auf die Fährhafen Sassnitz GmbH sollen besprochen werden. Putins Freund hat Blumen dabei. Schwesig und Warnig, die ein vertrauensvolles Verhältnis haben und sich bisweilen über den verschlüsselten Messengerdienst Threema austauschen, sind wie so oft einer Meinung. Nach dem Termin steht Schwesig vor der Staatskanzlei und spricht in Mikrofone der Pressevertreter. Sie sei sich »mit Nord Stream einig«, und für sie sei »klar, dass das Land Mecklenburg-Vorpommern weiterhin die Fertigstellung unterstützen wird«. Sie geht noch einen Schritt weiter und nimmt Angela Merkel in die Pflicht. »Ich erwarte von der Bundesregierung, dass sie Gespräche mit den USA führt«, sagt Schwesig. Man lasse sich von »solchen Drohungen und Erpressungsversuchen nicht einschüchtern«.

In einigen Tagen schickt die Ministerpräsidentin einen Antwortbrief über den Atlantik, in dem sie Sanktionen und

»Vergeltungsmaßnahmen« zurückweist. Deutschland begebe sich nicht in Abhängigkeit von Russland, schreibt Schwesig. Die Kapazität von Nord Stream 2 sei »erforderlich«, um die Versorgung sicherzustellen. Zudem habe sich »Russland auch in schwierigen Zeiten als zuverlässiger Gas-Lieferant erwiesen« und Nord Stream 2 sei »in rechtsstaatlichen Verfahren von Behörden geprüft und genehmigt worden«.

Tomsk, Donnerstag, 20. August 2020

Alexej Nawalny sitzt im Café des Airports Bogaschewo in der sibirischen Stadt Tomsk und trinkt Tee. Der russische Oppositionspolitiker möchte mit dem Flug S7 2614 zurück nach Moskau. Der Tee ist das Einzige, was er an diesem Tag zu sich nimmt. Im Bus, der ihn zur Boeing 737 fährt, posiert er gut gelaunt für ein Selfie. Im Flugzeug kippt die Stimmung. Dem 44-Jährigen wird schlecht, er geht in den hinteren Teil der Maschine Richtung Toilette. Besatzungsmitglieder mit medizinischer Ausrüstung eilen zu ihm, selbst die Passagiere in der ersten Reihe hören Nawalny vor Schmerz schreien. Nach einer Notlandung wird er mit schweren Vergiftungserscheinungen in ein Krankenhaus in Sibirien eingeliefert, später von dort nach Deutschland ausgeflogen und unter Polizeischutz in der Berliner Charité behandelt. Den Anschlag mit Nowitschok überlebt er knapp.[50]

Nun wird auch in Deutschland die Zukunft von Nord Stream 2 infrage gestellt. EU-Kommissionspräsidentin Ursula von der Leyen meint, die Pipeline sei »nicht hilfreich«, um Russland zu einer Veränderung seines Verhaltens zu bewegen, zumal der Giftanschlag nicht Russlands erster Versuch sei, Regime-Kritiker aus dem Weg zu räumen. Angela Merkel schließt nicht aus, dass der Fall Nawalny Folgen für den Pipeline-Bau haben könnte.[51] Vizekanzler Olaf Scholz spricht sich gegen einen Stopp aus. Nord Stream 2 sei ein »privatwirtschaftliches Energieprojekt«, Deutschland sei »nicht von den Gaslieferungen aus dieser Pipeline abhängig«, weil die Versorgung »sehr diversifiziert« sei. Tatsächlich wird Deutschland im Jahr 2020 etwa 65,2 Prozent seiner Gaseinkäufe aus Russland importieren. Etwa 11,1 Milliarden Euro werden deutsche Firmen dafür nach Russland überweisen,[52] ein Betrag, der mehr als ein Fünftel (etwa 20,5 Prozent) der gesamten Militärausgaben Russlands im Jahr 2020 ausmacht.[53]

Scholz stellt sich auch öffentlich vor den bekanntesten deutschen Nord-Stream-Lobbyisten. In einer Zeitungsumfrage hat sich die Mehrheit dafür ausgesprochen, dass Gerhard Schröder zum Rücktritt von seinem Aufsichtsratsposten bei Gazprom aufgefordert werden soll. Für seine Partei sei das kein Thema, sagt Scholz, der sich als Kanzlerkandidat der SPD profilieren möchte. Schröder habe »große Leistungen für unser Land erbracht«, und was er in seinem Berufsleben mache, sei »ja keine Frage, die wir in irgendwelchen SPD-Vorstandssitzungen zu diskutieren haben«.[54]

Manuela Schwesig, der ebenfalls Ambitionen aufs Kanzleramt nachgesagt werden, unterstützt Scholz. Der Anschlag auf Nawalny dürfe »nicht dazu benutzt werden, Nord Stream 2 infrage zu stellen«, sagt sie.[55] Erwin Sellering meldet sich mit einem eigenen Zeitungsbeitrag als Vorsitzender der Deutsch-Russischen Partnerschaft zu Wort. »In Wahrheit« seien »Tathergang und Hintergründe […] völlig ungeklärt«, schreibt der Ex-Ministerpräsident, der sich »in der Pflicht« sieht, »alles zu tun«, um einer Verschlechterung des Klimas zwischen Deutschland und Russland entgegenzuwirken.[56]

Insel Usedom, Samstag, 12. September 2020

Das von der Nord Stream AG gegründete und seit Jahren gesponserte Baltic-Sea-Philharmonic-Orchester spielt trotz Corona-Pandemie, Maskenpflicht und Versammlungsbeschränkungen. Die Landesbehörden haben das Hygiene-Konzept für das Sonderkonzert anlässlich des Jubiläums der deutschen Wiedervereinigung im Historisch-Technischen Museum Peenemünde genehmigt. Nach ihrer Eröffnungsrede setzt sich Manuela Schwesig neben Gerhard Schröder, Soyeon Schröder-Kim, das Ehepaar Warnig und ihren Ehemann in die erste Reihe. Obwohl das Orchester wegen der Coronaregelungen in kleinerer Besetzung spielt, ist das Publikum vom »außergewöhnlichen Klangerlebnis«, wie Soyeon Schröder-Kim später sagt, begeistert.

Während Alexej Nawalny in der Charité in Berlin künstlich beatmet wird und um sein Leben kämpft, lässt die Gruppe beim anschließenden Abendessen im Ahlbecker Hof in Heringsdorf das Konzert Revue passieren. Das Menü kann Schwesig nicht aus dem Etat der Staatskanzlei bezahlen. Eine Mitarbeiterin hat sich zuvor in einer E-Mail beschwert: Sie habe »immer Bauchschmerzen, wenn die Ministerpräsidentin die halbe Welt zum Essen einlädt. Wir reden hier immer noch von Steuergeldern«. Dafür übernimmt die Staatskanzlei die anschließende Übernachtung in einer Suite des Seetelhotels Kaiserstrand mit Meerblick (2400 Euro für sie und ihren Personenschutz).[57] Gerhard Schröder bekommt die Seniorsuite mit Meerblick im Ahlbecker Hof, Matthias Warnig muss mit der Juniorsuite vorliebnehmen.

Da das Land Mecklenburg-Vorpommern Schwesigs Ausflug nach Usedom organisiert und bezahlt hat, könnte man den Termin für einen dienstlichen halten. Da Schwesig noch am Vortag den Mukraner Hafen in Sassnitz besucht hat, um sich für Nord Stream 2 auszusprechen, könnte es sein, dass sie sich beim Treffen mit Schröder und Warnig über Möglichkeiten unterhalten hat, wie die drohenden Sanktionen der USA umgangen und die Pipelinestränge vollendet werden können. Auch das Unternehmen DNV GL, das die Verlegung der Rohre überprüfen sollte, hat sich mittlerweile vom Projekt zurückgezogen. Während des dreistündigen Dinner-Treffens sei jedoch über das Thema nicht gesprochen worden, teilt die Staatskanzlei später mit. »Es handelte sich um kein Arbeitstreffen.«

Laut Schwesig kommt ihr Energieminister Christian Pegel zufällig drei Tage nach dem Konzertabend, am 15. September, erstmals mit der Idee, eine Stiftung zur Sanktionsumgehung zu gründen, auf sie zu. Erwin Sellering wird später sagen, der Stiftungsvorschlag sei »direkt von Nord Stream 2« gekommen.

Mecklenburg-Vorpommern gegen die Vereinigten Staaten von Amerika

Brüssel, Mittwoch, 30. September 2020

Klaus-Dieter Borchardt sitzt mit Kollegen in seinem Büro in der Rue de la Loi und trinkt zwischen Umzugskisten ein Glas Champagner. Zum Abschied haben seine Mitarbeiter ihm einen Tischkicker geschenkt.

Nach 33 Jahren endet seine Zeit in der EU-Kommission. Wehmütig ist er nicht. Borchardt ist froh, vor sieben Jahren die Herausforderung angenommen und nochmal ein neues Kapitel in der Energiekommission aufgeschlagen zu haben. Vor einigen Wochen hat ihn Andrij Koboljew, Kira Bondars Chef bei Naftogaz, in Brüssel besucht und zum Abendessen eingeladen. Mit Matthias Warnig hat Borchardt sich in den vergangenen Jahren drei Mal persönlich getroffen.

Die Debatten um Nord Stream 2 verfolgt Borchardt weiterhin. Aus seiner Sicht hat das Projekt wenig Aussicht auf eine Genehmigung gemäß EU-Recht, da es anders als Nord Stream 1 nicht in einem EU-rechtlichen Vakuum entstanden ist. Sollte der Bau abgeschlossen werden, müsste die Bundesnetzagentur eine Zertifizierungsentscheidung treffen, die von der EU-Kommission überprüft werden würde. Borchardt ist sich sicher, dass die deutsche Behörde unabhängig von der politischen Ausrichtung der Bundesregierung eine »saubere« Entscheidung treffen wird.

Nach der kleinen Abschiedsrunde helfen seine Sekretärin und seine Assistenten ihm, die Kisten in sein Auto zu tragen.

Schwerin, Montag, 16. November 2020

Seit fast einem Jahr ruhen die Bauarbeiten. Etwa 120 Kilometer Pipeline in dänischen und etwas mehr als dreißig Kilometer in deutschen Gewässern fehlen immer noch bis zur Vollendung. Die »Nordstreamler« meinen, das sei nicht hinzunehmen, da »Nord Stream 2 ein vollständig genehmigtes Projekt« sei, das »im Einklang mit nationalem und internationalem Recht« gebaut werde.

Alle Hoffnungen liegen nun auf Christian Pegel und Manuela Schwesig. In elf Tagen wollen sie im Landtag eine landeseigene Stiftung ins Leben rufen. Hauptzweck der Stiftung soll der Klimaschutz sein, im Nebenzweck soll sie einen wirtschaftlichen Geschäftsbetrieb führen, bis der sein Ziel erfüllt hat: die letzten Kilometer der Pipeline fertigzustellen.

Die Idee ist, dass der Geschäftsbetrieb als Vermittler fungiert zwischen der Nord Stream 2 AG als Auftraggeberin und jenen Unternehmen, die am Pipelinebau beteiligt sind, aber Angst vor Sanktionen haben. Das Konstrukt erinnert an Erwin Sellerings Idee, eine prorussische Stiftung zu gründen, und an die Eurotube GmbH von Putins Vertrautem Arkadij Rotenberg und den beiden ehemaligen Mannesmann-Mitarbeitern, die als »Vermittler« von Stahlrohren für Nord Stream 1 gute Geschäfte gemacht haben.

Die Stiftungssatzung, an der Pegel arbeitet, ist noch nicht fertig. Um kurz vor elf macht er sich auf den Weg zu den Büros der CDU im Schweriner Schloss. Schwesig hat ihn beauftragt, ihren Koalitionspartner in die Pläne einzuweihen.

Pegel erreicht das Büro von Torsten Renz, dem Fraktionsvorsitzenden der CDU, zusammen mit Wolfgang Waldmüller, dem parlamentarischen Geschäftsführer der Christdemokraten. Pegel soll die Abgeordneten dazu bringen, dass ihre Partei der Stiftungsgründung im Landtag zustimmt. Dazu berichtet er, wie man die Sanktionen umgehen möchte und dass der Landtag 200 000 Euro für den Hauptzweck der Stiftung, den Klimaschutz, aus der Landeskasse bewilligen soll. Eine solche Stiftung sei eine rechtlich verzwickte Angelegenheit, merkt Pegel sinngemäß an, deshalb werde er bei der Satzungserstellung von einer externen Anwaltskanzlei beraten. So berichten es die Abgeordneten der CDU übereinstimmend.

Schwerin, Sonntag, 22. November 2020

Um 22:14 Uhr schickt Christian Pegel eine E-Mail an Heiko Geue, Chef von Schwesigs Staatskanzlei. »Lieber Heiko«, schreibt er, »anbei die Entwürfe für eine Satzung für die Stiftung sowie eine Beschlussvorlage für den Landtag am Freitag.« In den Metadaten des 14-seitigen Satzungsentwurfs steht nicht sein Name als Autor des Dokuments, sondern »Freshfields Bruckhaus Deringer«, eine Wirtschaftskanzlei, zu deren Großkunden die Nord Stream 2 AG gehört. Freshfields streitet in diesen Tagen dafür, dass die Gazprom-Tochter von der Gasmarkt-Regulierung der EU ausgenommen wird.

Hat Pegel die Satzung doch nicht allein erstellt? Er habe »Muster und Vorlagen« verwendet, inhaltlich habe er aber »lediglich einige Anregungen der Nord Stream 2 AG erhalten und aufgegriffen«, sagt Pegel. Schwesig gibt an, die Stiftung sei unabhängig von der Nord Stream 2 AG entstanden.[58]

In Wirklichkeit ist der Einfluss der »Nordstreamler« deutlich größer. Die Landesregierung fungiert ähnlich wie bei der Baugenehmigung wie ein Auftragnehmer. Am **Montag, den 23. November 2020**, schreibt Pegel erneut an Heiko Geue: »Ich habe mit den NoSt 2-Vertretern gesprochen. Ihnen lagen drei Änderungen am Herzen, die ich eingefügt und gelb markiert habe.« Am **Mittwoch, den 25. November 2020**, schreibt Steffen Ebert: »Gestatten Sie mir noch folgende Anmerkungen: [...] Wir sollten versuchen, die Stiftung mit einem Augenzwinkern als ›smarte Antwort‹ auf das Hardliner-Gebaren der USA zu positionieren.«

Am selben Tag schreibt Ebert weitere Mails an Schwesigs Staatskanzlei. Die plant offenbar ein digitales Hintergrundgespräch mit Journalisten, in dem die Pressevertreter über die Stiftungspläne informiert werden sollen. Ebert, der ehemalige Stasi-IM möchte wissen, wann der Termin stattfinden soll, da er einen Kollegen schicken will, »um Statements sowie Fragen und Antworten mitzuschneiden und zu protokollieren«. Eberts Kollege soll heimlich mithören, was die Journalisten besprechen.

Schwerin, Donnerstag, 26. November 2020

Schweriner Schloss, 16 Uhr: Manuela Schwesig, Christian Pegel, Heiko Geue und Vertreter der Nord Stream 2 AG nehmen im Kabinettssaal den Feinschliff vor. Mit dabei ist Erwin Sellering – der Ex-Ministerpräsident soll Vorstandsvorsitzender der Stiftung werden. Vorher müssen noch Details geklärt werden. Vor allem eine Formulierung aus der Satzung und aus dem Antrag für den Landtagsbeschluss löst Diskussionen aus. Darin heißt es, die Stiftung solle an der

»Vollendung« der Pipeline mitwirken. Das ist offenbar zu heikel. Die Stiftung soll lieber nur der »Mitwirkung am Weiterbau« dienen. Sellering hätte gerne noch die Ergänzung »so wirksam wie möglich« im Text.

Um 20:13 Uhr schreibt Christian Pegels Büroleiter eine E-Mail an eine Mitarbeiterin des Justizministeriums. Die Behörde ist für die Stiftungsaufsicht verantwortlich und muss die Stiftung genehmigen. Pegels Vertrauter nennt die Überarbeitungen eine »never ending story«. Heute hätten »sich hier die Dinge überschlagen«, was zu neuen Änderungen geführt habe. Weil er Sellerings Ergänzungswunsch »gekillt« habe, spüre sein »Hals die Schlinge«. Doch er ist zuversichtlich, dass diese Version die endgültige ist: »Ich denke wir telefonieren morgen und ich denke, Stand 26.11.2020, 20:10 MEZ, geht der Satzungsentwurf morgen ins Kabinett und die Sache dann morgen in den Landtag.«

Schwerin, Freitag, 27. November 2020

Während der Landtag im Schweriner Schloss eine Sondersitzung zur Corona-Pandemie abhält, gehen in den Regierungsbehörden minütlich E-Mails hin und her. Manuela Schwesig möchte die Anwesenheit der Landtagsabgeordneten nutzen, um eine Dringlichkeitssitzung einzuberufen und den Landtagsbeschluss für die Stiftung dingfest zu machen. Vorher wäre die Einbeziehung der Bundesregierung nicht verkehrt. Ihr Energieminister Christian Pegel bittet um ein Gespräch mit Bundeswirtschaftsminister Peter Altmaier »zu aktuellen Entwicklungen zum Weiterbau von Nord Stream 2 vor dem Hintergrund der Sanktionen«.

Um 10:39 Uhr schreibt Pegels Büroleiter: »Nach meiner Kenntnis: kein grünes Licht vom Bund für unseren Plan.«

Um 12:31 Uhr antwortet ein Beamter aus Schwesigs Staatskanzlei: »Wir haben noch maximal 30 Minuten, dann ist hier Schluss. Danach fahren alle ins Wochenende.«

Um 12:41 Uhr kommt die Antwort seiner Kollegin: »heute nicht mehr, Abstimmungen auf Bundesebene laufen noch.«

Schwerin, Donnerstag, 10. Dezember 2020

»Die Stiftung kann nicht bis Ende Januar warten«, drängt ein Mitarbeiter der Nord Stream 2 AG in einer kurz vor Mitternacht verfassten E-Mail an Christian Pegel, in cc hat er Matthias Warnig gesetzt. Morgen werde der US-Senat voraussichtlich ein neues Gesetz (PEESCA) verabschieden, das eine Ausdehnung der Sanktionen vorsieht. Andererseits, schreibt er, enthalte es »Elemente«, die für das Thema Stiftung »sehr wichtig« seien. Ausgenommen von Sanktionen seien nämlich alle Regierungsebenen (bis zu Kommunen) und alle Organisationen, »die irgendwelche öffentlichen Funktionen oder Verantwortlichkeiten wahrnehmen«. Damit sei aus seiner Sicht »die Stiftung mit ihrem Langzeitzweck ›Klima‹ ebenso raus wie der Hafen«.

Womöglich komme der Stiftung auch entgegen, dass der US-Demokrat Joe Biden im November die Wahl gegen Donald Trump gewonnen hat und im Januar das Präsidentenamt übernehmen wird. Die Biden-Administration verfolge nämlich eine Klimapolitik, die eine langfristige Klimaneutralität zum Ziel habe. »Daher ist eine Stiftung, die zwar Gas als ›Brückenenergie‹ sieht, aber langfristig Klimaprojekte fördert, im Sinne der Biden-Regierung und ein legitimes öffentliches politisches Ziel«, meint der »Nordstreamler«. Angeblich hat er Grund zur Hoffnung: »Ein langjähriger US-Diplomat und Botschafter in Deutschland, Richard Burt, ging in einem Telefonat heute Abend sogar so weit zu sagen, Biden wäre ›supportiv‹, was die Stiftung angeht.«[59]

Berlin, Freitag, 18. Dezember 2020

Manuela Schwesig betritt das Bundeskanzleramt in der Willy-Brandt-Straße. Sie möchte mit Angela Merkel über die Corona-Politik reden. Schwesigs Hauptanliegen ist ein anderes: Mit ihrem Parteifreund Olaf Scholz hat sie sich abgestimmt. Jetzt soll die Kanzlerin von ihr persönlich erfahren, dass ihre Landesregierung eine Stiftung ins Leben rufen wird, notfalls auch ohne grünes Licht der Bundesregierung. Merkel kritisiert den Plan, da die Gründung einer Klimaschutzstiftung zur Rettung einer Erdgaspipeline ein durchsichtiges Manöver sei. Jahrelang haben Merkel und ihre Regierungsvertreter sich an die eigens entworfene Sprachregelung gehalten, wonach Nord Stream 2 ein privatwirtschaftliches Projekt sei, mit dem die Politik nichts zu tun habe. Schwesigs Landesstiftung würde das vollends widerlegen. Ein Verbot spricht Merkel aber nicht aus. Später informiert Schwesigs Regierung auch Peter Altmaier. Er sei immer noch »not amused«, sagt der Bundeswirtschaftsminister.[60] »Das ist eine Entscheidung, die in Mecklenburg-Vorpommern getroffen worden ist, es ist keine Entscheidung der Bundesregierung«, wird Außenminister Heiko Maas in einigen Tagen sagen.[61]

Die Gespräche dienten laut Schwesigs Staatskanzlei ohnehin nur »der Information und nicht der Einholung einer Zustimmung«.[62] Die Gründung einer Landesstiftung liegt im föderalen Deutschland im Kompetenzbereich eines Bundeslandes.

Schwerin, Donnerstag, 7. Januar 2021

Dass die Bundesregierung den zweiten harten Corona-Lockdown beschlossen hat, kommt Manuela Schwesig entgegen. Wegen der Pandemie hat sie um eine neue Dringlichkeitssitzung des Landesparlaments gebeten. Zweieinhalb Stunden diskutieren die Abgeordneten im Schweriner Schloss über Maßnahmen zur Verringerung der Infektionszahlen. Dann folgt der zweite, für Schwesig wohl dringendere Tagesordnungspunkt: »Errichtung der Stiftung Klima- und Umweltschutz MV«. Sie stellt sich ans Pult, nimmt ihre Maske ab und erklärt, warum der Landtag noch am selben Tag der Stiftungsgründung zustimmen soll. Schwesig spricht vom Klimaschutz, von Erdgas als »Brückentechnologie« und dass man dafür die zweite Ostseepipeline brauche. Die ersten Worte des zur Abstimmung vorbereiteten Antrags lauten: »Zustimmung des Landtages gemäß § 63 Absatz 1 LHO«. Was die meisten Abgeordneten nicht wissen: Offenbar ist die Stiftung ohne Zustimmung des Parlaments bereits tätig gewesen. Wie Recherchen für dieses Buch zeigen, hat die Nord Stream 2 AG schon mehr als eine Woche zuvor Verträge mit der Stiftung geschlossen. »Die Stiftung und NSP2 haben am 29. 12. 2020 […] einen Kooperationsvertrag sowie einen Kaufvertrag […] geschlossen«, heißt es in einem internen Papier der Stiftung. Obwohl die Haushaltsordnung vorschreibt, dass Landesgeld nur mit Zustimmung des Landtags verwendet werden darf, ist dies offenbar schon geschehen. Zumindest hat die Stiftung vor ihrer Gründung bereits einen Kaufvertrag abgeschlossen. Schwesig und Pegel erwähnen das vor Parlament und Öffentlichkeit nicht.[63]

Klimaschutz sei der zeitlich unbefristete Hauptzweck, erklärt Schwesig, der wirtschaftliche Geschäftsbetrieb der

Stiftung hingegen nur ein temporärer Nebenzweck. Tatsächlich wird die Stiftung vor allem den vermeintlichen Nebenzweck nutzen: Für den Klimaschutz wird die Nord Stream 2 AG eine Zuwendung in Höhe von zwanzig Millionen Euro geben, für den wirtschaftlichen Geschäftsbetrieb zur Fertigstellung der Pipeline werden es 174 Millionen Euro sein. Die Stiftung wird wie eine politische Firma oder wie ein kleines Gazprom fungieren, ein Hybrid-Gebilde, das aus Wirtschaft, Politik und »Nordstreamlern« besteht und bei dem kein Außenstehender weiß, ob Entscheidungen in der Zentrale der Nord Stream 2 AG, in Schwerin oder gar im Kreml getroffen werden. Die »Nordstreamler« werden mitteilen, was für den Bau der Pipeline benötigt wird, die Stiftung entsprechende Unternehmen aussuchen und Verträge mit ihnen abschließen. Sie wird Materialien, Maschinen, Kompressoren, sechs Anker und ein Spezialschiff beschaffen.

Als eine Art Provision stehen der Stiftung zehn Prozent der Vertragssummen von der Nord Stream 2 AG zu. Laut Satzung haben die »Nordstreamler« bei der angeblich unabhängigen Landesstiftung das Vorschlagsrecht für den Geschäftsführer des wirtschaftlichen Geschäftsbetriebs. Alle »Geschäftsgrundsätze« müssen mit ihnen abgestimmt werden.

Für den Stiftungsvorstand hat Schwesig »drei hochrangige Personen aus unserem Land« gewonnen, wie sie im Landtag erklärt. Sie wolle »Herrn Sellering sehr danken«, dass er sich dafür bereit erklärt habe. An der Seite des ehemaligen Ministerpräsidenten sollen der CDU-Politiker Werner Kuhn sowie Katja Enderlein im Vorstand agieren. Die Unternehmerin ist die Tochter des ehemaligen »IM im besonderen Einsatz« Dietmar Enderlein.

Weder von ihrem Koalitionspartner CDU, noch von der aus AfD und Linken bestehenden Opposition erklingt Widerspruch. Kein Wort über den Mordversuch an Alexej Nawalny, Russlands Krieg gegen die Ukraine, den Tiergartenmord oder den Hackerangriff auf den deutschen Bundestag fällt im Schweriner Schloss. Schwesigs Antrag wird ohne Gegenstimmen angenommen. Sie prophezeit, »diese Umwelt- und Klimaschutzstiftung« werde »Klima- und Umweltprojekte voranbringen« und »spätestens« in »einigen Jahren« breite Akzeptanz finden.

Der Merkel-Biden-Pakt

Schwerin, Donnerstag, 14. Januar 2021

Die Ministerpräsidentin möchte, dass Mecklenburg-Vorpommerns Umweltverbände das Kuratorium der neuen Klimastiftung besetzen. So viel Chuzpe, denkt Rica Münchberger vom Nabu, muss man erst einmal aufbringen. Der Eilantrag, um einen Baustopp von Nord Stream 2 zu erwirken, ist gescheitert, doch die Hauptklage des Nabu gegen den Genehmigungsbescheid des Bergamts läuft weiterhin. Zudem haben die Verbände klar gemacht, was sie von der Stiftung halten. Die Deutsche Umwelthilfe spricht von einer »Fake-Stiftung« und wird – erfolglos – gegen die Gründung der Stiftung klagen.

Trotzdem hat Manuela Schwesig den Nabu, den BUND, den WWF und die Succow Stiftung zu einem Video-Call eingeladen. Münchbergers Chef vertritt ihren Verband in der zweistündigen Gesprächsrunde, an der Erwin Sellering, Energieminister Christian Pegel, Umweltminister Till Backhaus und Schwesig teilnehmen. Backhaus hat am Vormittag schon die Landesgeschäftsführerin des BUND angerufen: »Da müsst ihr dabei sein«, soll er sinngemäß gesagt haben.

Schwesig und Pegel sprechen über die Vorteile, die die Stiftung für den Umweltschutz haben werde. Vor allem einen Punkt sehen die Umweltverbände kritisch. Warum wird das Anliegen nicht in die bereits existierenden, gemeinnützigen Landesstiftungen integriert? Die neue Stiftung hat keine Gemeinnützigkeit beantragt. Es besteht dadurch eine Steuerpflicht, aber keine Offenlegungspflicht für den wirtschaftlichen Geschäftsbetrieb, der somit durch die Kuratoriumsmitglieder nicht kontrolliert werden kann. Eine derartige Kontrolle wolle man nicht, soll Erwin Sellering gesagt haben.[64] Warum er das nicht will, kann er nicht zufriedenstellend begründen. Die Vertreter der Umweltverbände geben kurz nach dem Gespräch eine Pressemitteilung an die Öffentlichkeit. Titel: »Keine Mitarbeit bei Mogelpackung«. Darin beklagen sie, dass das Erdgas der Nord-Stream-2-Pipeline die notwendige Abkehr von fossilen Energieträgern für mehr als fünf Jahrzehnte hinauszögern würde. Schwesig reagiert wütend: Das sei kein guter Stil, soll sie sinngemäß gesagt haben.[65]

Moskau, Sonntag, 17. Januar 2021

Zwanzig Minuten vor der Landung des Fluges DP 936 der staatlichen Airline Pobeda (deutsch: Sieg) ertönt eine Durchsage. Aus technischen Gründen könne das in Berlin gestartete Flugzeug nicht wie geplant auf dem südwestlich des Moskauer Zentrums gelegenen Flughafen Wnukowo landen. Der etwa zur Hälfte mit Journalisten besetzte Flieger steuert nun den Flughafen Scheremetjewo im Norden der Hauptstadt an.

Er fürchte sich nicht, sagt Alexej Nawalny nach der Landung. Es sei der beste Tag seit fünf Monaten, seit der Vergiftung, der Überführung nach Berlin und seiner Behandlung.

Während der Passkontrolle wird er verhaftet und abgeführt.

Stunden später sitzt Nawalny in einer Polizeistation der

Stadt Chimki nahe Moskau. Rechts von ihm, hinter einem Schreibtisch: eine Richterin, die ihn bis zum 15. Februar in Haft schickt. Links von ihm: die Kameras zweier regimetreuer Sender. Hinter ihm an der Wand hängt ein Plakat mit dem Porträt von Genrich Jagoda, dem Chef von Stalins Geheimpolizei NKWD. Kurz nach dem Urteil nimmt der Oppositionspolitiker schnell ein letztes Video auf. »Habt keine Angst«, sagt er ruhig in die Kamera. »Geht raus auf die Straße. Nicht für mich, für eure Zukunft.«[66]

Das Europäische Parlament wird wenige Tage später einen Beschluss verabschieden, der Sanktionen gegen »Mitglieder des inneren Zirkels um Präsident Putin« und einen Baustopp von Nord Stream 2 fordert. 581 Abgeordnete werden für den Entschluss, 50 dagegen votieren. Eine knappe Mehrheit der Unionsparteien, fast alle Abgeordneten der SPD, der Linken und der AfD sind gegen den Beschluss.

Schwerin, Dienstag, 9. Februar 2021

Ein eigenes Büro hat die neue Stiftung noch nicht. Bis es so weit ist, kommt sie in Erwin Sellerings Deutsch-Russischer Partnerschaft (DRP) in der Lindenstraße 1 unter. Madeleine Block hat dadurch kurze Dienstwege. Die Geschäftsführerin der Stiftung ist zugleich die Geschäftsführerin der DRP. Block, die beim DRP-Vorstandsmitglied Andreas Steininger in Wismar studiert und danach an der Staatlichen Universität in St. Petersburg gearbeitet hat, kümmert sich um die Finanzen und kauft beispielsweise für die DRP ein 45 mal 17 Zentimeter großes Blechschild für 410 Euro und eine Kaffeemaschine mit zwei Espressogläsern für 960 Euro ein.

Um kurz vor 18 Uhr sitzt Sellering vor dem Bildschirm und wartet. Als Katja Enderlein und Werner Kuhn dem digitalen Meeting beigetreten sind, startet die zwölfte Vorstandssitzung der neuen Stiftung innerhalb eines Monats.

Auch der »Nordstreamler« Reinhard Ontyd nimmt an der Besprechung teil. Sein Unternehmen hat ebenfalls einen engen Draht zur DRP, es finanziert Sellerings Deutsch-Russische Partnerschaft mit 20 000 Euro pro Jahr. Ein weiterer Teilnehmer der Video-Konferenz ist Steffen Petersen. Der Hamburger, der zuvor die Nord Stream 2 AG beraten hat, ist auf Vorschlag der Nord Stream 2 AG Geschäftsführer des wirtschaftlichen Geschäftsbetriebs der neuen Stiftung.

Petersen beginnt mit einer Präsentation der Leistungen, die er zur Fertigstellung der Pipeline in Auftrag geben will. Für das *rock placement*, die Befestigung der Rohre durch Steinschüttungen, brauche man 250 Kilotonnen Steine, sagt er. Mit einem Unternehmen möchte er einen Vertrag über die Lieferung von 100 Kilotonnen abschließen, der Vertragswert soll bis zu 3,5 Millionen Euro betragen. Den Rest will er von einem anderen Lieferanten beziehen. Das »Nord Stream 2 Management Meeting« habe den Vorschlag bereits genehmigt, stellt er klar. Petersen will auch ein Schiff kaufen, das nach einem Umbau die Steinschüttungen in der Ostsee vornehmen kann. Außerdem will er ein Sachverständigen-Büro für die Überprüfung der Rohrverlegung und Vorinbetriebnahme beauftragen. Der Gutachter soll in enger Abstimmung mit dem Bergamt Stralsund Tests durchführen, um Stabilität und Dichtigkeit der Pipeline zu überprüfen. Angewandt werden soll die schnellere und günstigere Alternative zur Wasserdruckprüfung, auf die die Nord Stream 2 AG gegenüber Landesregierung und Stralsunder Bergamt bestanden hat. Die Oberprojektleitung für diese Prüfungen wird Nils B. als unabhängiger Sachverständiger übernehmen. Die »Nordstreamler« dürften mit dieser Wahl zufrieden sein, von 2017 bis Ende August 2020 war Nils B. selbst ein »Nordstreamler«. In dieser Zeit hat er während der Baufortschrittsbesprechungen Rocco Müller gegenüber gesessen und mindestens einen Vortrag gehalten, um Landesregierung und Bergamt von der schnelleren Luftdruckprüfung zu überzeugen. Nun soll er diese als unabhängiger Experte durchführen lassen und überprüfen.

Da Nils B. offenbar keine Angst vor US-Sanktionen hat, wird er doppelt an der Fertigstellung des Projekts verdienen: einerseits als Sachverständiger, der sein Geld vom Bergamt bekommt (das sich die Kosten von der Nord Stream 2 AG erstatten lässt). Andererseits als »Project Manager« bei der Baustoff- und Off-Shore Service GmbH (BOS), die direkt vom wirtschaftlichen Geschäftsbetrieb der Stiftung (der ebenfalls von der Nord Stream 2 AG finanziert wird) beauftragt wird. Der Auftrag der Stiftung an die BOS, die im Vorjahr eine Bilanzsumme von knapp 66 000 Euro und drei Mitarbeiter hatte, wird durch Steffen Petersen vergeben. Höhe: 6,2 Millionen Euro. Ein Teil des Geldes dürfte in der Familie bleiben. Die BOS gehört Petersens Bruder Lasse.

Insgesamt wird Steffen Petersen mit dem Segen der Nord Stream 2 AG und des Vorstands um Erwin Sellering 119 Aufträge an 80 Dienstleister vergeben. Einer der Aufträge wird an die in Hamburg ansässige Cylad Consulting GmbH gehen, an der Petersen selbst mit 13 Prozent beteiligt ist und zu deren Geschäftsführern er gehört.

Der größte Auftrag in Höhe von 36 Millionen Euro wird an eine Firma gehen, die es bis vor kurzem noch nicht gab. Die Rokai GmbH wurde wenige Tage zuvor, am 18. Januar, offenbar extra gegründet, um Aufträge der Stiftung abzugreifen. Für 1,7 Millionen Euro wird sie eine Gewerbefläche im Rostocker Hafen anmieten, die der Stiftung als Lager dienen wird.[67] Um das Gelände hatten sich die Rokai-Unternehmer schon bemüht, bevor die meisten Abgeordneten in Schwerin von der geplanten Stiftung wussten. Offenbar hatte ihnen jemand einen Tipp gegeben. Am 15. Dezember war eine Mail in Christian Pegels Energieministerium eingegangen. Die »noch in Gründung befindliche« Rokai GmbH wolle für die »Versorgung und Umrüstung der Schiffe *Akademik Tscherskij* und *Fortuna* u. a. für Pipeline-Verlegearbeiten« eine »Kai- und Logistikfläche« anmieten. Pegels Mitarbeiter wollten wissen, ob der Minister politische Bedenken dagegen habe. Pegels Antwort: »Dem können wir gerne folgen«, denn »die Sassnitzer« seien »da derzeit leider ein wenig eigen«. Er meinte den Hafen Sassnitz-Mukran, dessen Betreiber wegen der US-Sanktionen offenbar Angst bekommen hatten.

Kyjiw, Mittwoch, 26. Mai 2021

Als im Dezember 2019 die beiden Spezialschiffe der Schweizer Reederei Allseas ihre Verlegearbeiten an Nord Stream 2 abgebrochen hatten, konnte Kira Bondar kaum glauben, was ihre Kollegen bei Naftogaz und die ukrainische Botschaft in den USA erreicht hatten. Die Sanktionen wirkten unmittelbar: Plötzlich war Gazprom bereit, den Transitvertrag mit Naftogaz um Jahre zu verlängern. Ohne Nord Stream 2, so Bondars Überzeugung, bleibt der Kreml auf die Ukraine als Gas-Durchleitungsland angewiesen und eine Ausweitung des Krieges unwahrscheinlich.

Doch diese Sicherheit löst sich auf. Vor einigen Tagen hat Joe Bidens Außenminister einen Entschluss über die Auslegung der Sanktionsgesetze der USA unterschrieben. Das Dokument endet mit der Feststellung, »dass der Verzicht auf die Anwendung von Sanktionen« gegen Matthias Warnig »im nationalen Interesse der Vereinigten Staaten« liege. Vier weitere leitende Angestellte der Nord Stream 2 AG werden ebenfalls von den Sanktionen befreit. Dass Warnig die Arbeiten zur Vollendung des Baus organisiert hat, ist den USA bekannt; sie sanktionieren den ehemaligen Stasi-Spion dennoch nicht.

Dieser Verzicht sei »ein großes Entgegenkommen« der Biden-Administration, die dies »als eine Art Vorleistung gegenüber Deutschland verstehen könnte«, heißt es in einem Schreiben der deutschen Botschaft in Washington. Dadurch werde »Raum für diplomatische Bemühungen mit Deutschland geschaffen«, begründen die USA ihren Sanktionsverzicht.

Weil sich die USA über ukrainische Sicherheitsinteressen hinweggesetzt haben, ist Bondar enttäuscht. Sie fragt sich, warum Deutschlands wirtschaftliche Interessen wichtiger als die ukrainische oder polnische Sicherheit sind. Seit Tagen nehmen die Kampfhandlungen an der Frontlinie wieder zu. Die russische Armee hat zudem mit dem Aufmarsch von mehr als hunderttausend Soldaten an der Grenze begonnen.

Das polnische Parlament wird in wenigen Tagen »in Solidarität mit der Ukraine« einen Aufruf an die USA, die EU und Deutschland zum sofortigen Stopp von Nord Stream 2 verabschieden. Begründung: Der Export von Gas stelle »eine Finanzierung für die russische Aufrüstung dar« und sei »ein wesentliches Instrument der aggressiven Politik Russlands«. Ungeachtet dessen wird Deutschland in diesem Jahr 2021 rund 65,4 Prozent seiner Gaseinkäufe aus Russland importieren. Etwa 17,6 Milliarden Euro werden deutsche Firmen dafür nach Russland überweisen,[68] einen Betrag, der etwa 6,5 Milliarden Euro höher als im Vorjahr ist und etwa 31,5 Prozent der gesamten Militärausgaben Russlands im Jahr 2021 ausmacht..[69]

Kira Bondar muss daran denken, was ihr ein deutscher Freund 2016 über Nord Stream 2 gesagt hat: »Wenn die Deutschen es wollen, wird es passieren.«

Pragmatische Lösungen der Bundesnetzagentur

Schwerin, Mittwoch, 30. Juni 2021

»Ja, wir räumen der Stiftung die Möglichkeit ein, der Pipeline zu helfen«, hat Manuela Schwesig der Öffentlichkeit und dem Landesparlament zur Gründung der Stiftung Klima- und Umweltschutz MV gesagt. Zugleich hat sie eingeschränkt, die Stiftung werde »die Pipeline nicht bauen«, sie könne nur »einen kleinen Beitrag leisten, die Pipeline zu unterstützen«.

Etwa sechs Monate nach diesen Aussagen treffen sich Erwin Sellering, Werner Kuhn und Katja Enderlein abends zur 34. digitalen Vorstandssitzung der Stiftung. Der Geschäftsführer des wirtschaftlichen Geschäftsbetriebs, Steffen Petersen, und der »Nordstreamler« Reinhard Ontyd schalten sich wieder zu. Petersen spricht das »Rock-Placement-Schiff« an. Für diese Aufgabe möchte er im Namen der Stiftung die 2006 in Indonesien gebaute 5600 Tonnen schwere *Blue Ship* kaufen. Nach Umbauarbeiten soll das Schiff in dänischen Gewässern vor der Küste Bornholms zum Einsatz kommen, wo die beiden russischen Schiffe *Akademik Tscherskij* und *Fortuna* die letzten Rohre von Nord Stream 2 verlegen. Durch Steinschüttungen sollen diese auf dem Grund der Ostsee befestigt werden. Allerdings gibt es »Mehrkosten«, wie Petersen es nennt: zwölf Millionen Euro für den Kauf des Schiffes. Die Umbauarbeiten – ursprünglich mit 2,6 Millionen Euro vorgesehen – sollen nun 8,5 Millionen Euro kosten. 4,7 Millionen Euro soll die Beschaffung der Steine und 11,5 Millionen Euro der Schiffsbetrieb kosten.

Mit dem Unternehmen, das die Crew der *Blue Ship* stellt, hat Petersen schon einen Vertrag abgeschlossen. Es heißt Med Manning Limited, beschäftigt viele ukrainische Angestellte, hat seinen Sitz in Malta und lässt seine Rechnungen durch das Unternehmen Nexia BT prüfen, gegen dessen Geschäftsführer wegen Geldwäsche ermittelt wird.

Der Kauf der *Blue Ship* soll noch in dieser Woche vollzogen werden, sagt Petersen. Sellering und seine Vorstandskollegen sind einverstanden. Niemand in der Runde möchte, dass die Öffentlichkeit von der *Blue Ship* und ihrem »kleinen Beitrag« zur Unterstützung der Pipeline erfährt. Nach 35 Minuten ist die Sitzung vorbei.

Berlin, Montag, 12. Juli 2021

Für Wolodymyr Selenskyj ist es keine leichte Reise. Vor einigen Wochen hat er Robert Habeck in Kyjiw empfangen und den Parteivorsitzenden von Bündnis 90/Die Grünen gebeten, die Bitte um deutsche Verteidigungswaffen in der deutschen Öffentlichkeit zu vertreten. Erfolgreich war Habeck nicht. In einem Interview mit der *Frankfurter Allgemeinen* hat Selenskyj seinen Wunsch vor einigen Tagen nochmals bekräftigt. Er hat auf das 1994 in Budapest unterzeichnete Memorandum verwiesen, wonach die Ukraine ihre Atomwaffen gegen Sicherheitsversprechen der anderen Vertragsstaaten abgegeben hat. Der Krieg dauere jetzt schon sieben Jahre. Deutschland habe bisher keine militärische Hilfe geleistet, könnte das aber tun, hat Selenskyj gesagt. Es gehe darum, Menschenleben zu retten.

Als der ukrainische Präsident am Morgen Bundespräsident Frank-Walter Steinmeier trifft, ist ihm vermutlich bewusst, dass sich dieser als Außenminister für Nord Stream 2 eingesetzt hat. Bereits in der vorigen Woche hat der deutsche Wirtschaftsminister Selenskyj in einem Gespräch Deutschlands Haltung zur Pipeline klar gemacht. Nord Stream 2 sei nicht nur im Einklang mit nationalem, sondern auch mit europäischem und internationalem Recht, hat Peter Altmaier gegenüber dem Ukrainer behauptet. Obwohl die Pipeline angeblich ein rein wirtschaftliches Projekt sei, hat Altmaier sich politisch klar ausgedrückt: Das »fortgesetzte, aktive Wirken der Ukraine gegen Nord Stream 2 mit offener Werbung für Sanktionen« empfinde Deutschland »als irritierend«. Es stelle »eine Belastung für unsere bilateralen Beziehungen dar«.[70]

Selenskyj hat vor einigen Wochen Andrij Koboljew als Chef von Naftogaz entlassen, unter anderem, da Naftogaz unter Koboljew zu viel Lobbyarbeit betrieben haben soll. Doch diese Ansage des deutschen Wirtschaftsministers dürfte dem ukrainischen Präsidenten nicht gefallen haben.

Am Nachmittag begrüßt Angela Merkel ihn mit militärischen Ehren. Bevor die beiden gemeinsam zu Abend essen, geben sie eine kurze Pressekonferenz. Auf den am heutigen Tag auf der Website der russischen Regierung veröffentlichten Aufsatz Wladimir Putins, in dem er die Existenz der Ukraine als unabhängige Nation abstreitet, gehen die beiden nicht ein.

Selenskyj hat längst mitbekommen, dass sich die Kanzlerin und Joe Biden über Nord Stream 2 geeinigt haben. Die Pipeline bedrohe die Sicherheit der Ukraine. Das belege auch der aktuelle Aufmarsch russischer Truppen an der Staatsgrenze, sagt er vor den Fernsehkameras. Merkel erkennt an, dass es »große Sorgen auf ukrainischer Seite« gebe. »Die nehmen wir ernst«, sagt sie. Deutschland werde »alles tun, um der befreundeten Ukraine zu helfen«.

Tatsächlich geschieht das Gegenteil. Seit Mai blockiert Deutschland in der Nato, dass Litauen zwanzig Anti-Drohnen-Gewehre und die USA neunzig Präzisionsgewehre an die Ukraine liefert. Beide Lieferungen sind über die Nato Support and Procurement Agency bezahlt. Doch auch Selenskyjs nach der Pressekonferenz direkt vorgetragene Bitte gegenüber Merkel ändert nichts an der deutschen Blockade. »Ausgeschlossen«, soll die Antwort Merkels lauten.[71]

Im Laufe der Woche wird klar, was Merkel unter der versprochenen Hilfe versteht. Die Kanzlerin überzeugt den US-Präsidenten, dass der Bau von Nord Stream 2 vollendet und die Pipeline genutzt werden kann – wenn Russland das Erdgas nicht als Waffe einsetzt.

Berlin, Montag, 25. Oktober 2021

Um 11:46 Uhr verschickt eine Referentin aus Peter Altmaiers Bundeswirtschaftsministerium eine E-Mail an das Bundeskanzleramt, an das Auswärtige Amt und an das Bundesfinanzministerium. Als Anlage hat sie den Entwurf einer »Versorgungssicherheitsprüfung« für Nord Stream 2 angehängt.

Bisher hat die Nord Stream 2 AG nur die Genehmigung, die Pipeline zu bauen. Ob sie in Betrieb genommen werden darf, muss zunächst die dem Wirtschaftsministerium untergeordnete unabhängige Bundesnetzagentur entscheiden. Altmaiers Behörde hat deswegen für den deutschen Abschnitt der Pipeline geprüft, »ob die Erteilung der Zertifizierung die Sicherheit der Gasversorgung in Deutschland oder der EU gefährdet«. Sollte das Wirtschaftsministerium zum Ergebnis kommen, Nord Stream 2 gefährde die Sicherheit in der EU, müsste die Behörde eine Inbetriebnahme im deutschen Abschnitt untersagen. Altmaiers Referentin bittet die anderen Ministerien um umgehende Prüfung. Im Mailverteiler ist auch Ulrich Benterbusch, der im Bundeswirtschaftsministerium für die Themen Wasserstoff, Gas und Energieeffizienz zuständig ist.

Heiko Maas' Außenministerium antwortet noch am selben Tag, man habe keine Anmerkungen. Die Rückmeldung aus Olaf Scholz' Finanzministerium kommt am nächsten Morgen um 9:48 Uhr. »Auch von mir keine weiteren Anmerkungen. Herzlichen Dank und beste Grüße«, schreibt Wolfgang Schmidt, Staatssekretär und engster Vertrauter des SPD-Kanzlerkandidaten. Wenig später erteilt auch Lars-Hendrik Röller für das Kanzleramt die Freigabe.

Der 54-seitige Bericht, der nun an die Bundesnetzagentur geht, erklärt sämtliche Warnungen, Nord Stream 2 verfestige Deutschlands Abhängigkeit von russischem Gas, für nichtig. »Eine solche Gefährdung der Versorgungssicherheit« sei »unter Berücksichtigung sämtlicher dem Bundeswirtschaftsministerium bekannten Tatsachen [...] nicht festzustellen.« Das Wirtschaftsministerium schlussfolgert, »dass die Erteilung der Zertifizierung die Sicherheit der Gasversorgung Deutschlands und der Europäischen Union nicht gefährdet«.

Schwerin, Bonn, Dienstag, 16. November 2021

Seit gestern ist Christian Pegel nicht mehr Energieminister; Manuela Schwesig hat ihn nach der gewonnenen Landtagswahl zum Innenminister ihrer neuen Regierung ernannt. Sein Büro ist nun nicht mehr in der Schloßstraße, sondern am Pfaffenteich, etwa 700 Meter von der Staatskanzlei entfernt. Während er sich ins neue Amt einarbeitet, gehen bei seiner ehemaligen Pressestelle Fragen von Journalisten ein. Thema: »Ostseepipeline – Aussetzung der Zertifizierung durch die Bundesnetzagentur«.

Pegel hat den Zertifizierungsprozess nicht nur verfolgt, sondern hat versucht, im Sinne der Nord Stream 2 AG bei der Bundesnetzagentur darauf Einfluss zu nehmen – offenbar ähnlich wie er es für die Baugenehmigung beim Bergamt in Stralsund getan hat. Vor einem Jahr hat er sich mit Jochen Homann, dem Chef der Bundesbehörde, ausgetauscht.

Weil »Nordstream« der Landesregierung »im Nacken« sitze, wie es in einer internen E-Mail heißt, wollte Pegel wissen, unter welchen Bedingungen die Bundesnetzagentur den Pipelinebetrieb genehmigen würde.

Seine Behörde dürfe nur administrativ vorgehen und dem russischen Konzern keine politischen Lösungswege aufzeigen, hat Homann geantwortet. Doch er ist offenbar bereit, der Gazprom-Tochter entgegenzukommen. Man führe einen »intensiven Dialog« und werde »diesen lösungsorientiert fortsetzen«. Man habe in diesem Rahmen festgestellt, dass die Nord Stream 2 AG, anders als die Nord Stream AG beim Vorgängerprojekt, unmittelbar an den Mutterkonzern Gazprom angeschlossen sei. Man könnte »die Lage entschärfen« und den Konzern »an ein anderweitiges St. Petersburger Unternehmen« anschließen, was durch die

Bundesnetzagentur »grundsätzlich positiv begleitet werden« würde.

Mit der »Lage« meinte Homann offenbar die Gasrichtlinie der EU, nach der Eigentümer von Gaspipelines nicht gleichzeitig deren Betreiber sein dürfen. Homanns Hinweis zur »Entschärfung« der Lage würde – so wirkt es – durch einen Trick die Vorschriften der EU umgehen. Zu derartig »pragmatischen Lösungen« sei seine Behörde »ausdrücklich bereit«, soll Homann mitgeteilt haben. Pegel und er sind sich einig, »dass über derartige konstruktive Problemlösungen öffentlich Stillschweigen bewahrt werden sollte«.[72]

Am heutigen Dienstag hat die Bonner Behörde das Verfahren »vorläufig ausgesetzt«. Dies führt dazu, dass für das Verfahren mehr Zeit bleibt, was offenbar ganz im Sinne der »Nordstreamler« ist. Die Nord Stream 2 AG hat sich für einen eigenen Weg zur Entflechtung entschieden. Sie will »eine Tochtergesellschaft nach deutschem Recht nur für den deutschen Teil der Leitung« gründen. »Diese Tochtergesellschaft soll Eigentümerin des deutschen Teilstücks der Pipeline werden und dieses betreiben.« Bis es so weit ist, ruht das Zertifizierungsverfahren.

In zwei Monaten wird die Nord Stream 2 AG die Tochtergesellschaft Gas for Europe GmbH gründen. Ihr Sitz wird in Schwerin sein, etwa vier Kilometer von Schwesigs Staatskanzlei entfernt.

Schwerin, Montag, 29. November 2021

Normalerweise hat das Weinhaus Uhle montags geschlossen. Wenn Matthias Warnig mit der Ministerpräsidentin »in einer kleinen Runde« den Abschluss der Rohrverlegearbeiten für Nord Stream 2 »feierlich« begehen möchte, macht das Gourmetrestaurant in der Schweriner Altstadt jedoch eine Ausnahme. Warnig wird von Steffen Ebert und Reinhard Ontyd begleitet. Die »Nordstreamler« haben im Vorfeld Wünsche geäußert, wen Manuela Schwesig mitbringen sollte. »Unter uns: Wir würden uns freuen, wenn es Herr Pegel sein würde«, schrieb Ebert an die Staatskanzlei und fügte einen Smiley hinzu. »Neben Herrn Pegel« sollte »möglichst« auch Herr Sellering teilnehmen.[73]

Für die Runde dürfte es neben der Vollendung des Pipelinebaus weitere Gründe zum Anstoßen geben. Die »Nordstreamler« gratulieren Schwesig, Pegel und Sellering wahrscheinlich zum Wahlerfolg der SPD bei der Bundestagswahl. Die zeitgleich in Mecklenburg-Vorpommern durchgeführte Landtagswahl haben Schwesig als Ministerpräsidentin, Pegel als einer ihrer wichtigsten Minister und Sellering als politischer Förderer der beiden mit dem besten SPD-Ergebnis seit fast zwanzig Jahren gewonnen. Schwesigs Landespartei hat für den Wahlkampf mehr als doppelt so viel Geld wie andere Parteien ausgegeben (1,3 Millionen Euro), womit unter anderem eine eigene journalistisch wirkende Zeitschrift, die an alle Haushalte verteilt wurde, finanziert worden ist. 1,17 Millionen Euro hat die Partei in diesem Jahr durch externe Spenden und Überweisungen von eigenen Abgeordneten eingenommen. So hat beispielsweise Tilo Gundlack aus Wismar seiner SPD 33 500 Euro überwiesen, deutlich mehr als die Hälfte seines Jahresnettoeinkommens als Landtagsabgeordneter. Pegel hat 44 389 Euro gespendet. Geld, das er als Minister und Abgeordneter verdient habe, so Pegel, und »Ersparnisse«. Seit 2015 der Gesellschaftervertrag für Nord Stream 2 unterschrieben wurde, hat Pegel insgesamt 214 035 Euro an die SPD in Mecklenburg-Vorpommern gespendet.

Schwesigs neue Landesregierung ist eine rot-rote, in der die Linke als kleinerer Koalitionspartner nur zwei Ministerien besetzt. Landesvorsitzender der SED-Nachfolgepartei ist der ehemalige Stasi-IM Torsten Koplin, der Putin bei der Inszenierung einer Volksabstimmung auf der annektierten Krym im Jahr 2014 als »Wahlbeobachter« half.

Es könnte sein, dass die Runde im Weinhaus Uhle auch über die berufliche Zukunft von Reinhard Ontyd redet. Der »Chief Commercial Officer« der Nord Stream 2 AG, der seit 2014 ein »Nordstreamler« ist, wird in einigen Wochen seine Jobbezeichnung wechseln. Ontyd, der an mehr als der Hälfte aller Vorstandssitzungen von Sellerings Stiftung teilgenommen hat, soll die Geschäfte der »in Abstimmung mit der Bundesnetzagentur«[74] gegründeten Gas for Europe GmbH führen. Die Tochtergesellschaft der Nord Stream 2 AG soll helfen, die Vorgaben der EU-Gasrichtlinie zu umgehen.

Vielleicht berichtet Sellering der Runde auch über die erfolgreiche Arbeit des wirtschaftlichen Geschäftsbetriebs der Stiftung. Die Fertigstellung des Baus hat er so gut wie erreicht. Den drei Angestellten des Geschäftsbetriebs soll durch die Stiftung jeweils ein Monatsgehalt als Weihnachtsbonus gezahlt werden (jeweils etwa zehntausend Euro). Womöglich wird im Weinhaus Uhle auch darauf angestoßen.

Die Bunkerrunde der Bundesregierung

Kyjiw, Berlin, Mittwoch, 22. Dezember 2021

Kira Bondar hat mitbekommen, dass Wolodymyr Selenskyj Anfang des Jahres Joe Biden vergeblich um Unterstützung für einen Nato-Beitritt der Ukraine gebeten hat, dass mittlerweile Satellitenbilder den Aufmarsch von zehntausenden russischen Soldaten belegen, darunter auch Sanitätseinheiten, die man für reine Übungsmanöver nicht bräuchte, und dass die Soldaten auch Stellungen auf der Krym und nahe der nordöstlichen ukrainischen Grenze etwa in der Region Kursk errichtet haben – viele Kilometer vom Kriegsgebiet im Donbas entfernt.

Bondar, die trotz allem auf besinnliche Feiertage hofft, hat Weihnachtsgeschenke bei verschiedenen Firmen bestellt. Als sie die Pakete auspackt, entdeckt sie einen kleinen Schokoladen-Weihnachtsmann, den sie nicht gekauft hat. Zum Ende dieses turbulenten achten Kriegsjahres, in dem sie nach der Kündigung von Andrij Koboljew Naftogaz verlassen hat, freut sie sich über das kleine unerwartete Geschenk.

Mykhailo Gonchar, ein Bekannter von Bondar, trifft sich am Nachmittag mit einer Redakteurin der ukrainischen Nachrichtenagentur Unian. Der Experte für Energie- und Sicherheitsthemen gibt ein Interview zu Nord Stream 2 und verweist auf den Preis für Erdgas in Europa. Im Vergleich zum Vorjahr hat sich dieser mehr als verfünffacht.[75] Die deutschen Erdgasspeicher, die im Dezember der Jahre 2018, 2019 und 2020 durchschnittlich zu 85,6 Prozent befüllt waren, sind nun zu weniger als 58 Prozent ausgelastet,[76] der größte deutsche Speicher, der Gazprom gehört, ist mit nicht einmal sechs Prozent fast leer. Am Vortag haben die Russen zum zweiten Mal in diesem Jahr die Jamal-Pipeline, die über Belarus und Polen nach Deutschland führt, geschlossen. Gonchar ist sich sicher, dass der Kreml die Gaspreise in die Höhe treibt, indem Transitkapazitäten durch die Ukraine und Polen nicht genutzt werden. Deutschland und die EU sollen so gedrängt werden, Nord Stream 2 in Betrieb zu nehmen. Er erinnert daran, dass Angela Merkel und Joe Biden im Sommer erklärt haben, sie würden reagieren, wenn Russland Gas als Waffe einsetzt. »Wenn Washington und Berlin so weitermachen«, sagt Gonchar, »werden wir Zeugen einer europäischen Gaskapitulation.« Das werde »eine Kette von Konsequenzen nach sich ziehen«. Gazproms Vorgehen müsse als Teil einer »militärischen« Strategie bewertet werden.

Allmählich ahnt wohl auch Olaf Scholz, dass Nord Stream 2 kein rein wirtschaftliches Projekt ist. Bei seinem Antrittsbesuch als Bundeskanzler in Polen hat der polnische Ministerpräsident davor gewarnt, dass sich die »Energieschlinge enger« um die Ukraine lege. Vor wenigen Tagen hat Scholz seinen Staatssekretär Jörg Kukies und den neuen Wirtschaftsminister Robert Habeck angerufen. Von beiden wollte er wissen, ob es Notfallpläne gebe für den Fall, dass Gazprom kein Gas mehr liefert. Die Antwort war ein doppeltes Nein.

In Berlin wird eine Runde ins Leben gerufen, die analysieren soll, ob das Gas für den Winter reicht. Wirtschaftsminister Robert Habeck, Finanzminister Christian Lindner und der Chef des Bundesnachrichtendiensts (BND) sollen dabei sein. Da die Öffentlichkeit nichts von der wöchentlichen Krisensitzung wissen soll (da sonst der Erdgaspreis noch weiter steigen würde) und da sie in einem abhörsicheren Raum stattfindet, wird sie intern als »Bunkerrunde« bezeichnet.[77]

Kyjiw, Donnerstag, 23. Dezember 2021

Könnte Nord Stream 2 zur Spionage genutzt werden und Russlands Armee einen militärischen Vorteil verschaffen? In zwei deutschen Tageszeitungen erscheinen Artikel, in denen diese Frage gestellt und die Arbeit von Mykhailo Gonchar zitiert wird.[78] Bereits im Jahr 2018 hat der Ukrainer zusammen mit anderen Experten für hybride Kriegsführung beschrieben, wie der Kreml zivile Gasinfrastruktur militärisch nutzt. Angesichts des Aufmarsches der russischen Truppen an der ukrainischen Grenze hat sich nun auch das Parlamentarische Kontrollgremium des Bundestags in einer geheimen Sitzung damit befasst.

Laut Gonchar setzt Russland zur Aufklärung des von der Nato genutzten Ostseeraums zivile und Marine-Schiffe ein, die zur Sabotage und Beschädigung von Häfen, Pipelines und Unterseekabeln genutzt werden könnten. Im Jahr 2013 habe die ukrainische Marine Elemente eines russischen Unterwasser-Überwachungssystems in den Hoheitsgewässern der Ukraine im Schwarzen Meer entdeckt. Gazprom habe ein hydroakustisches Überwachungssystem an den Rohren von Turk Stream installiert. Ähnliches sei auch bei Nord Stream 1 und 2 geschehen, vermutet Gonchar. Dem speziell für Gazprom entwickelten Sicherheitssystem der Pipeline soll das russische Militär lediglich einige technische Komponenten hinzugefügt und geheime Unterwasser-Hydroakustikstationen an der Pipeline angebracht haben. Wie zuvor Turk Stream könnte auch Nord Stream militärisch genutzt werden, um Nato-Schiffe sowie leise U-Boote zu orten. Die Technik in der Ostsee sei Teil eines globalen Überwachungssystems, das vom russischen Verteidigungsministerium entwickelt werde. Eingesetzt würden auch Roboter, die von U-Booten starten und Daten über Satelliten übertragen. Spezialeinheiten der russischen Marine könnten mit diesen Informationen Unterwasser-Stromkabel, Glasfaser-Leitungen, Pipelines und Unterwassereinrichtungen von Nato sowie EU kontrollieren oder beschädigen.

Berlin, Mittwoch, 29. Dezember 2021

»Was ist der Zerfall der Sowjetunion?«, hat Wladimir Putin vor kurzem in einem Interview gefragt und sich selbst geantwortet: »Das ist der Zerfall des historischen Russland unter dem Namen Sowjetunion.«[79] Dass der russische Präsident darin »die größte geopolitische Katastrophe des 20. Jahrhunderts« sieht, ist seit längerem bekannt. Fraglich ist, wie weit er gehen wird, um das historische Russland wiederherzustellen.

In Estland befürchten viele das Schlimmste. Eine Anfrage der estnischen Regierung geht deshalb im deutschen Verteidigungsministerium ein. Haubitzen, die Estland nach dem Fall der Mauer aus Deutschland bekommen hat, sollen an die Ukraine geliefert werden. Weil für den Re-Export deutscher Waffen eine Genehmigung erforderlich ist, bitten die Esten darum.[80]

Da die Bundesregierung Estlands Antrag nicht genehmigt und zudem eine bezahlte Lieferung von Präzisionsgewehren aus den USA an die Ukraine blockiert, wirft der ukrainische Verteidigungsminister Oleksij Resnikow Deutschland vor, dadurch und durch Nord Stream 2 seinem Land zu schaden. Putin plane »einen neuen, groß angelegten Einmarsch«, sagt Andrij Melnyk. Der Botschafter der Ukraine in Deutschland ruft die Bundesregierung auf, »endlich grünes Licht für Defensivwaffen für die Ukraine zu geben«.[81]

Hannover, Freitag, 31. Dezember 2021

Soyeon Schröder-Kim und ihr Ehemann Gerhard Schröder fotografieren sich am Abend per Selbstauslöser. Sie trägt ein Abendkleid, er einen Anzug. »Dinner for Two! 🍽 🍷🍷 Einen guten Rutsch ins neue Jahr! ❄«, schreibt Schröder-Kim, bevor sie das Foto veröffentlicht.

Kyjiw, Freitag, 14. Januar 2022

Mehr als siebzig staatliche Einrichtungen der Ukraine, darunter das Außen-, das Gesundheits-, das Energie- und das Finanzministerium, werden attackiert. Es ist der fünfte große Cyberangriff seit Kriegsbeginn, für den Hacker aus Russland verantwortlich gemacht werden. Auf den betroffenen Websites erscheint auf Ukrainisch, Russisch und Polnisch ein kurzer Text: »Alle Daten sind zerstört. Es ist unmöglich, sie wiederherzustellen. Alle Informationen über Sie sind öffentlich geworden. Haben Sie Angst und erwarten Sie das Schlimmste.«[82]

Schwerin, Berlin, Donnerstag, 20. Januar 2022

Manuela Schwesig eröffnet gegen 14 Uhr den Neujahrsempfang des Ostausschusses der deutschen Wirtschaft mit einer Videobotschaft. »Ich bin weiter fest davon überzeugt, dass wir die Ostseepipeline dringend brauchen«, sagt sie. Erwin Sellering, mit dem sie sich zuvor ausgetauscht hat, unterstützt ihren Kurs: »Das Gas kann geliefert werden«, sagt er.[83]

Berlin, Mittwoch, 26. Januar 2022

Nach einer Sitzung des Verteidigungsausschusses möchte Christine Lambrecht ein »ganz deutliches Signal« senden, dass Deutschland an der Seite der Ukraine stehe. »Wir werden fünftausend Helme an die Ukraine liefern«, sagt die Verteidigungsministerin. »Das hilft, das gibt Unterstützung. Und genau so werden wir auch weiterarbeiten in diesem Konflikt.«[84]

Brüssel, Freitag, 4. Februar 2022

Auf die Frage, ob es in der EU wegen der wenig befüllten Erdgasspeicher zu Versorgungsengpässen kommen kann, antwortet Kommissionspräsidentin Ursula von der Leyen mit einer Gegenfrage: »Was passiert, wenn Russland sein aggressives Verhalten gegenüber der Ukraine intensiviert?« Russland nutze Gas als Druckmittel. Europa erlebe einen Aufmarsch russischer Truppen rund um die Ukraine, »wie es ihn seit siebzig Jahren nicht gegeben hat«, so von der Leyen. Die Lage sei »sehr ernst«.[85]

Fast täglich schalten sich Spitzenbeamte der EU über abhörsichere Verbindungen mit Experten des Nationalen Sicherheitsrats der USA zusammen. Ihr Problem: Je stärker einzelne EU-Staaten von russischen Erdgaslieferungen abhängig sind, desto geringer ist deren Bereitschaft, mit harten Sanktionen auf eine russische Aggression zu reagieren.

Hoffnung macht ihnen die heutige Eröffnung der Olympischen Winterspiele in Peking, die bis zum 20. Februar gehen werden. Vor wenigen Tagen hat Gazprom angekündigt, man plane den Bau einer dritten Pipeline nach China. Wladimir Putin werde das Olympia-Spektakel Xi Jinpings nicht mit einer Eskalation überschatten, vermuten die Experten. Was dagegen spricht: Das russische Militär hat bereits unzählige Blutkonserven an die ukrainische Grenze gebracht.

Washington, Montag, 7. Februar 2022

Zwei Monate nach seiner Amtsübernahme ist Olaf Scholz zu seinem Antrittsbesuch in die USA gereist. Für das direkte Gespräch mit dem US-Präsidenten drängen sich viele Themen auf. Vor einigen Tagen hat Scholz sich im Kanzleramt in Berlin mit William Burns von der CIA getroffen. Schon da soll der Chef des US-Auslandsgeheimdienstes skizziert haben, wie Putin einen großen Krieg beginnen könnte. Russische Geheimdienstspezialisten könnten sogenannte *false flag operations* in der Ukraine vorbereiten, Anschläge, die so wirkten, als seien es Angriffe auf russische Interessen. Damit hätte Moskau einen Vorwand für einen Vorstoß. In einem der Szenarien könnte es zu Sabotageakten an ukrainischen Gaspipelines kommen. In West- und Mitteleuropa könnten dadurch bis zu vierzig Milliarden Kubikmeter Gas fehlen, und der Kreml könnte die Lieferung von 55 Milliarden Kubikmeter Gas als Ersatz anbieten – durch Nord Stream 2.

Während der Pressekonferenz mit Joe Biden weicht der Kanzler jeder Frage zu Nord Stream 2 aus. Der US-Präsident sagt dagegen deutlich: Sollten die russischen Truppen die

Grenze zur Ukraine überqueren, werde es Nord Stream 2 nicht mehr geben: »We will bring an end to it.« Auf die Nachfrage, wie das durch die USA geschehen werde, da die Pipeline unter der Kontrolle Deutschlands stehe, verspricht Biden der Fragestellerin: »We will be able to do it.« (Wir werden dazu in der Lage sein.)

Berlin, Dienstag, 8. Februar 2022

Beamte im Bundeswirtschaftsministerium prüfen, ob die Inbetriebnahme von Nord Stream 2 zu verhindern wäre, ohne dass Deutschland Schadensersatz an Gazprom zahlen müsste. Eine Anwaltskanzlei kommt zu dem Schluss, dass die »Versorgungssicherheitsprüfung«, die in den letzten Tagen von Angela Merkels Regierung auch vom damaligen Finanzminister Olaf Scholz freigegeben wurde, zurückgezogen werden müsste.

Kyjiw, Freitag, 14. Februar 2022

Auf seinem Weg nach Moskau stoppt der Bundeskanzler in der ukrainischen Hauptstadt. Wolodymyr Selenskyj bedankt sich, dass die deutsche Botschaft in Kyjiw noch mit einem Kernteam besetzt ist. Briten und US-Amerikaner haben ihr Personal aus Kyjiw abgezogen.

Moskau, Samstag, 15. Februar 2022

An einem weiß lackierten, mit Blattgold verzierten sechs Meter langen Tisch unterhält sich Olaf Scholz mit Wladimir Putin. Nach einer anschließenden Pressekonferenz im Katharinensaal bittet Putin den Gast in einen Nebenraum. Sektgläser stehen zum Anstoßen für den Deutschen und den Russen bereit.

Laut Bundesnachrichtendienst (BND) sind die Vorbereitungen für eine große russische Invasion mit dem heutigen Tag abgeschlossen.

Schwerin, Montag, 21. Februar 2022

Erwin Sellering bereitet sich auf die morgige Vorstandssitzung der Stiftung vor. Nord Stream 2 ist fertiggestellt, einige Steinschüttungen zur Befestigung auf dem Ostseegrund sind aber noch notwendig. Die *Blue Ship*, die im Hafen Sassnitz-Mukran auf Rügen überwintert hat, soll im März wieder auslaufen.

In der Staatskanzlei wird in der Poststelle ein roter Brief mit dem Eingangsstempel versehen. Im Inneren liegt eine handgeschriebene Weihnachtskarte, die offenbar verspätet angekommen ist. Falk Tischendorf, Russlandbeauftragter der Landesregierung und Vorstandsmitglied des Ostinstituts Wismar, sendet Sellerings Nachfolgerin und der Familie Manuela Schwesigs »liebe Wünsche mit herzlichen Grüßen aus einem verschneiten Moskau«.

Brüssel, Montag, 21. Februar 2022

Klaus-Dieter Borchardt packt seine Sporttasche und macht sich auf den Weg zu einem Tennismatch. Der ehemalige Spitzenbeamte der EU schämt sich für die Politik Deutschlands in Bezug auf Nord Stream 2. Wie konnte man nur Werte und Prinzipien über Bord werfen und diese Pipeline gegen alle Regeln des Rechts durchboxen? Der Jurist empfindet das immer noch als schockierend. Als er den Tenniscourt erreicht, warten seine ehemaligen Kollegen.

Moskau, Montag, 21. Februar 2022
Im russischen Staatsfernsehen wird um 21:40 Uhr Moskauer Zeit unerwartet das Programm geändert. Auf dem Bildschirm erscheint Wladimir Putin, der zwischen zwei russischen Flaggen sitzt. Die Ukraine sei »nicht einfach ein Nachbarland«, sagt er und behauptet, es gehe »um unsere Leute«. Ukrainische Gebiete gehörten mit ihrer Bevölkerung »zum historischen Russland«. Er ordnet die Entsendung von Truppen in die selbsternannten »Volksrepubliken« Donezk und Luhansk an, die Russland nun als unabhängige Staaten anerkennt. Putins fast einstündige Rede, die er über viele TV-Kanäle verbreiten lässt, enthält unzählige Fälschungen und Verdrehungen historischer Fakten. Sie passt zu dem, was der russische Präsident seit dem Ausbruch der Corona-Pandemie mehrfach über die Ukraine geäußert hat. »Eine Überwindung des Kommunismus wollt ihr?«, fragt er und antwortet selbst: »Wir zeigen euch, was eine echte Überwindung des Kommunismus für die Ukraine bedeutet.«[86]

Berlin, Montag, 21. Februar 2022
Olaf Scholz verfolgt Putins Rede vor dem Fernseher in seinem Büro im siebten Stock des Kanzleramts. Er ist allein. Vor wenigen Stunden hat Putin ihn und Emmanuel Macron angerufen und vorgewarnt.

Womöglich erinnert sich der Bundeskanzler an seinen Besuch in Moskau. Ob er bei der Rückreise aus seinem Flugzeugfenster beobachten müsse, dass russische Kampfjets in Richtung Ukraine aufsteigen, hat Scholz im Kreml gefragt. Eine Antwort gab es da noch nicht.[87]

Kyjiw, Montag, 21. Februar 2022

Kira Bondar steht in ihrer Küche und schaut aus dem Fenster in den Himmel ihres Landes. Ihre Kinder schlafen schon. Sie geht mit keinem guten Gefühl ins Bett.

VII

Krieg und Sprengung

»Die Heuchelei ist zum Kotzen«

Kyjiw, Düsseldorf, Dienstag, 22. Februar 2022

In der Nacht und in den frühen Morgenstunden rollen aus Russland kommende Panzer und Militärfahrzeuge durch die Ukraine. Im Donbas, wo bereits 14 400 Menschen ihr Leben in diesem Krieg gelassen haben, brechen Gefechte aus. Mit 190 000 russischen Soldaten beginnt die größte Invasion auf dem europäischen Kontinent seit dem Zweiten Weltkrieg.

In Kyjiw tritt Wolodymyr Selenskyj mit dem estnischen Präsidenten vor Journalisten und TV-Kameras. Nach Putins Rede habe er mit dem französischen, dem polnischen, dem britischen, dem deutschen Kanzler und mit dem Präsidenten der USA telefoniert, sagt Selenskyj. Nun könne es zu einer gewaltigen Tragödie kommen. »Wir sind kein Mitglied der EU oder der Nato«, ergänzt er, »aber wenn es bei uns zu einer großen Invasion kommt, werden alle darunter leiden.«

Bundeswirtschaftsminister Robert Habeck trifft sich in Düsseldorf zu Gesprächen mit dem Ministerpräsidenten Nordrhein-Westfalens. Putin habe »einen schweren Völkerrechtsbruch begangen – sehr willentlich, strategisch und kalt geplant«, sagt Habeck. Sein Ministerium habe der Bundesnetzagentur am Morgen mitgeteilt, dass der Versorgungssicherheitsbericht für Nord Stream 2 zurückgezogen werde. Die »geopolitische Situation, aber auch die Situation auf den Gasmärkten der letzten Monate« erzwinge eine Neubewertung. Der deutsche Erdgas-Markt sei wie der Öl-Markt komplett dereguliert. Einer der Hauptenergieträger für die Versorgungssicherheit in Deutschland unterliege »am schwächsten der politischen Kontrolle«. Das sei »ein schwerer Fehler« der Vorgängerregierungen gewesen. »Wir werden diesen Winter so schnell nicht vergessen«, sagt Habeck. »Krieg treibt Preise.«

Ukraine, Mittwoch, 23. Februar 2022

Der Kreml zieht sein diplomatisches Personal aus allen Vertretungen in der Ukraine ab. In den Regionen Luhansk und Donezk kommt es durch die zunehmenden Gefechte zu Explosionen. In einem von der russischen Nachrichtenagentur Tass veröffentlichten Schreiben fordern die pro-russischen Anführer im Donbas Unterstützung, um sich der »ukrainischen Aggression« entgegenzustellen. Wladimir Putin hatte diese »Hilfe« zuvor in Aussicht gestellt.

Da er vergebens versucht habe mit Putin zu telefonieren, wende er sich nun direkt an die Menschen in Russland, sagt Wolodymyr Selenskyj in einer knapp zehnminütigen Rede:

> *Ihnen sagt man, wir seien Nazis. Aber wie kann ein Volk Nazis unterstützen, das für den Kampf gegen die Nazis acht Millionen Menschen geopfert hat? […] Viele von Ihnen waren schon in der Ukraine. […] Sie kennen die Menschen bei uns, Sie kennen unsere Prinzipien. […] Das Volk der Ukraine will Frieden. Die Staatsführung der Ukraine will Frieden […] Es geht um Frieden und um Prinzipien, um Gerechtigkeit. Um Völkerrecht und um das Recht auf Selbstbestimmung. […] Wir wollen keinen Krieg, keinen kalten, keinen*

heißen und keinen hybriden. Doch wenn wir von einer Armee angegriffen werden, wenn man versucht, unser Land zu rauben, unsere Freiheit, unser Leben, das Leben unserer Kinder, dann werden wir uns verteidigen. […] Wenn Sie angreifen, werden Sie unsere Gesichter sehen, nicht unsere Rücken. […] Die Bürger Russlands sollten meine Ansprache sehen. Sie sollten die Wahrheit kennen. Die Wahrheit ist, dass es jetzt gilt innezuhalten. Noch ist es nicht zu spät.

Donnerstag, 24. Februar 2022

4:20 Uhr: In Kyjiw sind Explosionen zu hören.

4:29 Uhr: Putin teilt im Fernsehen mit, er habe beschlossen, eine »Sonder-Militäroperation« durchzuführen. Er strebe »die Entmilitarisierung und Entnazifizierung« der Ukraine an.

5:04 Uhr: Russische Raketen schlagen in fast allen Teilen der Ukraine ein. Der ukrainische Außenminister spricht von einem »groß angelegten Krieg«, in dem Russland auch vom Wasser aus angreife.

5:35 Uhr: »Angriff auf UKR hat begonnen. Wir planen Krisenstab um 0830 Uhr, Einladung folgt«, heißt es in einer SMS aus dem Auswärtigen Amt an Spitzenbeamte der Bundesregierung.

5:36 Uhr: Die Ukraine verhängt landesweit das Kriegsrecht.

6:42 Uhr: Ukrainische Grenztruppen melden aus Belarus Angriffe. Ein russisches Flugzeug wird abgeschossen.

6:51 Uhr: Ukrainische Einheiten, militärische Kontrollzentren und Flugfelder im Osten des Landes seien unter intensivem Beschuss, teilt das ukrainische Verteidigungsministerium mit. Laut des ukrainischen Katastrophenschutzes werde auch die Region Lwiw im Westen beschossen.

8:11 Uhr: Russische Militärkolonnen rücken über die nördliche Grenze bei Tschernihiw, über die nordöstliche bei Charkiw und in der östlichen Region Luhansk vor.

8:12 Uhr: Laut ukrainischer Angaben wurden sieben Menschen durch russischen Beschuss getötet.

9:42 Uhr: Die ukrainische Regierung ruft alle einsatzfähigen Ukrainer zu den Waffen.

Der Blitzangriff erfolgt von Norden, Osten und Süden. In fünf ukrainische Regionen fallen russische Streitkräfte mit Panzern ein. In zwölf weiteren, darunter Kyjiw, werden militärische und zivile Ziele wie Flughäfen, Kliniken und Wohngebäude von Raketen getroffen. Das etwa 150 Kilometer von der Hauptstadt gelegene ehemalige Atomkraftwerk Tschernobyl wird von russischen Truppen eingenommen. Russische Fallschirmjäger landen auch in Kyjiw. Ihre Ziele: Wolodymyr Selenskyj und seine Familie, tot oder lebendig.

Die Präsidentenbüros seien nun nicht die sichersten Orte, sagen Selenskyjs Berater. Doch der Präsident möchte bleiben. Die Sicherheitsbeamten versuchen den in Sowjetzeiten errichteten Gebäudekomplex und die umliegenden Straßen mit Barrikaden aus allen verfügbaren Materialien abzuriegeln. Die Sperren erinnern an die Befestigungen des Euromaidan. »Wir haben gespürt, wie die Ordnung der Welt zusammenbricht«, wird sich Ruslan Stefantschuk später an diese Stunden erinnern. Als Parlamentspräsident müsste er laut Verfassung das Land lenken, sollte Selenskyj getötet werden. Auch Stefantschuk ist zu Selenskyj in die Räume in der Bankova-Straße gefahren. Von dort veröffentlicht der Präsident noch am Vormittag ein Statement via Twitter: »Russland hat unseren Staat an diesem Morgen verräterisch angegriffen, wie es Nazideutschland in den Jahren des Zweiten Weltkrieges tat. Ab heute befinden sich unsere Länder auf verschiedenen Seiten der Weltgeschichte.«

In Deutschland sagt Finanzminister Christian Lindner zum ukrainischen Botschafter, Waffen zu liefern sei sinnlos. »Euch bleiben nur wenige Stunden.«

Als die Sonne untergeht, kommt es auch rund um das Regierungsviertel in Kyjiw zu Schießereien. Alle Lichter werden ausgeschaltet. Selenskyj und etwa ein Dutzend seiner Helfer ziehen sich kugelsichere Westen über und bekommen automatische Sturmgewehre in die Hände – mit denen sie nicht umgehen können. Über sichere Telefonleitungen bieten US-amerikanische und britische Experten an, Selenskyj und sein Team zu evakuieren. Er könnte nach Polen gehen, wo sie mithelfen würden, eine Exilregierung zu bilden. Jedenfalls solle er erstmal in einen Bunker außerhalb der Stadt fahren. Seine Leibwächter drängen Selenskyj, das Angebot anzunehmen. Zwei Mal versuchen Mitglieder russischer Spezialeinheiten, das Gelände der Präsidialverwaltung zu stürmen.[1]

Schwerin, Freitag, 25. Februar 2022

Sie sei »entsetzt« über die »schreckliche Entwicklung« in der Ukraine. Die Bundesregierung habe »alles unternommen, um zu einer diplomatischen und friedlichen Lösung des Konflikts zu kommen«. Diese Sätze hat Manuela Schwesig bereits am Vortag auf ihren Social-Media-Kanälen veröffentlicht. Heute hat sie Erwin Sellering zu sich nach Hause gebeten. Sie macht ihm klar, dass sie die Stiftung loswerden möchte. Der Landtag soll einen Beschluss zur Auflösung fassen. Sellerings Verein Deutsch-Russische Partnerschaft soll seine Arbeit ebenfalls ruhen lassen. Auch die Russlandtage soll es auf absehbare Zeit nicht mehr geben. Schwesigs Versuch, ihr Image zu retten, ist ein Bruch mit dem Vermächtnis ihres politischen Ziehvaters. Sellering will nur den Nord-Stream-2-Geschäftsbetrieb der Stiftung abwickeln. Er weiß, dass Stiftungen auf unbegrenzte Dauer angelegt sind. Laut Satzung kann der Vorstand die Auflösung erst dann beschließen, »wenn der Stiftungszweck unmöglich wird«. Der offizielle Stiftungszweck ist Klima- und Umweltschutz, und die Stiftung hat dafür genug Geld.

Am Abend postet Schwesig in den sozialen Medien ein Foto des Schweriner Landtags, der in den ukrainischen Nationalfarben angestrahlt wird. Dazu schreibt sie: »Solidarität mit der Ukraine.« Der ukrainische Botschafter Andrij Melnyk kommentiert: »Die Heuchelei ist zum Kotzen.«

»Attraktive« Aspekte der Zeitenwende

Zug, Freitag, 25. Februar 2022

In den Büros der Nord Stream 2 AG steht das Telefon nicht still. Gestern waren einige »Nordstreamler« noch in Berlin für Gespräche im Auswärtigen Amt und im Wirtschaftsministerium. Am Abend sind sie mit der letzten Maschine und einem Gefühl der Ungewissheit zurück in die Schweiz geflogen. Die USA haben ihre seit 2021 vorbereiteten Sanktionen gegen Matthias Warnig und die Nord Stream 2 AG umgesetzt. Der Merkel-Biden-Pakt hat sich erledigt. Jetzt melden sich der IT-Dienstleister, der Reinigungsdienst, die Banken und weitere Vertragspartner, um die Zusammenarbeit aufzukündigen. Ein Abteilungsleiter des Unternehmens eilt zu einem Elektronikgeschäft und kauft sich mehrere Festplatten. Solange er noch Zugriff hat, will er Kalender, Studien, Hintergrundpapiere und rund 25 000 E-Mails sichern. Später wird er überlegen, die internen Informationen in einem Buch zu veröffentlichen.

Um 14 Uhr ist das Unternehmen quasi stillgelegt, hat keinen Internetzugang mehr, keinen Telefonanschluss, zwei Banken haben die Firmen-Konten eingefroren. Warnig steht in einem Großraumbüro im zweiten Stock vor der Belegschaft. Ruhig erklärt er den knapp 120 Kollegen und Kolleginnen – von der Rezeptionistin bis hin zu den Vorstandsmitgliedern –, dass dies das Ende der Nord Stream 2 AG ist. Einige haben Tränen in den Augen.

Die Verträge der meisten Mitarbeiter laufen wegen der Fertigstellung des Baus ohnehin Ende des Jahres aus. Die Führungsetage hat sich deshalb um Abschiedsgeschenke für sie gekümmert: Ein Künstler hat Abfallprodukte der Pipelineherstellung, sogenannte Stahllocken, in Acryl-Würfel gegossen. Bezahlt ist er für seine Auftragsarbeit noch nicht. Auch Gehalts- und Bonuszahlungen der Angestellten der Nord Stream 2 AG stehen eigentlich bis Ende des Jahres noch an.

Eine der Vertragsbanken gewährt dem Unternehmen noch drei Tage Zugriff auf ein Konto. Bis Montag hat Warnig Zeit, Geld zu sichern.

Kyjiw, Lwiw, Sonntag, 26. Februar 2022

Weil Kira Bondar für Naftogaz gearbeitet hat, steht sie auf einer Liste des russischen Militärs. Sollten die Soldaten des Kreml Kyjiw einnehmen, wäre sie einer besonderen Gefahr ausgeliefert. Auch deshalb ist sie mit ihren Kindern über Lwiw und Polen nach Deutschland gefahren. Die Reise war eine Tortur. Die staatliche Eisenbahngesellschaft evakuiert Tausende Menschen aus den Kriegsgebieten in Sonderzügen. An den Grenzübergängen nach Westen haben sich kilometerlange Pkw-Schlangen gebildet. Die Ausreise dauert Tage. Männer mit ukrainischem Pass im Alter von achtzehn bis sechzig Jahren, die weniger als drei Kinder haben, dürfen ihr Land nicht mehr verlassen. An den Grenzübergängen in die Slowakei, nach Ungarn, Rumänien, Polen und in die Republik Moldau werden deshalb Züge und Autos angehalten und einige Männer zurückgeschickt.

Die meisten Ukrainer haben sich nicht für eine Flucht entschieden. Bewohner von Dörfern und Städten errichten Straßensperren, verteilen Waffen, heben Schützengräben im Schneegestöber aus und produzieren Tarnnetze, Molotow-Cocktails und Riemen, mit denen Soldaten Panzerfäuste besser am Körper tragen können.

Kira Bondar hat mit einem Freund ein Netzwerk zur Hilfe Geflüchteter gegründet. Sie organisieren zum Beispiel Schlafplätze für Menschen, die eine lange und schwierige Reise hinter sich haben.

Berlin, Sonntag, 27. Februar 2022

Olaf Scholz steht am Rednerpult des Bundestags. Der 24. Februar 2022 markiere eine »Zeitenwende in der Geschichte unseres Kontinents«, sagt er in seiner außerplanmäßigen Regierungserklärung und spricht von »schrecklichen Bildern« aus »Kyjiw, Charkiw, Odesa, Mariupol«, die Putins »ganze Skrupellosigkeit« zeigten. Es herrsche »Krieg in Europa«. Die Welt sei nicht mehr dieselbe wie zuvor. Als Erstes müsse Deutschland nun die Ukraine in ihrer »verzweifelten Lage« unterstützen. »Das haben wir auch in den vergangenen Wochen, Monaten und Jahren in großem Umfang getan.«

Der Kanzler kündigt Waffenlieferungen und Änderungen der deutschen Außen-, Verteidigungs- und Energiepolitik an. Er, der vor etwa eineinhalb Jahren versucht hat, Nord Stream 2 zu retten, sagt nun, Deutschland werde »umsteuern«, um seine »Importabhängigkeit von einzelnen Energielieferanten zu überwinden«. Eine »verantwortungsvolle, vorausschauende« Energiepolitik sei entscheidend für Deutschlands Sicherheit.

Für die Verteidigung der Bundesrepublik werde es ein einmaliges »Sondervermögen Bundeswehr« in Höhe von hundert Milliarden Euro geben, kündigt Scholz an. Jahr für Jahr werde die Bundesrepublik nun mehr als zwei Prozent des Bruttoinlandsprodukts in die Verteidigung investieren.

Vor allem wegen der Erhöhung der Militärausgaben findet die Rede national und international Beachtung. Das Sondervermögen erscheint hoch. Im Verhältnis zu den Summen, die deutsche Firmen an Gazprom zahlten, relativiert sich die Summe. Seit Beginn des Krieges in der Ukraine im Jahr 2014 bis zum Jahr 2022 haben deutsche Unternehmen etwa 104 Milliarden Euro nur für Erdgas nach Russland überwiesen – mehr Geld, als Scholz nun zur Abschreckung gegen Putin investieren möchte.[2]

Berlin, Schwerin, Montag, 14. März 2022

Je weiter der Krieg eskaliert, desto klarer wird: Nord Stream 2 kann vermutlich nie in Betrieb gehen. Was passiert mit der Pipeline und dem Gas, das schon in beiden Strängen ist? In der nichtöffentlichen Sitzung der Arbeitsgruppe Energie der SPD-Bundestagsfraktion, an der eine Vertreterin Mecklenburg-Vorpommerns und ein Vertreter aus dem Bundeskanzleramt teilnehmen, kommt diese Frage auf. Der Kanzleramtsvertreter ist besorgt. Die Leitung sei »voll mit Gas gefüllt«, dieses müsse »unbedingt« aus der Leitung heraus, um keine Katastrophe zu riskieren, sagt er.[3] Laut seinen Informationen habe die Nord Stream 2 AG allerdings »alle Mitarbeiter entlassen«. Das Kanzleramt sei derzeit mit der Regierung der USA in Verhandlungen. Es müsse »eine schnelle Lösung geben«.

Die Vertreterin Mecklenburg-Vorpommerns leitet die

Informationen an Manuela Schwesigs Staatskanzlei weiter, woraufhin die Landesregierung sich ans Bergamt in Stralsund wendet. Die Pipeline stehe »unter einem Druck von 103 bar«. Gegenwärtig bestünden aber keine Bedenken »hinsichtlich der Sicherheit und der Molchempfangsstation«, teilt das Bergamt mit. Das Wort »gegenwärtig« unterstreicht der Bergamtsleiter. Als Molche werden Roboter bezeichnet, die durch Schleusen in Russland und in Deutschland die Pipelinestränge befahren, filmen und dabei etwa durch Ultraschall die Dichtheit der Leitung überprüfen können.

Eine Reduzierung des Gasdrucks hält man technisch in Mecklenburg-Vorpommern zwar nicht für erforderlich. »Attraktiv« sei der Ansatz aber deshalb, da man so »an das wertvolle Erdgas« gelangen könne, das man verkaufen könnte, »um die Ersatzvornahmen bezahlen zu können«. Gegenüber der Öffentlichkeit verschweigt man diesen Ansatz. Wohl auch deshalb, weil das Bergamt die Baugenehmigung einst erteilt hat, ohne den »Nordstreamlern« Auflagen zu erteilen, falls die Pipeline nicht zertifiziert wird. Zum Rückbau ist die Nord Stream 2 AG nicht verpflichtet.

Schwerin, Stralsund, Dienstag, 15. März 2022

Heute Abend trifft sich der Aufsichtsrat der Nord Stream 2 AG. Morgen wird die AG beim Zuger Kantonsamt ihren Konkurs beantragen, davon geht man in Mecklenburg-Vorpommern aus. Der ehemalige »Nordstreamler« Reinhard Ontyd hat seine langjährigen Geschäftspartner im Nordosten Deutschlands informiert. Er hat sie auch vorgewarnt, dass die Erdgastransportfirma Gascade, die überwiegend auch Gazprom gehört und einer der Hauptsponsoren der Russlandtage war, ebenfalls Insolvenz anmelden könnte.

Jetzt »kommt es auf eine gute Papierlage an«, damit man später, wenn »schlaue Untersuchungsausschüsse sich über uns her machen«, eine gute Aktenlage nachweisen könne, schreibt ein hochrangiger Ministeriumsmitarbeiter in Schwerin ans Bergamt. Er habe zwar noch nie wegen eines Kriegs eine Gaspipeline in der Insolvenz gesichert, werde sich nun aber darum kümmern müssen. Dass das unangenehm werden kann, ist ihm bewusst. »Häme und Kosten« werden vermutlich zu Lasten Mecklenburg-Vorpommerns gehen. »Außer dem Gas in der Röhre« werde man »nichts an Geld ausfindig machen können, um das abzufedern.«

Pokrow, Dienstag, 22. März 2022

Alexej Nawalny, der seit mehr als einem Jahr etwa hundert Kilometer östlich von Moskau im Straflager Nr. 2 inhaftiert ist, hat begonnen Tagebuch zu schreiben. Am Tag, an dem er wegen angeblicher Veruntreuung von Geldern seiner Stiftung und Beleidigung einer Richterin zu Lagerhaft unter verschärften Bedingungen verurteilt wird, notiert er:

> *Neun Jahre, insbesondere unter »strengen« Bedingungen, sind eine extrem lange Haftstrafe. In Russland beträgt die durchschnittliche Strafe für Mord sieben Jahre. […] Niemand wird vorbeikommen und fragen, wie ich mich fühle, aber alle sind neugierig, wie sich das auswirkt. Es ist eine Gelegenheit, bei der sich eine Person vielleicht erhängt oder die Pulsadern aufschneidet. Mir aber geht es gut. Sogar »mein« Gefängniswärter sagte im Verlauf einer wirklich nervigen Ganzkörperdurchsuchung: »Sie sehen mir nicht so aus, als wären Sie allzu sehr mitgenommen.« Mir geht es wirklich gut. Ich schreibe das nicht, weil ich*

selbst bereit bin, den Anschein zu erwecken, sorglos und gleichgültig zu sein, sondern weil mein Gefängnis-Zen eingesetzt hat. Ich wusste von Anfang an, dass ich lebenslang inhaftiert sein würde – entweder für den Rest meines Lebens oder bis zum Ende der Lebensdauer dieses Regimes. […]
Die Wahrheit ist, dass wir unterschätzen, wie widerstandsfähig Autokratien in der modernen Welt sind. […] Russland, das derzeit einen klassischen Angriffskrieg gegen die Ukraine führt (was die Vorhersagen eines bevorstehenden Zusammenbruchs des Regimes verzehnfacht hat), wird zusätzlich durch seine Mitgliedschaft im UN-Sicherheitsrat und seine Atomwaffen geschützt. […]
Ich bin fünfundvierzig. Ich habe eine Familie und Kinder. Ich hatte ein erfülltes Leben, habe an einigen interessanten Dingen gearbeitet und einige nützliche Dinge getan. Aber im Moment herrscht Krieg. […] Im Moment liegen tote Zivilisten in den Straßen von Mariupol, ihre Leichen werden von Hunden angefressen […] – ohne eigenes Verschulden. Ich habe meine Entscheidungen getroffen, aber diese Menschen haben einfach nur ihr Leben gelebt. Sie hatten Arbeit. Sie waren die Ernährer ihrer Familien. Und dann verkündet eines schönen Abends ein rachsüchtiger Zwerg im Fernsehen, der Präsident eines Nachbarlandes, dass sie alle »Nazis« seien und sterben müssten, weil die Ukraine von Lenin erfunden worden sei. Am nächsten Tag fliegt eine Granate in ihr Fenster und sie haben keine Frau, keinen Ehemann und keine Kinder mehr – und vielleicht sind sie selbst auch nicht mehr am Leben.[4]

Ein DJ für Deutschlands Gasspeicher

Berlin, Moskau, Freitag, 25. März 2022

Im Zentrum der deutschen Hauptstadt passieren in der Firmenzentrale von Gazprom Germania sonderbare Dinge. Bei dem Unternehmen, das jährlich einen zweistelligen Milliardenumsatz erwirtschaftet und kritische Infrastruktur (unter anderem den größten Erdgasspeicher in Rehden) kontrolliert, sei niemand zu erreichen, berichten Großkunden. Gerüchte, die GmbH soll vor einer Insolvenz stehen, kursieren. Für hunderte Kunden, darunter viele Stadtwerke und Industrieunternehmen, hätte das erhebliche Folgen. Ein Dominoeffekt könnte entstehen: Die Stadtwerke müssten sich kurzfristig aus anderen Quellen zu extrem hohen Preisen Gas beschaffen (was sie ruinieren könnte) oder ihre Gaskraftwerke runterfahren, wodurch sie hunderttausende Haushalte nicht mehr mit Erdgas beliefern könnten.

Tatsächlich beurkundet ein Berliner Notar, der auch als Sanktions- und Russlandexperte auftritt, einen Vertrag, der das Eigentum von Gazprom Germania an die russische Gazprom Export Business Services LLC überträgt. In wenigen Tagen wird diese Firma alle Stimmrechte an die Firma JSC Palmary weiterreichen. Deren angebliche Zentrale ist laut russischem Firmenregister in der Moskauer Lobatschewski-Straße, wo kein Firmenschild und offenbar keine Büros von

JSC Palmary existieren. Offiziell neuer Chef von Gazprom Germania und seinen mehr als 1500 Mitarbeitern wird durch die Umschreibungen Dmitrij Zepljaew, ein DJ, der in Moskaus Nachtklubs Progressive House auflegt, Keyboard spielt und zuvor Autos und Elektrogeräte verkauft hat. Zepljaew wirkt wie ein Strohmann.[5]

Berlin, Mittwoch, 30. März 2022

Die Manager von Gazprom Germania haben eine Einladung der vermeintlich neuen Eigentümer ihres Unternehmens erhalten. Im Ritz Carlton am Potsdamer Platz treffen sie fünf Russen, die sich als Vertreter der Gazprom-Zentrale in St. Petersburg vorstellen. Ihre Botschaft: Gazprom Germania gehört nicht mehr zu Gazprom. Sie übergeben einen Liquidationsbeschluss und verkünden ein Ziel dieses Schritts: Hunderte Stadtwerke in Deutschland sollen von der Versorgung mit russischem Gas abgeklemmt werden. Mit der Aktion soll »größtmöglicher wirtschaftlicher Schaden« in Deutschland angerichtet werden. Die Russen möchten, dass Deutschlands Gasversorgung zusammenbricht und die Menschen aus Protest auf die Straßen gehen.[6]

Berlin, Donnerstag, 31. März 2022

Zwei Manager von Gazprom Germania nehmen Kontakt zur Bundesregierung auf und bitten um ein kurzfristiges Treffen. Mit Ablauf des Tages wird der Gasspeicher in Rehden noch zu 3,32 Prozent gefüllt sein.

Berlin, Freitag, 1. April 2022

Kurz vor 17 Uhr nimmt eine kleine Gruppe von Beamten die beiden Gazprom-Germania-Manager im Wirtschaftsministerium in Empfang. Sie werden in den Raum D 2061 geleitet. Einige Regierungsvertreter halten die Schilderungen der beiden russischen Whistleblower anfangs für einen Aprilscherz. Dann kommen Befürchtungen auf, neben Gazprom Germania könnten weitere versorgungsrelevante Firmen ausfallen. Tochterunternehmen des ebenfalls vom Kreml kontrollierten Ölkonzerns Rosneft verfügen über signifikante Beteiligungen an Raffineriekomplexen in Baden-Württemberg und Bayern, an einer Ölpipeline und an der Ölraffinerie in Schwedt an der Oder. Etwa neunzig Prozent des Benzins, Kerosins, Diesels und Heizöls in Berlin und Brandenburg stammen aus dieser Anlage. Ein plötzlicher Ausfall der Erdgaslieferungen aus Russland würde einen »irreversiblen wirtschaftlichen Schaden verursachen«, teilte die BASF vor drei Tagen mit.

Um die beiden Manager zu schützen, werden die Gespräche mit ihnen im einzigen abhörsicheren Raum der Behörde geführt: im Speisezimmer des Wirtschaftsministers. Alle Beteiligten müssen ihre Handys draußen lassen. Im Anschluss richten die Ministeriumsmitarbeiter einen Krisenstab ein, informieren Olaf Scholz und Robert Habeck. Teil der Krisenrunde ist Kanzleramtsmitarbeiter Frank Gunter Wetzel, der im Oktober 2018 Warnungen von Kira Bondars Kollegen über ein ähnliches Szenario noch abgetan hat, und ein Beamter aus dem Bundeswirtschaftsministerium. In einigen Wochen wird bekannt, dass das Bundesamt für Verfassungsschutz gegen zwei Beamte des Wirtschaftsministeriums ermittelt. Verdacht: Spionage für Russland. Laut

Recherchen für dieses Buch soll einer der beiden Verdächtigten bei der Krisenrunde dabei gewesen sein. Auf Nachfrage werden das Wirtschaftsministerium und er diesen Verdacht weder bestätigen noch dementieren.

Berlin, Samstag, 2. April 2022

Um 9:45 Uhr kommt die Krisenrunde zu einer Vorbesprechung zusammen, danach tauschen sich die Regierungsvertreter wieder mit den beiden Gazprom-Managern aus. Die Beamten, die sich nicht einig sind, überlegen, wie sie reagieren könnten, wenn Gazprom Germania für insolvent erklärt wird. Um 13 Uhr kontaktieren die Deutschen die britische Regierung. Eine der 45 Gesellschaften, die von Gazprom Germania kontrolliert werden, hat ihren Sitz in London und organisiert internationalen Gashandel. Obwohl diese Gesellschaft wichtig ist, obwohl etwa ein Viertel der Gas-Speicherkapazität in Deutschland zum Firmennetzwerk von Gazprom gehört, obwohl laut EU-Kommission die Versorgungssicherheit Deutschlands im kommenden Winter gefährdet ist und obwohl das Wirtschaftsministerium selbst von einer Gasmangellage ausgeht, wollen einige Beamte der Krisenrunde die Hauptursache des Problems nicht anerkennen. Man dürfe Chancen auf eine Einigung mit Wladimir Putin nicht verbauen, argumentieren sie.

Am Abend, gegen 19:30 Uhr trifft sich die Runde erneut zur Krisenbesprechung. Zwei Szenarien werden befürchtet, wenn am Montag die Banken und Börsen wieder öffnen: Die neuen Eigentümer von Gazprom Germania könnten große Mengen Gas verkaufen und Vermögensanteile wie etwa Rechte an künftigen Gaslieferungen oder Liquiditätsreserven nach Russland transferieren. Dann müsste die

Bundesregierung darüber mit Gazprom, also mit Putin, verhandeln.

Eine andere Vermutung wurde in der Nacht vom russischen Menschenrechtsaktivisten Vladimir Osechkin veröffentlicht. Bei Gazproms europäischen Tochtergesellschaften könnte jahrelang Geld beiseitegeschafft worden sein. Diese »Gewinne«, die nie in offiziellen Bilanzen aufgetaucht sind, könnten nun, bevor harte Sanktionen der EU und der USA im Finanzbereich greifen, vom FSB gesichert werden. Neben dem Ziel, die Energieversorgung in Deutschland zu manipulieren, könnte dies ein lukrativer Nebeneffekt der Eigentümerwechsel von Gazprom Germania sein.

Berlin, Sonntag, 3. April 2022

Die Beamten im Wirtschaftsministerium haben sich externen Rat von Unternehmensberatern, Wirtschaftsprüfern und Anwälten eingeholt. Die Möglichkeit, Gazprom Germania in eine technische Insolvenz zu führen, erscheint ihnen zu riskant. Niemand weiß, wie Banken, Kunden und Lieferanten reagieren würden. Zudem könnten Schadensersatzforderungen aus Russland folgen. Laut eines Sprechers des Kreml findet in Berlin gerade eine »gangsterartige Übernahme« von russischem Eigentum statt. Sollte der deutsche Wirtschaftsminister Gazprom Germania tatsächlich quasi enteignen, könnte Putin Nord Stream 1 abschalten.

Um 17:15 Uhr kommt die Krisenrunde im Büro des Abteilungsleiters Philipp Steinberg zusammen. Jetzt müssen Entschlüsse vorbereitet werden. Kurz nach 18 Uhr werden dem Wirtschaftsminister die Optionen vorgestellt. Habeck überlegt etwa zwanzig Minuten und entscheidet sich für eine Maßnahme, die es so noch nie gegeben hat. »Wir machen die Treuhandschaft«, sagt er. Scholz willigt ein. Am **Montag, dem 4. April** wird Gazprom Germania auf Basis des Außenwirtschaftsgesetzes unter die Treuhandschaft der Bundesnetzagentur gestellt. Am **Dienstag, dem 5. April** spricht Putin von »brachialen Maßnahmen« in »einigen europäischen Ländern«, in denen »Verwaltungsdruck« auf Gazprom ausgeübt werde. Den beiden Managern von Gazprom Germania wird in Berlin Personenschutz angeboten. Später werden sie Staatsbürger der BRD. Deutschland hat durch ihre Informationen Schaden abwenden können.

Doch das Kerngeschäft des Kreml läuft weiter. Gazprom schickt täglich etwa 110 Millionen Kubikmeter Erdgas durch seine drei Pipelines nach Europa, fast die Hälfte davon nach Deutschland. Sicherheits-, Wirtschafts- und Russlandexperten fordern ein Embargo, was die Regierung von Olaf Scholz ablehnt. Sie setzt sich stattdessen dafür ein, dass Russlands Gasgeschäfte mit der EU weitergehen. Neue EU-Sanktionen schließen zwar sieben russische Banken vom internationalen Zahlungssystem SWIFT aus. Nicht betroffen sind die größte Bank in Russland (Sberbank) und die Gazprombank, über die russische Gaslieferungen bezahlt werden. Diese gehen trotz der Eskalation des Krieges weiter, auf einem anderen Preisniveau. Im Vergleich zum Vorjahr hat sich der Erdgaspreis an den Spotmärkten verdoppelt. Gazprom nimmt dadurch täglich etwa 90 Millionen Euro aus der EU ein.[7]

Ukraine, Mittwoch, 6. April 2022

Kira Bondar hat in den vergangenen Wochen versucht, so viele Politiker aus EU-Staaten wie möglich von einem Embargo für Gas, Öl und Kohle aus Russland zu überzeugen.

Als sie erfährt, was in Butscha, Borodjanka und Mariupol geschehen ist, erfasst sie Wut. Butscha und Borodjanka, zwei Vororte Kyjiws waren von russischen Truppen besetzt. Bei der Befreiung werden immer mehr Massengräber und Kriegsverbrechen bekannt. Mehr als dreihundert tote Zivilisten, viele Männer, auch Frauen und Kinder, werden in Butscha entdeckt. Einige sind durch Artillerie und Schläge gestorben, die meisten durch Kopfschüsse. Die Hochhaussiedlung in Borodjanka, in der es nur Wohnhäuser und einen Kindergarten gab, wurde durch russische Bomben zum Massengrab. Mariupol, einst wichtige Hafen- und Universitätsstadt, haben russische Truppen eingeschlossen. Sie sind über die Krym und übers Meer vorgerückt. Seit sechs Wochen wird Mariupol mit Artillerie, Bomben und Raketen beschossen. Häuserblocks liegen in Trümmern. Die Einwohner haben keinen Strom, keine Heizung, kein Essen. Auch das Akademische Theater in der Innenstadt, in dem Hunderte Zuflucht gesucht hatten, wurde bombardiert.

Russische Soldaten bezeichnet Bondar fortan als Orks.

Eine Steuererklärung verbrennt im Kamin?

Ribnitz-Damgarten, Donnerstag, 21. April 2022

Im Finanzamt der am Saaler Bodden gelegenen 16 000-Einwohner-Stadt herrscht Aufregung. Die Stiftung Klima- und Umweltschutz MV ist nicht als gemeinnützig anerkannt und dürfte somit keine Steuererleichterungen genießen, haben Recherchen für dieses Buch ergeben. Trotzdem hat sie noch keine Schenkungsteuer für die zwanzig Millionen Euro gezahlt, die ihr von der Nord Stream 2 AG spendiert wurden. Die Hälfte davon hätte seit fast einem Jahr an das Land abgeführt werden müssen. Hat die Stiftung absichtlich keine Erklärung eingereicht, um eine Steuerzahlung zu vermeiden? Erwin Sellering weist das zurück: Man habe die Erklärung rechtzeitig abgegeben und dabei eine Befreiung von der Steuerpflicht beantragt. Das Finanzamt habe die Unterlagen »verloren«.

Kann das sein? Und wo sind die Dokumente? Der Leiter des Finanzamts ordnet eine Innenrevision an. Seine Angestellten lässt er schriftlich erklären, dass sie die Steuererklärung nicht haben.

Ribnitz-Damgarten, Freitag, 22. April 2022
Eine Finanzbeamtin hat auf ihrem Schreibtisch eine Steuererklärung gefunden. »Stiftung Klima- und Umweltschutz« steht darauf. »Jetzt bist du geliefert«, denkt sie. Und: »Die muss weg!« Sie steckt die Papiere ein und holt sie im Wohnzimmer ihrer Mutter wieder raus. Sie ist allein. Im Kamin lodern Flammen. Später wird sie sagen, dass sie die Steuererklärung ins Feuer geworfen hat.

Am Montag gesteht die 26-Jährige ihren Vorgesetzten die Tat. Mindestens zwei Minister aus Manuela Schwesigs Landesregierung werden in Kenntnis gesetzt: die Justizministerin und Heiko Geue, Schwesigs Finanzminister und Vertrauter. Niemand informiert die Öffentlichkeit. Erst fast ein Jahr später wird durch Recherchen für dieses Buch die Geschichte der verbrannten Steuererklärung bekannt.

Offen bleibt zunächst, wie das Finanzamt mit dem Antrag auf Steuerbefreiung umgehen wird. Sellering ist der Meinung, die Stiftung müsse keine Steuern zahlen. Das Finanzamt habe das gegenüber der Stiftung bereits signalisiert, teilt er mit. Da die zwanzig Millionen Euro von Gazprom nur dem gemeinwohlorientierten Umweltteil der Stiftung zugutekommen, seien sie steuerrechtlich ähnlich zu bewerten wie bei einer gemeinnützigen Stiftung ohne Geschäftsbetrieb.

Um der Stiftung, die Schwesigs Imagewandel behindert, finanziell zu schaden, nehme die Landesregierung Einfluss auf die Steuerprüfung des Finanzamtes, lautet Sellerings Vorwurf. Heiko Geue habe nach der Eskalation des Krieges und nachdem die mutmaßliche Steuerpflicht öffentlich geworden ist, »seine Hand auf der Angelegenheit«, sagt der ehemalige Ministerpräsident. Interne Dokumente belegen, dass das Finanzamt die Stiftung tatsächlich von der Steuer befreien wollte. Es wirkt so, als ob Schwesig mit der Stiftung nun aus Gründen des Machterhaltes nichts mehr zu tun haben will. Die von ihrer Regierung beauftragte Juristin Birgit Weitemeyer wird das Kapital der Stiftung als »Blutgeld« bezeichnen. Und im September wird das Finanzamt Ribnitz-Damgarten 9,8 Millionen Schenkungsteuer von der Stiftung fordern.

»Zu keinem Zeitpunkt« sei »im Vorfeld der Gründung der Stiftung über die Frage von Schenkungsteuer gesprochen worden«, wird Schwesig im TV sagen.[8] Interne Dokumente legen das Gegenteil nahe. Am 26. November 2020, als der damalige Energieminister Christian Pegel und Heiko Geue mit der Erarbeitung der Satzung beschäftigt waren, stand im Satzungsentwurf noch, die Stiftung solle »gemeinnützige Zwecke im Sinne des Abschnitts steuerbegünstigte Zwecke« verfolgen.

Schwerin, Mittwoch, 4. Mai 2022

Birgit Weitemeyer hat sich auf den Weg nach Schwerin gemacht. Die Hamburger Rechtsprofessorin und Stiftungsexpertin der privaten Bucerius Law School möchte ihre Arbeit auf einer Pressekonferenz präsentieren. Vor gut fünf Wochen hat sie einen Vertrag unterschrieben. Für einen Stundensatz von dreihundert Euro und eine Höchstvergütung von zehntausend Euro will sie Manuela Schwesig helfen, die mittlerweile störende Stiftung loszuwerden.

Sie möchte betonen, sagt Weitemeyer gleich zu Beginn, dass sie »keine Gefälligkeitsgutachten erstelle«. Schwesig hört zu und wirkt zufrieden. Während Weitemeyer vor der Presse spricht, veröffentlicht die Ministerpräsidentin ein

Foto des 55-seitigen Gutachtens. Nach der Präsentation verspricht sie auf ihrem Social-Media-Kanal: »Die Klima- und Umweltstiftung MV wird aufgelöst.« Und in TV-Kameras sagt sie: »Frau Professorin Weitemeyer hat ihr Gutachten heute vorgestellt. Und ich bin froh, dass es jetzt vorliegt.«

Tatsächlich liegt der Ministerpräsidentin das Gutachten nicht erst jetzt vor. Weitemeyer war bereits vor der heutigen Präsentation in Schwerin, um über den Inhalt des Gutachtens zu sprechen. Zudem hat Weitemeyer am gestrigen Abend einer kleinen Online-Runde, darunter Schwesig, das fertige Gutachten vorab präsentiert.

Nord Stream 2 sei ein Symbol für die prekäre Lage, »die Deutschland durch die zunehmende Abhängigkeit von russischem Gas für die Stromerzeugung in Kauf genommen hat, obwohl bereits seit 2014 deutlich wurde, dass Russland territoriale Bestrebungen in die Ukraine hatte«. Andere Staaten seien »weit weniger abhängig von russischen Gaslieferungen«, hat Weitemeyer laut Recherchen für dieses Buch ursprünglich in ihrem Gutachten geschrieben. Diese und weitere Passagen seien politisch für sie nicht haltbar, soll Schwesig sinngemäß erwidert haben. Offenkundig wollte die Ministerpräsidentin vermeiden, dass im Gutachten steht, dass Putins Krieg bereits mit der Annexion der Krym begann und sie trotzdem eine kremlnahe Politik betrieben hat.

Das Gutachten, das Weitemeyer heute der Öffentlichkeit vorgestellt hat, wurde deshalb gekürzt.

Alarmstufe Gas

Ostsee, Dienstag, 7. Juni 2022

Die Baltic Operations (Baltops) haben begonnen. Rund siebentausend Militärangehörige aus vierzehn Mitgliedsländern der Nato sowie Schweden und Finnland proben unter Führung der US-Marine mit Flugzeugen, Schiffen, Hubschraubern den Kriegsfall in der Ostsee. Russische Streitkräfte, die seit der Kriegseskalation in der Ukraine häufiger im Ostseeraum aktiv sind, haben zeitgleich eine Truppenübung gestartet – nahe der dänischen Insel Bornholm, vor der die Nord-Stream-Stränge verlaufen. Mehr als zwanzig Kriegsschiffe und Boote sind beteiligt, darunter neben Korvetten und Fregatten auch Raketenboote, U-Boot-Zerstörer, Landungsboote sowie U-Boot-Abwehrflugzeuge vom Typ Il-38 und Kampfhubschrauber. Auch die *Sibirjakow*, die den Meeresgrund scannen und Unterwasserdrohnen steuern kann, ist Teil des Manövers. In einigen Tagen wird sie sich vor Bornholm über den Rohren von Nord Stream 1 aufhalten.

Russland, Freitag, 10. Juni 2022

Albina Abayevas Ehemann Vadim ist Soldat, er kämpft in einer russischen Brigade, die versucht, Charkiw einzunehmen. In einem Forum der Social-Media-Plattform Vkontakte schreibt sie auf Russisch: »Gazprom, Sold ist angekommen«.

Seit dem Jahr 2015 ist bekannt, dass russische Militärangehörige Gehalts- und Sonderzahlungen durch die Gazprombank bekommen.[9] Als einziges russisches Bankhaus ist die Gazprombank immer noch nicht umfangreich durch Sanktionen der EU und der USA blockiert. Hauptgrund ist die Abhängigkeit Deutschlands von Russlands Gas und Öl. Am heutigen Tag wird Gazprom nur durch die Gaslieferungen nach Europa rund 185 Millionen Euro einnehmen. Obwohl der Konzern in den nächsten zehn Tagen seine Gaslieferung nochmals um mehr als dreißig Prozent reduzieren wird, werden die Einnahmen nur knapp drei Prozent geringer ausfallen. Es gibt weniger Gas auf dem Markt und mehr Sorgen vor Engpässen im Winter. Beides lässt die Preise in die Höhe steigen.[10]

Berlin, Samstag, 18. Juni 2022

Der niederländische Geheimdienst MIVD hat von einer Quelle aus Kyjiw vor einigen Tagen einen brisanten Bericht erhalten. Demnach plane eine Spezialeinheit, mit einem gemieteten Segelboot auf die Ostsee zu fahren, um die Nord-Stream-Pipelines mit speziellem Gerät zu orten und zu sprengen. Die Operation war für die Zeit der Baltops-Übungen der Nato geplant gewesen. Der MIVD hat seine Geheimdienstpartner in den USA in Kenntnis gesetzt. Dort hat man die Glaubwürdigkeit der Informationen zunächst angezweifelt, unter anderem, da die Quelle in der Ukraine nicht für die Lieferung von verlässlichen Informationen bekannt war. Laut CIA könne es sich um Sabotage handeln, die »entweder von russischen oder von ukrainischen Akteuren ausgeführt« werden solle.

Vorsichtshalber soll die US-Regierung eine Bitte an Kyjiw gerichtet haben: Lasst es bleiben!

Den Hinweis vom MIVD geben die US-Amerikaner auch an den Bundesnachrichtendienst (BND) weiter. In Berlin sieht man den Bericht nicht als relevant an. Die Baltops-Übungen sind am Vortag schließlich ohne Zwischenfall zu Ende gegangen.[11]

Berlin, Donnerstag, 23. Juni 2022

Er möchte darüber informieren, sagt Bundeswirtschaftsminister Robert Habeck, als er um zehn Uhr in seinem Ministerium vor dem Mikrofon steht, dass »wir uns entschieden haben, heute, jetzt, die Alarmstufe Gas auszurufen«. Gas sei »von nun an ein knappes Gut«.

Die Verluste der Energieanbieter wegen der hohen Brennstoffpreise könnten auf Versorger und deren Kunden übergreifen, sagt Habeck. »Wenn dieses Minus so groß wird, dass sie es nicht mehr tragen können, droht der ganze Markt zusammenzubrechen.« Die Folge wäre ein »Lehman-Effekt im Energiesystem«. Die angespannte Situation und die hohen Preise seien eine unmittelbare Folge des russischen Angriffskrieges. Deutschland stehe vor der historisch beispiellosen Situation, dass Industrie und Verbrauchern die Energie auszugehen drohe. Die Lage sei ernst, und: »Der Winter wird kommen.«

Um das Schlimmste zu verhindern, wird die Bundesregierung in wenigen Tagen einen Kredit von 15 Milliarden Euro zur Verfügung stellen. Habecks Mitarbeiter überlegen, zur alternativen Gasbeschaffung einen Teil von Nord Stream 2 zu nutzen. Einige auf deutschem Territorium liegende Röhren könnten vom Rest der Pipeline gekappt und an ein mobiles LNG-Terminal angeschlossen werden.

Auch der ehemalige Gouverneur Kaliforniens, Arnold

Schwarzenegger, meldet sich zu Wort. Die 1300 Geschosse, die Russland in den vergangenen zwei Monaten auf ukrainische Städte gefeuert habe, sagt Schwarzenegger, »kosteten 7,7 Milliarden Euro«. Das sei viel. »Aber in derselben Zeit überwies Europa an Russland 44 Milliarden Euro für Brennstoffe.« Egal, wie man die Situation anschaue, »wir haben Blut an unseren Händen, weil wir den Krieg finanzieren«.[12]

St. Petersburg, Mittwoch, 31. August 2022

Gazprom teilt mit, dass ab drei Uhr für drei Tage kein Gas mehr durch Nord Stream 1 fließen wird – wegen Wartungsarbeiten an einer Turbine von Siemens Energy. Der Grund sei »technisch nicht nachvollziehbar«, sagt der Chef der Bundesnetzagentur. Er halte Verweise auf defekte Turbinen für vorgeschoben.

St. Petersburg, Freitag, 2. September 2022

Der Gasfluss durch Nord Stream 1 bleibe auf unbestimmte Zeit gestoppt, teilt Gazprom mit. Ursache soll nun ein Ölleck an einer Turbine sein. Siemens Energy und die Bundesnetzagentur widersprechen. Solche Leckagen beeinträchtigten den Betrieb nicht und könnten vor Ort abgedichtet werden. Nun ist offensichtlich: Wladimir Putin nutzt das Erdgas für eine Machtdemonstration, um Druck auf Deutschland und die EU auszuüben.

Aus juristischer Sicht ist Gazproms Verhalten riskant. Der Konzern ist vertraglich verpflichtet, Gas nach Europa zu liefern. Sollte ein Schiedsgericht entscheiden, dass aus nicht nachvollziehbaren Gründen die Lieferungen gestoppt wurden, könnte das Strafzahlungen zur Folge haben. Andrij Koboljew vermutet, dass Gazprom bis zu dreißig Milliarden Dollar Strafe drohen. Die EU-Kommissionspräsidentin plädiert für eine andere Konsequenz. Ursula von der Leyen möchte wegen der hohen Energiepreise schnellstmöglich einen Preis-Deckel auf russisches Erdgas einführen. Die deutsche Regierung ist dagegen.

Leipzig, Moskau, Montag, 5. September 2022

Am Vormittag erhöht sich der Handelspreis für Erdgas in Europa um rund 35 Prozent im Vergleich zum Freitag. Der Euro fällt auf den tiefsten Stand seit fast zwanzig Jahren. Aus dem Kreml heißt es, man werde Lieferungen über die Gaspipeline Nord Stream 1 erst dann wieder aufnehmen, wenn der »kollektive Westen« die Sanktionen gegen Russland aufhebt. Diese würden die Wartungsarbeiten erschweren.

Wladiwostok, Mittwoch, 7. September 2022

Beim Östlichen Wirtschaftsforum am Pazifik diagnostiziert Wladimir Putin einen »Sanktionsschüttelfrost« des Westens. Russland baue nichts umsonst, stellt er klar: »Bei Bedarf, bitte schön, werden wir Nord Stream 2 einschalten.« Der russische Botschafter in Deutschland wird in den kommenden Tagen Russlands Angebot mehrfach wiederholen: Statt Nord Stream 1 möchte der Kreml Nord Stream 2 in Betrieb nehmen. Es fehle dafür nur der politische Wille der Bundesregierung.

Die mysteriöse Reise der Andromeda

Warnemünde, Mittwoch, 7. September 2022

Beim Bootsverleih Mola Yachting in Rostock-Warnemünde ist eine Anfrage eingegangen. Mitarbeiter eines Unternehmens aus Warschau, das sich Feeria Lwowa nennt, wollen ein Segelboot mieten.

Feeria Lwowa wurde 2016 als Schokoladenhandelsunternehmen gegründet und 2019 an neue Eigentümer verkauft. Neuer Firmenzweck: Tourismus. Eine Eigentümerin, Diana B., ist eine in Usbekistan geborene Frau mit russischem und ukrainischem Pass. Im Jahr 2016 war sie auf der Krym und wurde vom ukrainischen Staat als »Helferin der russischen Besatzer« bezeichnet. Gegen den Ukrainer Rustem A., der die Finanzen bei Feeria Lwowa steuert, ermittelt die ukrainische Polizei wegen des Verdachts der Beteiligung an einem Geldwäschesystem, das mit Verbindungen nach Russland eine »gewaltsame Änderung oder einen Umsturz […] der Ukraine« herbeiführen will.

Bei Mola Yachting weiß man von diesem Hintergrund nichts. Für die Anmietung beim Rostocker Bootsverleih haben die Feeria-Lwowa-Angestellten einen gefälschten rumänischen Pass verwendet, der ein Foto von Waleri K. enthält, einem aus Dnipro stammenden Ukrainer, der in der 93. Brigade der ukrainischen Armee dient. Mit diesem Dokument, dem Mietpreis und 1500 Euro Kaution haben sie die 15,57 Meter lange und 4,61 Meter breite Segelyacht *Andromeda* bekommen, eine Bavaria Cruiser 50 mit fünf kleinen Kabinen. Gestern ist sie mit sechsköpfiger Crew, einer Frau und fünf Männern, in Warnemünde in See gestochen.

Kołobrzeg, Montag, 19. September 2022

Die *Andromeda* wurde in den vergangenen Tagen in Wiek auf Rügen, im Hafen der dänischen Insel Christiansø und im schwedischen Hafen von Sandhamn gesichtet. Am heutigen Tag hat ihre Crew im polnischen Hafen Kołobrzeg, der teilweise per Videokamera überwacht wird, einen Zwischenstopp eingelegt. Dabei wird die Crew von polnischen Beamten kontrolliert. Mehrere Hafenmitarbeiter werden später sagen, die Kontrolle sei ungewöhnlich gewesen. Die Behörden interessierten sich normalerweise nicht für kleinere Yachten aus EU-Staaten wie die *Andromeda.*

Ostsee vor Bornholm, Mittwoch, 21. September 2022

Nahe der dänischen Insel ist seit drei Tagen eine russische Flotte unterwegs, darunter Spezialschiffe zur Unterwasser-Sabotage, vergleichbar mit der *Sibirjakow*. Der Schlepper *SB-123*, der Gegenstände vom Meeresgrund bergen kann, und das Rettungsschiff *SS-750*, das mit einem Mini-U-Boot ausgerüstet ist, gehören zur Mission. Auch Kampfschwimmer der 313. Spezialkräfteeinheit der Spetsnaz vom Stützpunkt Baltijsk in Kaliningrad sind am Einsatz beteiligt. Die Elitesoldaten wurden für Sprengstoff- und Sabotageoperationen unter Wasser ausgebildet.

Warnemünde, Samstag, 24. September 2022

Als die Mitarbeiter von Mola Yachting am Morgen die *Andromeda* wiedersehen, sind sie verdutzt. Die Segelyacht dümpelt verlassen im Hafenbecken. Auf der Badeplattform am Heck bemerken sie Kratzer und Dellen. Niemand ist an Bord. Die Crew hat sich aus dem Staub gemacht, ohne sich die Kaution zurückzuholen.

Montag, 26. September 2022, 2:03 Uhr

Vom etwa neunzig Meter tiefen Grund der Ostsee schießt Gas an die Meeresoberfläche, die vor Bornholm zu sprudeln beginnt. Methan entweicht in die Luft und bildet eine Wolke. Das Leck befindet sich an einem Rohr von Nord Stream 2 südlich vor der Küste der dänischen Insel. Es ist der Pipeline-Abschnitt, wo die Bauarbeiten im Dezember 2019 wegen der US-Sanktionen gestoppt und später durch die russischen Schiffe *Akademik Tscherskij* und *Fortuna* vollendet worden sind. Auch das zweite Rohr von Nord Stream 2 wird durch eine Sprengung beschädigt. Es reißt jedoch nicht auf.

Gegen 8:30 Uhr erreicht eine E-Mail aus dem Büro der Nord Stream AG die schwedische Küstenwache. »An beiden Landungsstellen wird ein Druckabfall beobachtet, wobei der Druck in Deutschland schneller abfällt. Das Leck befindet sich wahrscheinlich im westlichen Abschnitt der Offshore Pipeline.« Zwei Stunden später leiten die Schweden die E-Mail intern weiter.

19:03 Uhr, etwa achtzig Kilometer weiter nördlich

17 Stunden nach dem ersten Vorfall kommt es innerhalb von zwanzig Sekunden zu weiteren Detonationen. Beide

Röhren von Nord Stream 1 sind nun betroffen. Der zerstörte Strang von Nord Stream 2 wird erneut beschädigt.

Die Ereignisse lösen in vielen Nachrichten-Agenturen und -Redaktionen Eilmeldungen aus. Fotos und Videos des an die Meeresoberfläche sprudelnden Gases verbreiten sich auf der ganzen Welt. Das norwegische Institut für Seismologie Norsar, das auf Erdbeben und Nuklearexplosionen spezialisiert ist, schätzt das Gewicht der Sprengladungen der zweiten Detonation auf siebenhundert Kilogramm.

Die Explosionen haben sich in den Wirtschaftszonen Dänemarks und Schwedens ereignet, knapp außerhalb der Hoheitsgewässer des Nato-Mitglieds und Nato-Beitrittskandidaten.

Bevor der Tag endet, pustet Petro Poroschenko Kerzen auf einem Kuchen aus und wünscht sich etwas. Der heutige Tag ist der 57. Geburtstag des ehemaligen Präsidenten der Ukraine.

Dienstag, 27. September 2022

Dieser Sabotageakt sei »wahrscheinlich die nächste Stufe« der Kriegseskalation, sagt Polens Regierungschef Mateusz Morawiecki.

Alles deute darauf hin, heißt es in einer Stellungnahme der Nato, dass die Pipelines zum Ziel von »vorsätzlichen, rücksichtslosen und unverantwortlichen Sabotageakten« geworden seien. Jeder vorsätzliche Angriff auf kritische Infrastruktur werde mit einer »gemeinsamen und entschlossenen Reaktion« beantwortet.

Der Kreml teilt mit, die »Energieversorgung des ganzen Kontinents« sei nun in Gefahr. In Deutschland, wo bei Temperaturen im einstelligen Bereich viele Heizungsanlagen schon laufen, verstärken sich die Befürchtungen. Menschen haben Angst, sich im Winter den Betrieb der Heizung nicht leisten zu können. Sie haben Sorge, dass hohe Energiekosten Unternehmen in die Insolvenz führen und dass Arbeitsplätze wegfallen könnten.

Für Kira Bondar sind die Nachrichten ein Grund zur Freude. Wladimir Putin habe Nord Stream 1 selbst kurzzeitig geopfert, glaubt sie, mit dem Kalkül, dass dies vielen in der EU leidtun und die Reparatur nicht lange dauern werde. Sie hofft, dass auch die Deutschen diese Strategie verstehen werden.

Russland-Dinner in der deutschen Botschaft

Moskau, Mittwoch, 12. Oktober 2022

»Das ist ein Akt des internationalen Terrorismus, ein zutiefst gefährlicher Präzedenzfall«, sagt Wladimir Putin auf der russischen Energiewoche. Ziel der Explosionen sei es, die Beziehungen zwischen der EU und Russland endgültig zu zerreißen und Europa zu schwächen.

Sein Energieminister hat schon in der vergangenen Woche Gaslieferungen über die intakte Nord-Stream-2-Röhre angeboten. Jetzt wiederholt Putin das Angebot und erwähnt, dass der Strang 27,5 Milliarden Kubikmeter Gas pro Jahr transportieren könne, »was etwa acht Prozent der europäischen Gasimporte entspricht«. Den Rest des »verloren gegangenen Umfangs des Gastransits« könne Gazprom durch Turk Stream in die EU leiten. Russland sei bereit, mit den Lieferungen zu beginnen. Der Ball liege nun im Feld der Europäischen Union.

Mittwoch, 8. Februar 2023

Hat die Ukraine sich für unzählige Kriegsverbrechen gerächt? Haben die USA oder Polen Nord Stream beschädigt? Oder hat Moskau in der Ostsee eine neue Front eröffnet? Fast ein halbes Jahr nach den Detonationen sind die Hintergründe der Anschläge ungeklärt. Der US-amerikanische

Investigativjournalist Seymour Hersh veröffentlicht auf seiner Website einen Text mit der Überschrift »Wie Amerika die Nord Stream-Pipeline lahmlegte«.[13] Darin beschreibt er, wie in den Vereinigten Staaten ausgebildete Taucher mit Schiffen auf die Ostsee vor Bornholm gebracht worden seien und Ladungen mit C4-Sprengstoff an den Pipelinerohren befestigt haben sollen. Er behauptet, dass Norwegen und weitere Länder, die an den Baltops-Übungen teilgenommen haben, von dem Plan gewusst haben, den Joe Biden genehmigt haben soll. Eine von einem norwegischen Flugzeug am 26. September 2022 abgeworfene Boje hat angeblich die Sprengladungen gezündet.

Zahlreiche internationale Medien kritisieren Hersh. Er habe journalistische Sorgfaltspflichten verletzt, da er seine Behauptungen auf nur eine anonyme Quelle stütze; seine Ausführungen seien widersprüchlich, heißt es. Anhand von Verkehrsdaten kann beispielsweise nicht belegt werden, dass sich Schiffe der US-Marine über den späteren Explosionspunkten bewegt haben oder dass ein norwegisches Flugzeug am 26. September 2022 über der Ostsee geflogen ist. Zuspruch bekommt Hershs Theorie, die von russischen Medien rasch verbreitet wird, von Politikern wie Sahra Wagenknecht, Tino Chrupalla (AfD) sowie von Wladimir Putin. Am 15. und am 16. Februar 2023 fordern der russische Außenminister Sergej Lawrow und sein chinesischer Kollege Wang Wenbin die Medien auf, sich mit den »Beweisen« in Hershs Darstellung zu befassen. Russland nimmt den Artikel zum Anlass, um eine Sitzung des UN-Sicherheitsrates einzuberufen und die USA zu beschuldigen.

Dienstag, 7. März 2023

»Nachrichtendienstliche Erkenntnisse legen nahe, dass pro-ukrainische Gruppe Pipelines sabotiert hat«, lautet die Überschrift eines Artikels der *New York Times*.[14] Wenig später veröffentlicht *Die Zeit* einen ähnlichen Beitrag. Unter dem Titel »Nord-Stream-Ermittlungen: Spuren führen in die Ukraine« behauptet der Autor, Ermittler hätten das Boot identifiziert, »von dem aus die Anschläge auf Nord Stream ausgeführt wurden«.[15] Im Text wird die Reiseroute der *Andromeda* vor den Detonationen beschrieben.

Die beiden Artikel unterscheiden sich im Wesentlichen in zwei Punkten: Laut *New York Times* waren die Saboteure »höchstwahrscheinlich ukrainische oder russische Staatsbürger«. Zudem schreibt die US-Zeitung, es lägen keine Beweise vor, dass der ukrainische Präsident oder seine engsten Mitarbeiter an der Operation beteiligt waren. Diese Hinweise fehlen im deutschen Artikel. Dafür kennt *Die Zeit* ein Detail der Ermittlungsarbeit: Auf dem Tisch in der *Andromeda* haben Ermittler Spuren von Sprengstoff nachweisen können.

Angesprochen auf die These, die Crew der *Andromeda* habe auf Anweisung Kyjiws gehandelt, wird Wolodymyr Selenskyj einige Tagen später sagen, die Ukraine habe nichts dergleichen getan. Er sei der Oberbefehlshaber der Armee, habe von der Aktion nichts gewusst und würde so etwas niemals anordnen.

Kopenhagen, Freitag, 28. April 2023

Das dänische Verteidigungsministerium bestätigt eine Anfrage der dänischen Tageszeitung *Information*. Demnach gibt es Beweise, dass das russische Spezialschiff SS-750, das mit einem Mini-U-Boot ausgerüstet ist, vier Tage vor den Detonationen mit anderen russischen Schiffen in der Nähe der Nord-Stream-Rohre war. Ein dänisches Patrouillenboot habe 26 Bilder der SS-750 gemacht, teilen die Dänen mit. Es sei »sehr wahrscheinlich, dass diese Schiffe an der Sabotageaktion beteiligt waren«, sagt Joakim von Braun, ein ehemaliger schwedischer Nachrichtendienst-Mitarbeiter.[16]

Für Andrij Koboljew ist es unvorstellbar, dass Gazprom nicht weiß, wer die Sprengsätze platziert hat. Er hält eine weitere These für möglich: Russland könnte den Sprengstoff bereits beim Bau der Pipeline befestigt haben. Diese Methode sei ein Erbe der Sowjetunion. Es sei üblich gewesen, an jeder neu errichteten kritischen Infrastruktur Sprengstoff anzubringen, sagt Koboljew. »Weil sie im Kriegsfall schnell zerstört werden musste.« Als die *Akademik Tscherskij* ab 2020 die Bauarbeiten an der Pipeline fortgesetzt hat, sollen sich russische Militärschiffe der Baustelle genähert haben.

Die Sprengung hat laut Koboljew zwei Vorteile für den Kreml. Im Fall von »höherer Gewalt« oder eines Sabotageakts durch ein anderes Land muss Gazprom für deshalb ausbleibende Gaslieferungen nicht haften. Und wenn die Menschen in Europa unter hohen Energiepreisen leiden, wählen sie womöglich Politiker ab, die die Sanktionen gegen Russland unterstützen.

Ostsee, Sonntag, 8. Oktober 2023

Um kurz vor zwei Uhr morgens bemerken Gasgrid Finland und der estnische Gasnetzbetreiber Elering einen Druckabfall im Balticconnector. Die 152 Kilometer lange Gaspipeline verbindet beide Länder durch die Ostsee und ist die einzige Pipeline, die den Nato-Beitrittskandidaten Finnland mit

Erdgas versorgt. Zeitgleich werden Störungen im zentralen Datenkabel zwischen Finnland und Estland festgestellt. Wahrscheinliche Ursache: Die *Newnew Polar Bear*, die aus Kaliningrad kam und Balticconnector gekreuzt hat. Zum Zeitpunkt der Vorfälle war ansonsten nur die unter russischer Flagge fahrende *Sevmorput* in der Nähe des Tatorts, eines der letzten aktiven Atom-Frachtschiffe. Die *Newnew Polar Bear*, ein chinesisches Containerschiff, das unter der Flagge Hongkongs mit einer russischen Crew unterwegs ist, hat offenbar mit einem sechs Tonnen schweren Anker die Pipeline und das Datenkabel zerstört. Laut Recherchen aus Polen soll die *Sibirjakow*, die den Meeresgrund scannen kann, vor den Ereignissen mindestens dreimal in der Nähe der Balticconnector-Pipeline gewesen sein. Russland wird jedwede Verbindung zu den Vorfällen zurückweisen, China einen Sturm als Ursache angeben.

Washington, Dienstag, 24. Oktober 2023

Der neue deutsche Botschafter in den USA hat amerikanische Russlandexperten eingeladen. Teilnehmer der Dinner-Runde ist auch Wolfgang Schmidt, der wohl engste Vertraute Olaf Scholz', der im Oktober 2021 eine Zertifizierung von Nord Stream 2 befürwortet hat und mittlerweile Kanzleramtsminister sowie Beauftragter für die Nachrichtendienste ist.

Gesprächsthema des Abends ist der seit fast zehn Jahren andauernde Krieg in Europa. Die Ukraine befindet sich in einer schwierigen Lage. Eine Offensive im Sommer und Herbst hat keinen Durchbruch gebracht. Vieles deutet auf einen langen, blutigen Stellungskrieg hin. Weil Scholz nach seiner Zeitenwende-Rede sehr lange gezögert hat, der

Ukraine Panzer und andere Waffen zu liefern, hat es hinter den Kulissen auch zwischen Washington und Berlin Spannungen gegeben. Aussagen von Scholz und Schmidt, die Ukraine könne den Kampfpanzer Leopard 2 unmöglich instand halten und »Eiserne Kreuze« darauf könnten den Eindruck erwecken, die Nato, also Deutschland, sei in den Krieg eingetreten, stießen auf Unverständnis. In Washington kursiert der Verdacht, das Kanzleramt zögere mit der Unterstützung, da es heimlich damit beschäftigt sei, den ukrainischen Präsidenten zu einer Verhandlungslösung zu bewegen – auch wenn dadurch die Krym oder der Donbas an Russland fallen würden. Dass allein in Kyjiw über die Zukunft der Ukraine entschieden werde, sei lediglich ein Spruch für die Öffentlichkeit, räumen deutsche Diplomaten ein.

Beim Abendessen in der deutschen Botschaft lobt Schmidt ausdrücklich Überlegungen, die Denkräume für einen Verhandlungsfrieden öffnen – so werden sich später mehrere Teilnehmer zitieren lassen.[17] Einige sind über Schmidts Aussagen so verwundert, dass sie den Abend als Deutschlands »Russland-Dinner« in Erinnerung behalten.

München, Sonntag, 18. Februar 2024

Im Bayerischen Hof endet die 60. Münchener Sicherheitskonferenz. Während der internationalen Tagung haben russische Medien den Tod Alexej Nawalnys gemeldet. Laut Gefängnisleitung hatte der Inhaftierte sich »nach einem Spaziergang unwohl« gefühlt.

Die Sicherheitskonferenz wird von einer Rede Julija Nawalnajas, der Ehefrau des Getöteten, und der Taurus-Debatte überlagert. Seit neun Monaten bittet die ukrainische Regierung um die Lieferung der deutschen Marschflugkörper, mit denen sie russische Logistik weit hinter der Front treffen könnte. Olaf Scholz und Wolfgang Schmidt lehnen das ab. Die Debatte erinnert an die Überlegungen, ob Deutschland der Ukraine Panzer liefern sollte.

Auf der Sicherheitskonferenz hat Schmidt auch einen Journalisten der *Zeit* getroffen. Die beiden haben am Kickerturnier der Sicherheitskonferenz teilgenommen. Schmidt, der als Scholz' »Spin-Doktor« bezeichnet wird, weil er in der »Cum Ex«-Affäre an Medienberichten mitgewirkt haben soll, sagt, der »Austausch mit Journalisten« gehöre zu seinem Geschäft.[18]

Dienstag, 2. Juli 2024

Wolfgang Schmidt kündigt an, in den kommenden Tagen einen Journalisten des *Wall Street Journal* anzurufen.

Mittwoch, 14. August 2024

Das *Wall Street Journal* veröffentlicht eine neue Recherche. Titel: »Die wahre Geschichte über die Sabotage der Nord Stream-Pipeline«.[19] Darin wird ein Treffen in Kyjiw beschrieben, das knapp fünf Monate vor der Sprengung stattgefunden haben soll. Ukrainische Militärs und Oligarchen sollen bei einer Feier betrunken den Plan geschmiedet haben, eine Segelyacht zu mieten und mit einer sechsköpfigen Crew die Nord-Stream-Pipelines zu sprengen. Der Autor beruft sich auf eine namentlich nicht genannte Person, die an der Runde beteiligt gewesen sein soll, und drei weitere, die davon Kenntnisse gehabt haben sollen. Angeblich hat der ukrainische Präsident den Plan zur Sprengung gekannt und anfangs gebilligt.

Am selben Tag erscheint auch in der *Zeit* ein neuer Artikel: »Ist das Rätsel um den Ostseeanschlag gelöst?«, lautet die Überschrift.[20]

Wie im *Wall Street Journal* steht in der *Zeit*, dass deutsche Ermittler offenbar das Auto identifiziert haben, das die Crew der *Andromeda* von Polen nach Deutschland benutzt hat. Ein weißer Citroën soll an einer Blitzstelle in Deutschland fotografiert worden sein, angeblich zeigt das Foto den ukrainischen Tauchlehrer Wolodymyr S., der an Bord der *Andromeda* gewesen und Bomben auf den Grund der Ostsee gebracht haben soll.

Der Generalbundesanwalt, der wegen des Verdachts verfassungsfeindlicher Sabotage und anderer Straftaten ermittelt, hat wegen der politischen Relevanz der Ermittlungen einen nicht öffentlichen Haftbefehl gegen Wolodymyr S. ausgestellt. Dadurch sollen Spekulationen vermieden werden, die Auswirkungen auf den Krieg haben.

Beide Artikel haben Details der deutschen Ermittlungsarbeit enthüllt, die nur einem sehr kleinen Personenkreis bekannt waren, darunter Mitarbeitern des Bundeskanzleramtes.

»Wie würde man umgehen mit einem Land, das die Infrastruktur zerstört hat, über die sich Deutschland maßgeblich mit Gas versorgen wollte? Würden die Waffenlieferungen gestoppt? Diese Fragen stellen sich nun, nach Bekanntwerden des Haftbefehls gegen einen ukrainischen Staatsbürger, mehr denn je«, heißt es im Artikel der *Zeit*. Ganz sicher sei, ergänzt einer der Autoren in einem Radiointerview, dass »für die Bundesregierung in Berlin nun die Frage im Raume steht, mit welchem Verbündeten sie es da eigentlich zu tun hat«.

Die Debatte über eine mögliche Lieferung von Taurus-Marschflugkörpern an die Ukraine gilt seit der vermeintlichen Lösung des Nord-Stream-Rätsels vorerst als beendet.

VIII

Nachwort: Über einen historischen Fehler

Auf den bisherigen Seiten ist dokumentiert, wie Geld aus Russland deutsche Behörden, Kultureinrichtungen, Sportvereine, Journalisten, Segelregatten, Orchester, Grundschulen, wissenschaftliche Institute, einen Freizeitpark und eine landeseigene Stiftung zum verlängerten Arm des Kreml machte. Dutzende deutsche Volksvertreter und Volksvertreterinnen setzten sich bis zum Februar 2022 für die Energieaußenpolitik Russlands ein, einige ähnlich dreist wie Gerhard Schröder, andere noch »schlauer«.

Damit ein Bundesland wie Mecklenburg-Vorpommern zum »Vorposten« des Kreml werden konnte, flossen mehr als zweihundert Millionen Euro an die deutsche Ostseeküste. Nirgends arbeitete Gazprom so eng mit dem deutschen Staat zusammen wie in Schwerin.

Der Schlüssel dafür war strategische Korruption. Sie umfasste mehr als Geldzahlungen an Einzelne, richtete sich an Vereine, Stasi-Netzwerke und war Teil einer modernen Kriegsführung, die drei Ziele hatte: deutsche Abhängigkeit von russischem Gas, Spaltung der EU und Re-Kolonialisierung der Ukraine.

Lange funktionierte dieser Plan: Behördenmitarbeiter gaben geheime Sicherheitsdaten der Nato nach Russland weiter und genehmigten eine Stabilitätsprüfung für Nord Stream 2, die von deutschen Fachleuten nicht anerkannt war. Ministerpräsidenten arbeiteten eng mit einem ehemaligen Spion der Stasi zusammen und unterstützten Russlands Aufrüstung. Minister verschwiegen Umweltverschmutzungen, verkauften Deutschlands Erdgasspeicher an Gazprom und zeichneten die Nord Stream AG mit einem staatlichen Preis aus.

Der Einsatz des Kreml zahlte sich auch direkt aus. Für Erdgas aus Russland überwiesen deutsche Unternehmen seit Beginn des Krieges in der Ukraine im Jahr 2014 mehr als 104 Milliarden Euro. Für Öl und Kohle kamen erhebliche Summen dazu. Geld, das der Kreml wiederum zur Finanzierung des Krieges nutzen konnte. Bis zu einem Drittel der russischen Militärausgaben waren so pro Kriegsjahr gedeckt.

Warnungen vor der Erdgas-Falle gab es früh und viele. Hätte die Bundesrepublik auf Nachbarländer wie Polen gehört oder das EU-Recht respektiert, wäre Nord Stream 2 nicht gebaut worden. Die Europäische Union unterstützte den Alleingang Deutschlands nicht. Putin gehe es um Macht und nicht primär um die Wirtschaft, haben Wissenschaftler, Journalisten, Geheimdienstler gewarnt. Wenn er zwischen einer Pipeline und der Ukraine wählen müsse, werde er sich für einen großen Krieg entscheiden.

Ein historischer Fehler ist der deutsch-russische Pipeline-Pakt vor allem aus Perspektive der Ukraine. Zur Erinnerung: Ukrainisches Territorium stand im Mittelpunkt des deutschen »Lebensraum im Osten«. Während die Wehrmacht im Zweiten Weltkrieg für relativ kurze Zeit weniger als zwölf Prozent des sowjetrussischen Gebietes besetzte, hielt sie die Sowjet-Ukraine die meiste Zeit des Ostfeldzuges komplett unter Kontrolle. Ukrainische »Untermenschen« (NS-Rassenlehre) dienten dem Dritten Reich als Arbeitssklaven.

»Die Schönheit der Krym«, schwärmte Adolf Hitler im Jahr 1941, »uns erschlossen durch eine Autobahn: der deutsche Süden«.

Etwa acht Millionen Menschen starben durch Deutschlands Krieg in der Ukraine. Stichwort: *Holocaust durch Kugeln*. Die ukrainische Kolonie, so Hitlers Plan, sollte Deutschland langfristig mit Arbeitskräften und Rohstoffen versorgen.[1]

Ein wichtiger Rohstoff der jüngeren Geschichte ist Erdgas. Und so fasziniert wie der junge Hitler bereits 1918 von einer deutschen Besetzung der Ukraine war, so überzeugt ist der heutige russische Präsident, dass die Ukraine in sein Imperium gehört. Putin will die Ukraine entukrainisieren. In Teilen ist ihm das mit Geld aus Deutschland bereits gelungen.

Schon Nord Stream 1 war zu keinem Zeitpunkt ein »rein wirtschaftliches Projekt«, wie es Angela Merkel, Frank-Walter Steinmeier und Sigmar Gabriel auch über Nord Stream 2 per »Sprachregelung« verbreiten ließen. Die Überlegungen in der deutschen Hauptstadt gingen allerdings offenbar noch weiter. Einige Wochen nachdem die Bundeskanzlerin im Jahr 2018 den russischen Präsidenten in Deutschland empfangen hatte, landete eine ukrainische Delegation in Berlin. Ihr Ziel war es, über Putins Ziele aufzuklären. Manuela Schwesig, die Ministerpräsidentin Mecklenburg-Vorpommerns hatte dafür keine Zeit. Sie feierte den durch Steuergeld sowie Zuwendungen der Nord Stream 2 AG finanzierten Russlandtag mit neunhundert Gästen und unterzeichnete Industrie-Abkommen mit ihren russischen Partnern – etwa über die gemeinsame Entwicklung von Drohnen.

Die ukrainische Delegation hatte einen Termin im Kanzleramt, wo sie warnte, dass mit Nord Stream 2 eine große Invasion Russlands wahrscheinlicher werde und sehr viele Kriegsflüchtlinge nach Deutschland kommen würden. Doch für die Deutschen war das nichts Neues. Man sei bis dato zwar von geringeren Flüchtlingszahlen ausgegangen, so die sinngemäße Antwort, aber man werde etwas mit ihnen anzufangen wissen.

In der Machtzentrale der Bundesregierung hat man mit Kriegsflüchtlingen aus der Ukraine gerechnet. Ob die damalige Bundeskanzlerin in diese Berechnungen einbezogen war, wissen wir nicht. Merkel hat es abgelehnt, im Zuge dieser Publikation für Aufklärung zu sorgen.

In einem *Spiegel*-Interview über ihre Memoiren sagte sie im Herbst 2024, in einer Demokratie sei Politik nie machtlos gegenüber Unternehmen. Sie meinte die Bankenkrise, die Eurokrise und die Weltwirtschaftskrise, in denen die Politik als letzte Instanz »die Dinge geradebiegen konnte«. Nichts spiegelt Merkels gescheiterte Osteuropa-Politik mehr, als der Fakt, dass die mächtigste Frau Europas im Gegensatz dazu Gazprom agieren ließ und sogar unterstützte.

Merkels Bundeswirtschaftsminister Peter Altmaier jubelte im Jahr 2019, als er die Strategie »Gas 2030« vorstellte: »Gas ist sexy.«[2] Polens Verteidigungsminister Radosław Sikorski hatte den Nord-Stream-Deal da längst in einem Atemzug mit dem Hitler-Stalin-Pakt genannt.

Was daraus folgt? Egal, wer für die Sprengung von drei der vier Offshore-Röhren verantwortlich ist: Das Thema Nord Stream wird Deutschland noch auf Jahre außenpolitisch, vor allem in der EU, schaden. Und da der Umstieg auf erneuerbare Energien jahrelang verschleppt wurde, wird die erdgasverwöhnte Wirtschaft der Bundesrepublik noch lange schwächeln.

Etwa 1,2 Millionen Menschen sind mittlerweile aus der Ukraine nach Deutschland geflohen* und Hunderttausende im schlimmsten Krieg auf dem europäischen Kontinent seit 1945 gestorben. Die Geschäfte deutscher Industrieunternehmen wären ohne russisches Gas für das wirtschaftlich stärkste EU-Mitglied anders verlaufen oder ausgeblieben. Über diese Zusammenhänge wird zu diskutieren sein.

* Redaktionsschluss für dieses Buch war Oktober 2024

Danksagungen

Für die Recherche haben wir zehntausende geheime Dokumente ausgewertet und mehr als hundert vertrauliche Gespräche mit Insiderquellen geführt – in Berlin, Schwerin, Greifswald, Rostock, Wismar, Marbella, Sassnitz, Brüssel, New York und Kyjiw. Das Ergebnis ist eine Dokumentation der Affäre Nord Stream, mit der wir hoffentlich zur Aufklärung beitragen. Ohne den Mut derjenigen, die sich als Whistleblower an uns gewandt haben, hätten wir weitaus weniger enthüllen können: Vielen Dank für das Vertrauen.

Unsere Arbeit baut auf empfehlenswerten Büchern von Catherine Belton,[3] Jens Høvsgaard,[4] Jürgen Roth,[5] Reinhard Bingener, Markus Wehner[6] und Marion van Renterghem[7] auf. Wir danken zudem Bo Elkjær, Niels Fastrup, Lisbeth Quass, Frederik Obermaier, Bastian Obermayer, dem Dossier-Center, Burkhard Bley stellvertretend für alle engagierten Mitarbeiter in den Stasi-Unterlagenarchiven und dem Team von Paper trail media für die freundliche Unterstützung; Michaela Skott für die Hilfe bei unserem Whistleblower-Aufruf; unserem Lektor Christoph Selzer und unserem Verleger Tom Kraushaar für geduldige Begleitung und den Glauben an dieses Projekt; Gudrun Bernhardt für wichtige Hinweise und stilistische Korrekturen; der Stiftung für deutsch-polnische Zusammenarbeit; unserer Agentin Heike Specht; Kira Bondar, Klaus-Dieter Borchardt, einem ehemaligen Abteilungsleiter eines Gazprom-Unternehmens, Andrij Koboljew, Burckhard Bergmann, Andreas Steininger, Malte Heynen und Rica Münchberger für lange Gespräche.

Ein besonderer Dank geht an James Reed, der sich dem Thema Nord Stream bewundernswert gewidmet und seine Recherchen mit uns geteilt hat. Unser größter Dank gilt Weike Hendrich, die uns eineinhalb Jahre intensiv in fast täglichen Gesprächen beim Auswerten unzähliger Dokumente geholfen hat. Sie war eine enorme Bereicherung. Ohne unsere »Walking Timeline« wäre dieses Buch nicht das, was es ist.

▪ ▪ ▪

Ich danke meinem Ressortleiter Lars Petersen, meinen Chefredakteuren Kayhan Özgenç und Jakob Wais, meinen Ressortkollegen Joana Lehner, Josh Groeneveld und Louis Westendarp sowie allen Kolleginnen und Kollegen beim Business Insider. Alexander Marguier und der Cicero-Redaktion, Jörg Seifart, Benedikt Schuler, Michael Steiger für die Hospitalität, Oliver Schröm, Polina Slyusar, Nefeli Kavouras, Anne Küpperbusch und Johannes Blohm für Feedback, Freundschaft und Gespräche, meinen Geschwistern sowie meinen Eltern fürs Dasein (im doppelten Sinne). Mein größter Dank gilt Cindy, Flora und Pixie für die Liebe und das gegenseitige Rückenfreihalten.

Ulrich Thiele

▪ ▪ ▪

Als der Petersburger Dialog im großen Saal des Roten Rathauses in Berlin stattfand (Seite 217), schickte mich mein damaliger Ressortleiter dorthin. Ich erzählte ihm von den Rechercheergebnissen, und er forderte mich auf, einen Kommentar mit Fokus auf den deutschen Ko-Vorsitzenden der Veranstaltung zu verfassen. An einem Freitag im November 2017 erschien der zuvor redigierte Artikel. Am folgenden Montag suchte der Vorgesetzte das Gespräch. Weil sich über das Wochenende eine wichtige Person beim Chefredakteur von ZEIT ONLINE über den Kommentar beschwert hatte, musste der Ressortleiter mir mitteilen, dass ich bis auf weiteres nicht mehr über »Russland« schreiben soll. Diese Botschaft soll ihm der Chefredakteur mitgegeben haben. Mich traf das. Zuvor hatte ich als Reporter mehrfach Russland bereist, versucht, dafür die Sprache zu erlernen, und zahlreiche Artikel geschrieben. Zu Veranstaltungen war ich als Russland-Experte der Redaktion eingeladen worden.

Einige Monate später fragte eine journalistische Rechercheplattform aus Österreich, ob ich bei einer ausführlichen Recherche über Nord Stream helfen könnte. Ich bat meine Vorgesetzten um einen Monat unbezahlten Urlaub, was abgelehnt wurde.

Ohne diese Erfahrungen wäre dieses Buch vermutlich nicht entstanden. Bevor Russlands Krieg im Februar 2022 eskalierte, hatten Journalisten, die darüber kritisch berichteten, Probleme – durch Drohungen und Beleidigungen von außen und in Bezug auf die innere Pressefreiheit. Kolleginnen und Kollegen haben mir davon berichtet. Dieses Buch ist ihnen sowie allen aufrichtigen Journalistinnen und Journalisten besonders aus Russland und der Ukraine gewidmet.

Persönlicher Dank gilt meinen aufrechten Kollegen bei der Zeit; Jörg Nabert, der bereits mein zweites Buch klug verbessert hat; Christo Grozev, Mykhailo Gonchar, Pawlo Klimkin, Arsenij Jazenjuk, Anastasia Kirilenko, Alexandra Kovaleva, Hajo Obuchoff für den Austausch; Natalia B. , Dirk F., Jakub Kalenský, Lily B., Tom R., Egon Huschitt und Olena für Hilfe und Mut; meinen Freunden Nikita Afansjew, Martin Wähler, Heiko Lietz, Marta Sydoryak, Marian Prysiazhniuk, Christian Radom, Robert Blohm, Tetiana Kozhukharenko, Kirill Maikhopar, Martin Kraus, Eberhard Spohd, Lisa Murken, Felix Lill für Asyl, Lektorat sowie Hilfe; und meinen drei Lieblingsmenschen für Liebe.

Steffen Dobbert

Quellen und Anmerkungen

Vorschau: Der Tag vor der Eskalation

1 Steffen Dobbert: *Ukraine verstehen*, Klett-Cotta 2022, Seite 183

2 In diesem Buch wird die eingedeutschte ukrainische Schreibweise von ukrainischen Namen und Orten verwendet. Die Hauptstadt der Ukraine wird demnach Kyjiw geschrieben, was ausgesprochen fast so wie Kiew klingt.

I Ein Volksaufstand und seine Folgen

1 Uwe Klussmann, Jörg R. Mettke: »Die Duma tanzt«, in: *Der Spiegel*, 2000

2 Arkady Ostrovsky: »Gazprom acts as lever in Putin's power play«, in: *Financial Times*, 2006

3 Pavel Felgengauer: »Verteidigung von Öl- und Gasleitungen«, in: *Novaya Gazeta*, 2003

4 Markus Wehner: »Die Wirklichkeit verliert ihre Bilder«, in: *Frankfurter Allgemeine Zeitung*, 2001

5 Jürgen Roth: *Gazprom – das unheimliche Imperium*, Piper 2013, Seite 11

6 Erst durch Leonid Krawtschuk, der zu Sowjetzeiten 30 Jahre lang als Apparatschik der kommunistischen Partei gedient hat. Dann durch Leonid Kutschma, der vor 1991 als Parteisekretär und Generaldirektor im größten Raketenkonzern der UdSSR gearbeitet hat.

7 Holger Stark: »Liebesgrüße aus Moskau«, in: *Der Spiegel*, 2005

8 »New Gas Pipeline To Skip Ukraine«, in: *The Moscow Times*, 2000

9 Jonathan Stern: »The Russian-Ukrainian gas crisis of January 2006«, Oxford Institute for Energy Studies, 2006

10 »Q&A: Ukraine gas row«, *bbc.co.uk*, 2006
11 »Die Gazprom-Schaltzentrale«, in: *Frankfurter Rundschau*, 2019
12 Larry King: »Russian President Vladimir Putin Discusses Domestic and Foreign Affairs«, in: *Larry King Live*, *cnn.com*, 2000
13 »Größtes Gasfeld der Welt: Solo für Gasprom«, in: *Der Spiegel*, 2006
14 »Preisgekrönter deutscher Journalist erhielt Hunderttausende Euro aus Russland«, in: *Der Spiegel*, 2023
15 Der Begriff meint eine Person, die als unwissender Helfer, als Handlanger oder Marionette missbraucht wird.
16 »Schröder: ›Putin ist lupenreiner Demokrat‹«, in: *Hamburger Abendblatt*, 2004
17 Michael Thumann: »Gerdprom macht's möglich«, in: *Die Zeit*, 2006; die Bürgschaft wurde von Gazprom nicht in Anspruch genommen.
18 »Der Gasprom-Kanzler«, in: *Der Spiegel*, 2005
19 Gerhard Schröder: *Entscheidungen: Mein Leben in der Politik*, Hoffmann und Campe, 2013, Seite 366
20 Alexander Schwabe, Carsten Volkery: »Schröder verrubelt seinen Ruf«, in: *Der Spiegel*, 2005
21 Jens Høvsgaard: *Gier, Gas und Geld*, Europa-Verlag, 2019, Seite 68
22 Ebd., Seite 224
23 Alpo Rusi: *Vasemmalta ohi*, Gummerus, 2007, Seite 123

II Neue Revolution, neue Pipeline

1 Christina Deckwirth, Nina Katzemich: »Pipelines in die Politik: Die Macht der Gaslobby in Deutschland«, Studie von LobbyControl, 2023
2 Ulrich Thiele: »Rosenkrieg der Russlandfreunde«, in: *Cicero*, 2022
3 Laut seines Sprechzettels
4 Kira Bondar ist ein Pseudonym. Der richtige Name und die Person sind den Autoren bekannt. Weil mit der Veröffentlichung des richtigen Namens ein Sicherheitsrisiko entstehen könnte, wird er nicht verwendet.
5 »Q&A: Ukraine gas row«, *bbc.co.uk*, 2006
6 »Deutschland gibt 302 Milliarden Euro aus«, in: *Süddeutsche Zeitung*, 2012

7 Margarita Assenova: »Europe and Nord Stream 2 – Myths, Reality, and the Way Forward«, CEPA-Studie, 2018
8 Gernot Knödler: »Die Russland-Versteher«, in: *taz*, 2023
9 Jörg Köpke: »Die IHK-Spitze und der lange Schatten der DDR«, in: *Ostsee-Zeitung*, 2012
10 Ebd.
11 Jörg Oberwittler: »Ein Jobmotor für den Osten«, in: *Die Welt*, 2011
12 Christean Wagner: »War die DDR ein Unrechtsstaat?«, in: *Die Welt*, 2009
13 Annett Meiritz: »Der Ossi-Versteher«, in: *Der Spiegel*, 2011
14 Michael Jürgs: *Wie geht's, Deutschland? Populisten. Profiteure. Patrioten. Eine Bilanz der Einheit*, Bertelsmann 2008, Seite 326
15 So steht es in seiner Stasi-Akte, siehe auch: »Pressemitteilung: Stasi-IM erhielt Unternehmerpreis in Mecklenburg-Vorpommern«, DDR-Opfer-Hilfe e.V., 2013
16 Hans-Wilhelm Saure: »Stasi-Affäre bei Regionalligist Greifswalder FC«, in: *Bild*, 2024
17 Kristina Schröder: »Stasi-Vorwurf: Kritik an Ehrung von Medigreif-Chef Enderlein«, in: *Ostsee-Zeitung*, 2013
18 Torsten Roth, Thomas Volgmann: »Wirtschaftsminister gerät in die Kritik«, in: *Schweriner Volkszeitung*, 2013
19 Thomas Volgmann: »Auszeichnung nur noch nach Stasi-Überprüfung«, in: *Schweriner Volkszeitung*, 2013
20 »Profi-Skipper vermittelt Wissen an Seglernachwuchs«, Pressemitteilung der Nord Stream AG, 2013
21 »Janukowitsch verspricht für eine EU-Integration der Ukraine zu arbeiten«, *euractiv.de*, 2010
22 »Janukowitsch: Niemand wird Kiew vom europäischen Weg abbringen«, Website der Nachrichtenagentur RIA Novosti, 2013, und: »Janukowitch will EU-Abkommen nicht unterschreiben«, *sueddeutsche.de*, 2013
23 »Ukraine: Mehrheit befürwortet EU-Beitritt«, Pressemitteilung der Deutschen Welle, 2013
24 »Moskau warnt den Westen vor Einmischung«, in: *Tagesspiegel*, 2013
25 Jürgen Roth: *Gazprom – das unheimliche Imperium*, Piper 2013, Seite 89
26 Jim Yardley, Jo Becker: »How Putin Forged a Pipeline Deal That Derailed«, in: *New York Times*, 2014

27 »Bau der Ostsee-Pipeline beginnt«, in: *Der Spiegel*, 2010
28 »Ja, wir sind schwanger!«, in: *Schweriner Volkszeitung*, 2014
29 So steht es in seiner Stasi-Akte.
30 Melanie Bergermann: »Vom Prestige-Objekt zum Sündenfall«, in: *WirtschaftsWoche*, 2014
31 Ursula Wiegand: »Berlin/Philharmonie: Premiere für ›Baltic Sea Youth Philharmonic‹«, in: *Online Merker*, 2014
32 »Empfang des Ministerpräsidenten Erwin Sellering für die Tollitäten und deren Gefolge«, in: *schwerin-karneval.de*, 2014
33 »Narren in der Staatskanzlei«, in: *Schweriner Volkszeitung*, 2014
34 »Der Altkanzler fand es interessant«, in: *Schweriner Volkszeitung*, 2014

III Russlands Krieg und Deutschlands Beitrag

1 Steffen Dobbert: *Ukraine verstehen*, Klett-Cotta 2022, Seite 156
2 Steffen Dobbert: »Russlands Strategiepapier im Wortlaut«, *Die Zeit*, 2015
3 Steffen Dobbert: *Die Lügen des Kreml: Wie die EU in Anbetracht des Georgien- und Ukraine-Krieges auf die neue russische hybride Kriegsführung reagieren kann.* Masterarbeit für die Freie Universität Berlin, Humboldt-Universität zu Berlin und Technische Universität Berlin, 2016
4 54,2 Prozent der Bevölkerung stimmten für die Zugehörigkeit zur Ukraine, siehe Kappeler (2014), Seite 253 und Seite 352
5 Laut einer Volksbefragung im Jahr 2001: 58,5 Prozent gegenüber 36,5 Prozent, die sich als ukrainisch oder krimtatarisch identifizieren: http://2001.ukrcensus.gov.ua/eng/results/general/nationality/
6 Steffen Dobbert: *Ukraine verstehen*, Klett-Cotta 2022, Seite 154
7 So steht es in seiner Stasi-Akte.
8 Matthias Kamann: »Der lange Stasi-Schatten auf Schwesigs rot-roter Koalition«, in: *Die Welt*, 2021
9 Hendrik Loven, Sabina Wolf: »Putins langer Arm in Europa«, *BR.de*, 2015
10 »Schweriner Regierungschef besucht Russland«, in: *Handelsblatt*, 2014

11 Matthias Naß: »Putins Vorgehen ist verständlich«, in: *Die Zeit*, 2014
12 Ludwig Greven: »Putin verstehen mit Gerhard Schröder«, *Die Zeit*, 2014
13 Ewald König: »Günter Verheugen: Die Krim wird Teil Russlands«, *euractiv.de*, 2014
14 »Infrastrukturminister Pegel besucht internationale Logistikmesse in Moskau«, Pressemitteilung der Landesregierung Mecklenburg-Vorpommern, 2014
15 Christina Hebel: »So wohnt der Mann, der Deutschland das Gas kürzt«, in: *Der Spiegel*, 2022
16 Catherine Belton: *Putin's People: How the KGB Took Back Russia and Then Took on the West, HarperCollins, 2020*
17 »Ex-Energieminister hortete 42 Kilo Gold zu Hause«, in: *Manager Magazin*, 2014
18 Anna Dolgov: »Russia's Igor Strelkov: I Am Responsible for War in Eastern Ukraine«, in: *The Moscow Times*, 2014
19 Jens Høvsgaard: *Gier, Gas und Geld*, Europa-Verlag 2019, Seite 284
20 Christine Gerberding, Sylvie Kürsten, Siv Stippekohl, Juliane Voigt: »Das Orchester und die Ostseepipelines von Nord Stream«, in: *NDR.de*, 2022
21 »Sellering reist nach St. Petersburg«, Pressemitteilung des Ministerpräsidenten, 2014
22 »Kritik an Sellerings Russlandreise hält an«, in: NDR.de, 2014
23 Auf Nachfrage will sich Sellering dazu nicht äußern.
24 »Die Reise nach St. Petersburg war richtig«, Pressemitteilung des Ministerpräsidenten, 2014
25 »Pipelines in die Politik: Die Macht der Gaslobby in Deutschland«, Studie von Lobbycontrol, 2023
26 Mitteilung auf der Website der Nord Stream 2 AG, 2019
27 Programmhinweis vom 31. Oktober 2019
28 Ulrich Lissek: »Kommunizieren im politischen Kreuzfeuer«, in: *Verantwortung*, 2019
29 Julian Staib, Friedrich Schmidt: »Von Tschetschenen und anderen Reisenden«, in: *Frankfurter Allgemeine*, 2014
30 Ilya Yashin: »A Threat To National Security: An Independent Expert Report«, 2016
31 »Geheimdienstkommando verfolgte Boris Nemzow bis kurz vor seinem Tod«, in: *Der Spiegel*, 2022

32 »Herzlichen Glückwunsch! Team Russia gewinnt Nord Stream Race 2014«, Pressemitteilung der Nord Stream AG, 2014
33 Laut seiner Notizen
34 Andrew Gardner: »Russia cuts gas to Ukraine«, in: *Politico*, 2014
35 Andrew Roth: »Gazprom Halts Natural Gas Deliveries to Ukraine«, in: *New York Times*, 2015
36 Neil MacFarquhar: »Gazprom Cuts Russia's Natural Gas Supply to Ukraine«, in: *New York Times*, 2014
37 Matthias Hufmann: »Nur Zeit gekauft?«, in: *Die Zeit*, 2014
38 Laut seines Sprechzettels
39 Laut seines Sprechzettels
40 Markus Dettmer, Moritz Gathmann, Matthias Schepp: »Nadeshda heißt Hoffnung«, in: *Der Spiegel*, 2009
41 Catherine Belton: *Putin's People: How the KGB Took Back Russia and Then Took on the West*, HarperCollins, 2020, Seite 114
42 Jürgen Roth: *Gazprom – das unheimliche Imperium*, Piper 2013, Seite 58
43 Benjamin Bidder: »Burlakow-Mord führt ins Mafia-Millieu«, in: *Der Spiegel*, 2011
44 Eine Nachfrage an Igor und Witalij Jusufow dazu blieb unbeantwortet.
45 Andreas Albes, Michael Streck: »Angriff auf uns«, in: *Stern*, 2014
46 Alice Bota: »Die Lügen mit dem Rechtsstaat bekämpfen«, in: *Die Zeit*, 2020
47 Zum Team gehörten auch Beamte aus Australien, Belgien, Malaysia und der Ukraine.
48 »Buk-Rakete gehörte russischer Brigade«, in: *Süddeutsche Zeitung*, 2018
49 Helmut Hetzel: »Als die Niederlande russische Rebellen angreifen wollten«, in: *Stuttgarter Zeitung*, 2023
50 Marcus Bensmann, Jan-Philipp Hein: »Skandal um deutschen Putin-Biograf: WDR hatte schon 2012 Hinweise zu Seipels Kreml-Nähe«, in: *Correctiv.org*, 2023
51 Frank Breuner: »PUA zur Klimastiftung nahm Wismarer Institut in den Fokus«, in: NDR-Fernsehen, 2023
52 Kirsten Gerhard: »Man kann Russland zu nichts zwingen«, in: *tagesschau.de*, 2014
53 »Intense fighting in eastern Ukraine ›extremely alarming‹, says Pillay, as UN releases new report«, in: *ohchr.org*, 2014

54 Thomas Grove: »Ukraine separatist leader says rebels getting tanks and reinforcements«, in: *Reuters*, 2014

55 Sebastian Christ: »Die Katastrophe von Ilowajsk«, in: *Ukraine verstehen*, 2018

56 Tim Judah: »Ukraine: A Catastrophic Defeat«, in: *The New York Review*, 2014

57 Oksana Grytsenko: »Survivors recall Ilovaisk massacre«, in: *Kyiv Post*, 2014

58 Karsten Kammholz: »Putin-Versteher Sellering beklagt Herablassungen«, in: *Die Welt*, 2014

59 »Sellering verzichtet auf Elternurlaub für Sohn Matti Linnart«, in: *Die Welt*, 2014

60 Benjamin Bidder: »Ich wehre mich dagegen, dass Gazprom verteufelt wird«, in: *Der Spiegel*, 2014

61 Stefan Ludmann: »Kritik aus Polen an Sellerings Russland-Tag«, in: *NDR.de*, 2014

62 Daniel Friedrich Sturm: »Er ist stolz darauf, ein Russlandversteher zu sein«, in: *Die Welt*, 2014

63 Martin Nejezchleba, Ondřej Kundra: »Haben diese beiden Spione Waffenlager in Tschechien gesprengt und dabei Menschen getötet?«, in: *Die Zeit*, 2021

64 Christopher Nehring: »Giftmorde, Korruption und Nachlässigkeit«, in: *Der Spiegel*, 2022

65 »Russia drops South Stream gas pipeline plan«, in: *BBC.com*, 2014

66 »The Power of Growth«, in: OAO Gazprom Annual Report, 2014

67 Nach EU-Angaben zahlt Belarus 170 Dollar je tausend Kubikmeter. Konrad Schuller: »Annäherung im Gaskonflikt zwischen Ukraine und Russland«, in: *Frankfurter Allgemeine Zeitung*, 2014

68 Umrechnung von Euro in Dollar gemäß des durchschnittlichen EZB-Wechselkurses des Jahres 2014: 1 Euro = 1,33 Dollar.

69 Zur Annäherung an den Gaspreis für deutsche Firmen haben wir im ersten Schritt einen durchschnittlichen Marktpreis ermittelt. Dieser ergibt sich aus dem laut Statistischem Bundesamt pro Jahr gezahltem Betrag für importiertes Erdgas aus allen Anbieterländern (Quelle: https://de.statista.com/statistik/daten/studie/151081/umfrage/importe-von-erdgas-und-rohoel-nach-deutschland/) und aus der jährlichen Importmenge aus Russland nach Deutsch-

land laut Eurostat (Quelle: https://de.statista.com/statistik/daten/studie/1302674/umfrage/russischer-anteil-am-deutschen-gasimport/).
Im zweiten Schritt haben wir einen spezifischen Erdgaspreis recherchiert. Zwei Insider aus der Energiebranche sagen unabhängig voneinander, deutsche Firmen mussten in den Jahren 2014 bis 2022 netto 1,5–2 Cent/kWh an Gazprom zahlen, was im Mittel (1,75 Cent/kWh) und umgerechnet (mit einer Zustandszahl von 1 und einem durchschnittlichen Brennwert von 10 kWh/m³) 0,175 Euro/m³ sind. Dies sei ein ungefährer politisch ausgehandelter Netto-Preis. Der jährlich gezahlte Bruttopreis, den deutsche Firmen womöglich an Zwischenhändler zahlen mussten, sei höher gewesen, sagen beide Insider.
Im dritten Schritt haben wir aus dem durchschnittlichen Marktpreis und dem »Insider-Netto-Preis« den Mittelwert ermittelt. Dieser Mittelpreis, der einer Schätzung entspricht, ist die Grundlage für unsere Berechnungen.
Für das Jahr 2014 ergeben sich für 37.201.000.000 m³ Erdgas somit 8.845.831.360 Euro.

70 Laut SIPRI betrugen die Militärausgaben 2014 in Russland 84,7 Milliarden Dollar, was umgerechnet 63,5 Milliarden Euro waren. Quelle: https://de.statista.com/statistik/daten/studie/150888/umfrage/militaerausgaben-von-russland-seit-2000/

71 Laut UN-Bericht (»Intense fighting in eastern Ukraine ›extremely alarming‹, says Pillay, as UN releases new report«) kostete der Wiederaufbau im Sommer 2014 750 Millionen Dollar, was zum durchschnittlichen Umrechnungskurs des Jahres 563 Millionen Euro sind.

IV Ein Netzwerk gegen Kriegs-Sanktionen

1 Boris Nemzow: *»Putin and Gazprom«*, 2008

2 Boris Nemzow: »Utility Tarifs, Putin and Gazprom«, 2014

3 Steffen Dobbert: »Minsk II ist tot«, in: *Die Zeit*, 2015

4 Katja Gloger, Bettina Sengling: »Tödlicher Hass«, in: *Stern*, 2015

5 Reinhard Bingener, Markus Wehner: *Die Moskau-Connection*, C.H. Beck, 2023, Seite 20

6 Schwesig wird das Angebot von Wiese nicht annehmen, da sie an dem Tag bereits andere Termine hat. 2018 wird sie allerdings in Moskau bei einer Abendveranstaltung des Deutsch-Russischen Forums die Festrede halten.

7 »Pipelines in die Politik«, Studie von LobbyControl, Seite 51

8 »Gabriel hält Schwächung Russlands für ›brandgefährlich‹«, in: *Die Zeit*, 2015

9 Steffen Dobbert: »Gabriels fragwürdiger Freundschaftsdienst«, in: *Die Zeit*, 2015

10 Patrick Beuth, Kai Biermann, Martin Klingst, Holger Stark: »Merkel und der schicke Bär«, in: *Die Zeit*, 2017

11 Florian Flade, Georg Mascolo: »Bärenjagd«, in: *Süddeutsche Zeitung*, 2020

12 Patrick Beuth, Kai Biermann, Martin Klingst, Holger Stark: »Merkel und der schicke Bär«, in: *Die Zeit*, 2017

13 Frederik Richter, David Schraven: »Bundesregierung stützte Übergabe der deutschen Gasspeicher an Gazprom mit 1,8 Milliarden Euro«, in: *Correctiv*, 2022

14 »Pegel: Feste Fährverbindung zwischen Sassnitz und Ust Luga vereinbart«, Pressemitteilung, 2015

15 Ebd.

16 Silke Hasselmann: »Mecklenburg-Vorpommern hält Russland die Stange«, in: *Deutschlandfunk.de*, 2015

17 Florian Güßgen: »Warum gehört Deutschlands größter Gasspeicher Gazprom?«, in: *WirtschaftsWoche*, 2022

18 Der sich gegenüber Journalisten von *Correctiv* anonym äußert, da er sich um seine Sicherheit sorgt.

19 Frederik Richter, David Schraven: »Bundesregierung stützte Übergabe der deutschen Gasspeicher an Gazprom mit 1,8 Milliarden Euro«, in: *Correctiv*, 2022

20 »Wintershall Dea: Ein deutsches Gas-Unternehmen als Agent Putins?«, in: *Monitor* (ARD), 2022

21 »Asset-Tausch zwischen BASF und Gazprom wird nicht vollzogen«, Pressemitteilung von BASF, 2015

22 Frederik Richter, David Schraven: »Bundesregierung stützte Übergabe der deutschen Gasspeicher an Gazprom mit 1,8 Milliarden Euro«, in: *Correctiv*, 2022

23 Bernd Freytag, Joachim Jahn, Benjamin Triebe: »BASF und das heik-

le Milliardengeschäft mit Russland«, in: *Frankfurter Allgemeine*, 2015

24 Florian Güßgen: »Warum gehört Deutschlands größter Gasspeicher Gazprom?«, in: *WirtschaftsWoche*, 2022

25 Jean-Pierre Ziegler: »Die verräterische Signatur des Herrn Müller«, in: *Der Spiegel*, 2023

26 »Mit dubioser Strategie lässt Putin ein eigenes Zaren-Dorf errichten«, in: *Focus*, 2023

27 »Wenn Gabriel auf Autogrammjagd bei Putin geht«, in: *Stern*, 2016

28 Hans-Wilhelm Saure: »Weniger Naturschutz wegen Putin-Pipeline!«, in: *Bild*, 2024

29 Julian Hans: »Was Gabriel und Putin besprochen haben«, in: *Süddeutsche Zeitung*, 2015

30 Reinhard Bingener, Markus Wehner: »Nah an Putin«, in: *Frankfurter Allgemeine Zeitung*, 2022

31 Michael Bauchmüller (u.a.): »Ausgetrickst«, in: *Süddeutsche Zeitung*, 2023

32 »Haushalt 2016 – Debatte zum Etat Auswärtiges Amt am 25.11.2015«, Phoenix, 2015

33 Reinhard Bingener, Markus Wehner: *Die Moskau-Connection*, C.H. Beck 2023, Seite 112

34 Ebd., Seite 20

35 Ebd., Seite 111

36 Radosław Sikorski: »Das ist die Molotow-Ribbentrop-Tradition. Das war das 20. Jahrhundert. Wir wollen keine Wiederholung davon.«

37 Thomas Urban: »Präsident Steinmeier blickt in die Röhre«, in: *Cicero*, 2022

38 »Schröder und Steinmeier beim Schnitzel-Gipfel«, in: *Bild*, 2010, und: Jens Hovsgaard: *Gier, Gas und Geld*, Europa Verlag 2019, Seite 12

39 Thomas Urban: »Präsident Steinmeier blickt in die Röhre«, in: *Cicero*, 2022

40 Deutscher Bundestag Drucksache 19/283 19. Wahlperiode 15.12.2017

41 Ebd.

42 Berechnung siehe Endnote 69 auf Seite 385. Für das Jahr 2015 ergeben sich für 43.626.000.000 m^3 Erdgas somit 9.826.025.939 Euro.

43 Laut SIPRI betrugen die Militärausgaben 2015 in Russland 66,4 Mil-

liarden Dollar, was umgerechnet zum durchschnittlichen Wechselkurs des Jahres 59.8 Milliarden Euro waren.

V Der Vorposten des Kreml

1 Dörte Bluhm: »Marinestandort Rostock – Heimathafen der Deutschen Marine«, Hansestadt Rostock, 2012
2 Holger Stark: »Auge um Auge«, in: *Der Spiegel*, 2017
3 »Bundeswehr-Klage abgewiesen«, in: Täglicher Hafenbericht der *DVV Media*, 2012
4 Interview im *Morgenmagazin* des ZDF vom 25.05.2016
5 Foreign Policy: »Rosatom expandiert trotz Sanktionen und füllt so Putins Kriegskasse«, in: *Frankfurter Rundschau*, 2024
6 Matthias Schepp: »Die Russen leben nicht schlecht«, in: *Der Spiegel*, 2015
7 Laut eines Vorbereitungspapiers
8 Claudia von Salzen: »Heikle Leitung«, in: *Tagesspiegel*, 2016
9 »Russlandtag 2016 in Rostock: Gabriel und Sellering gegen Sanktionen«, in: *Ostexperte.de*, 2016
10 Laut seines Sprechzettels
11 Konrad Schuller: »Wer bricht den Waffenstillstand?«, in: *Frankfurter Allgemeine Zeitung*, 2016
12 »Fast 10 000 Tote im Ukraine-Konflikt«, in: *Die Zeit*, 2016
13 Berechnung siehe Endnote 69 auf Seite 385. Für das Jahr 2016 ergeben sich für 58.671.000.000 m^3 Erdgas somit 11.306.341.044 Euro.
14 Laut SIPRI betrugen die Militärausgaben 2016 in Russland 69,3 Milliarden Dollar, was umgerechnet zum durchschnittlichen Wechselkurs des Jahres 62,37 Milliarden Euro waren.
15 »Statement von Erwin Sellering zu seinem Rücktritt am 20.05.17«, *Phoenix*, 2017
16 »Schwesig und Ramelow wollen DDR nicht ›Unrechtsstaat‹ nennen«, in: *Der Spiegel*, 2019
17 »Genau wie Sellering: Schwesig setzt auf Russland«, in: *Ostsee-Zeitung*, 2017
18 Laut ihres Sprechzettels
19 Martin Lutz, Lars-Marten Nagel: »Karrieresprung aus Berliner Ministerium zu Gazprom«, in: *Die Welt*, 2016

20 Susanne Götze, Tatiana Kozyreva: »Tunnelblick«, in: *Süddeutsche Zeitung*, 2017
21 Peter Müller, Christoph Schult, Jonas Weyrosta: »Projekt des Teufels«, in: *Der Spiegel*, 2017
22 Peter Kapern: »Die Angst der Ukraine vor Nord Stream 2«, in: DLF, 2017
23 Berechnung siehe Endnote 69 auf Seite 385. Für das Jahr 2017 ergeben sich für 62.080.000.000 m^3 Erdgas somit 10.774.706.455 Euro.
24 Laut SIPRI betrugen die Militärausgaben 2017 in Russland 66,91 Milliarden Dollar, was umgerechnet zum durchschnittlichen Wechselkurs des Jahres 59,21 Milliarden Euro waren.
25 Mathias Brüggmann: »Milliarden-Streit eskaliert – Naftogaz lässt bei Gazprom pfänden«, in: *Handelsblatt*, 2018
26 »Bergamt veröffentlichte geheime NATO-Daten: Pegel räumt ›Versehen‹ ein«, in: *NDR.de*, 2023

VI Vorbereitungen für den großen Krieg

1 Steven Morris: »We did our best«, in: *The Guardian*, 2018
2 Michael Schwirtz, Ellen Barry: »A Turncoat Spy Went Free. Putin Never Forgave Him«, in: *The New York Times*, 2018
3 »Russia spy: Allies condemn nerve agent attack«, in: BBC, 2018
4 Sabine Menkens, Daniel Friedrich Sturm: »Sanktionen gegen Russland haben ihr Ziel nicht erreicht«, in: *Die Welt*, 2018
5 Jonas Mueller-Töwe: »Schwesigs Russland-Geheimnis«, in: *t-online.de*, 2022
6 Jürgen Roth: *Gazprom – das unheimliche Imperium*, Piper 2013, Seite 302
7 Ellen Ivits: »Der Mann, der sich zum Besitzer des Präsidenten-Palasts aufschwingt«, in: *Stern*, 2021
8 Laut eines Gesellschafters der Eurotube GmbH
9 Hans-Martin Tillack, Sandro Mattioli: »Bestechungsverdacht – wie Putins Freunde vom Geschäft mit ›Nord Stream 2‹ profitieren«, in: *Stern*, 2020
10 Gabriel Kords: »Ein fettes Problem«, in: *Zeit Online*, 2018
11 »Schmierfett im Bodden: Nord Stream 2 übernimmt Verantwortung«, in: *Die Welt*, 2018

12 Auf Nachfrage äußert sich Backhaus nicht dazu.

13 Auf Nachfrage äußert sich Backhaus nicht dazu. Zur Höhe der Steuereinnahmen: Martin Lutz, Nathan Giwerzew: »Die Vergessenen von Lubmin – ein Ort in Aufruhr«, in: *Die Welt*, 2023

14 Erwin Sellering äußert sich auf Nachfrage dazu nicht. Die Lambrechtsgrund Betriebsgesellschaft mbH teilt mit, weder mit der DRP noch mit Sellering in Geschäftsbeziehung gestanden zu haben.

15 Erwin Sellering dementiert diese Aussage auf Nachfrage nicht.

16 Tobias Lemke, Mirko Hertrich: »Wegen Russland- und DDR-Aussagen: Ex-Museumschefin soll Orden zurückgeben«, in: *Nordkurier*, 2024

17 »Werner Dietzsch gestorben – Trauer um Greifswalder Unternehmer«, in: *Ostsee-Zeitung*, 2019

18 Auf Nachfrage äußert sich Lehmann nicht dazu.

19 So steht es in seiner Stasi-Akte.

20 Auf Nachfrage antwortet Radtke, die »Informationen über meine gesamte berufliche Entwicklung« seien »gegenstandslos«.

21 »Russland-Sanktionen sind nur Stimmungskiller«, in: *Nordkurier*, 2018

22 Frank Pubantz: »MV als Vorposten in Europa«, in: *Ostsee-Zeitung*, 2018

23 Das Bundeskanzleramt dementiert die Schilderungen auf Nachfrage nicht.

24 Tanja May: »In ihrer Heimat sagten sie noch einmal Ja«, in: *Bunte*, 2018

25 »Der Kommunismus ist…?«, in: *Der Freitag*, 2020

26 Gerhard Schröder am 12. Juni 1989 in der *Bild*-Zeitung, zitiert in: »Gesagt ist gesagt!«, in: *Deutsche Welle*, 2015

27 Martin Machowecz: »Unter Bremsern«, in: *Die Zeit*, 2019

28 Matthias Naß: »Und jeden Sonntag eine Kolumne«, in: *Die Zeit*, 2020

29 Theo Sommer: »Den Draht nach Moskau nicht abreißen lassen«, in: *Die Zeit*, 2014

30 Theo Sommer: »Die Stunde der Deutschen«, in: *Die Zeit*, 2018

31 Theo Sommer: »Ein unbequemer Nachbar, aber kein Feind«, in: *Die Zeit*, 2017

32 Theo Sommer: »Fliegen die Friedenstauben während der Olympischen Spiele?«, in: *Die Zeit*, 2022

33 Theo Sommer: »Verbündete, behandelt wie Schurkenstaaten«, in: *Die Zeit*, 2020

34 Theo Sommer: »Keine Angst vor Nord Stream 2«, in: *Die Zeit*, 2018

35 Theo Sommer: »Sieben Fakten über die Pipeline und warum sie sinnvoll ist«, in: *Die Zeit*, 2019

36 Berechnung siehe Endnote 69 auf Seite 385. Für das Jahr 2018 ergeben sich für 43.108.000.000 m^3 Erdgas somit 10.173.645.115 Euro.

37 Laut SIPRI betrugen die Militärausgaben 2018 in Russland 61,61 Milliarden Dollar, was umgerechnet zum durchschnittlichen Wechselkurs des Jahres 52,21 Milliarden Euro waren.

38 Nicole Bastian, Mathias Brüggmann: »Nord Stream 2 killt die Ukraine«, in: *Handelsblatt*, 2019

39 »Vorläufige Einigung auf Regeln für Gaspipeline Nord Stream 2«, in: *Die Welt*, 2019

40 Jan C. Wehmeyer, Burkhard Uhlenbroich: »US-Botschafter droht deutschen Firmen mit Sanktionen«, in: *Bild am Sonntag*, 2019

41 Michaela Wiegel: »Der Präsident und das russische Gas«, in: *FAZ*, 2019

42 Steffen Dobbert: *Ukraine verstehen*, Klett-Cotta 2022, Seite 173

43 Susanne Götze: »Der Schattenmann von Nord Stream 2«, in: *Der Spiegel*, 2018

44 Konfrontiert mit dem durch Klaus-Dieter Borchardt aus eigenem Erleben geschilderten Dialog lässt Pflüger über seinen Fachanwalt im Oktober 2024 erklären, zu keinem Zeitpunkt gegenüber Borchardt wörtlich oder sinngemäß gesagt zu haben, dass irgendein Verhalten von Borchardt zu dessen Vorteil wäre. Pflügers Anwalt droht den Autoren dieses Buches mit strafrechtlichen Klagen, sollten sie den Dialog im Buch veröffentlichen. Der Verlagsleitung droht er rechtliche Schritte gegen das Buch, dessen Vertrieb sowie ebenfalls strafrechtliche Schritte an.

45 Silvia Stöber: *Mord im Tiergarten. Putins Staatsterror in Europa*, Herder 2023, Seite 53 ff. und Seite 17 ff.

46 Florian Flade, Ronen Steinke: »Wie im Kalten Krieg«, in: *Süddeutsche Zeitung*, 2019

47 Im Jahr 2019 hat Deutschland 46.250.000.000 m^3 Erdgas aus Russland importiert, siehe Endnote 69 auf Seite 385.

48 Holger Stark: »Das Milliardenangebot«, in: *Die Zeit*, 2020

49 Martin Greive, Moritz Koch, Julian Olk, Klaus Stratmann: »Interne Akten zeigen, wie Olaf Scholz Nord Stream 2 retten wollte«, in: *Handelsblatt*, 2024

50 Christoph Seidler: »Was passierte am Flughafen Tomsk?«, in: *Der Spiegel*, 2020

51 »Merkel lässt Zukunft von Nord Stream 2 offen«, in: *Der Spiegel*, 2020

52 Berechnung siehe Endnote 69 auf Seite 385. Für das Jahr 2020 ergeben sich für 52.464.000.000 m³ Erdgas somit 11.086.720.539 Euro.

53 Laut SIPRI betrugen die Militärausgaben 2020 in Russland 61,7 Milliarden Dollar, was umgerechnet zum durchschnittlichen Wechselkurs des Jahres 54,13 Milliarden Euro waren.

54 Gregor Peter Schmitz: »Kanzlerkandidat Scholz: Ich bin Sozialdemokrat. Das ist kein Geheimnis«, in: *Augsburger Allgemeine*, 2020

55 Timo Lehmann, Christian Teevs: »Es geht um knallharte wirtschaftliche Interessen«, in: *Der Spiegel*, 2020

56 »Erwin Sellering warnt vor voreiligen Schlüssen in Russland-Debatte«, in: *Nordkurier*, 2020

57 Laut Reservierungsbestätigung des Hotels. Auf Nachfrage teilt Schwesigs Pressesprecher mit, die Staatskanzlei habe 250 Euro Kosten übernommen.

58 Dirk Banse, Alexej Hock, Uwe Müller: »Verräterische Spur in Akten der Klimastiftung«, in: *Die Welt*, 2023

59 Richard Burt teilt auf Anfrage mit, dass er sich an das Telefonat mit Reinhard Ontyd von der Nord Stream 2 AG nicht mehr erinnert.

60 »Altmaier war not amused über Konstrukt«, in: *n.tv*, 2022

61 Philipp Kollenbroich, Gunther Latsch, Christoph Schult: »Russisches U-Boot«, in: *Der Spiegel*, 2021

62 »Kanzlerin Merkel kritisierte Nord-Stream-Stiftungspläne«, in: *Der Spiegel*, 2022

63 Auf Nachfrage teilt M. Schwesigs Pressesprecher mit, über die Verträge sei der Ministerpräsidentin nichts bekannt. C. Pegel teilt mit, er verfüge über keine Detailkenntnisse zum operativen Geschäft der Stiftung.

64 Laut Teilnehmern der Runde. Sellering äußert sich auf Nachfrage nicht zu seiner Aussage.

65 Laut Teilnehmern der Runde. Auf Nachfrage lässt Schwesigs Sprecher mitteilen, dass er die Darstellung nicht bestätigen kann.

66 Pavel Lokshin: »Als Ikone wird Nawalny gefährlich für Putin«, in: *Die Welt*, 2021

67 Dirk Banse, Alexej Hock, Uwe Müller: »Und dann bekam der Bruder den Millionen-Auftrag«, in: *Die Welt*, 2023

68 Berechnung siehe Endnote 69 auf Seite 385. Für das Jahr 2021 ergeben sich für 55.443.000.000 m^3 Erdgas somit 17.592.797.143 Euro.

69 Laut SIPRI betrugen die Militärausgaben 2021 in Russland 65,91 Milliarden Dollar, was umgerechnet zum durchschnittlichen Wechselkurs des Jahres 55,86 Milliarden Euro waren.

70 Laut seiner schriftlichen Gesprächsvorbereitung.

71 Laut eines Anwesenden, siehe: Julian Röpcke: »Merkel blockierte Waffenlieferungen an die Ukraine«, in: *Bild*, 2021

72 Laut eines internen Gesprächsprotokolls, das in Mecklenburg-Vorpommern angefertigt wurde. Jochen Homann äußert sich dazu auf Anfrage nicht. Die Bundesnetzagentur teilt mit, eine solche Vereinbarung sei ihr »nicht bekannt«.

73 So ist der Termin in den Akten der Staatskanzlei vermerkt.

74 So heißt es in einem Protokoll einer Vorstandssitzung der Stiftung, bei der Ontyd dabei ist.

75 »Durchschnittlicher Preis für Erdgas in Europa von Januar 2017 bis September 2024«, in: *Statista*, 2024

76 »Füllstand der Erdgasspeicher in Deutschland von September 2016 bis September 2024«, in: *Statista*, 2024

77 Michael Bauchmüller (u. a.): »Zeit des Erwachens«, in: *Süddeutsche Zeitung*, 2023

78 Miguel Sanches: »Nutzt Russland die Gaspipeline zur Spionage?«, in: *Berliner Morgenpost*, 2021

79 Christian Esch: »Die Putin-Doktrin«, in: *Der Spiegel*, 2021

80 Michael Bauchmüller (u. a.): »Zeit des Erwachens«, in: *Süddeutsche Zeitung*, 2023

81 Julian Röpcke: »Merkel blockierte Waffenlieferungen an die Ukraine«, in: *Bild*, 2021

82 V. Nekrasov: »Erneuter massiver Cyberangriff auf die Ukraine«, in: *Wirtschafts-Pravda*, 2021

83 Andreas Ebel: »Erwin Sellering zum Ukraine-Konflikt: Es geht um Vorherrschaft«, in: *Ostsee-Zeitung*, 2022

84 »Lambrecht kündigt Lieferung von 5000 Militärhelmen an Ukraine an«, in: *Stern*, 2022
85 Moritz Koch, Karl de Meyer: »Russland nutzt Gaslieferungen als Druckmittel«, in: *Handelsblatt*, 2022
86 Steffen Dobbert: *Ukraine verstehen*, Klett-Cotta 2022, Seite 183
87 Michael Bauchmüller (u.a.): »Zeit des Erwachens«, in: *Süddeutsche Zeitung*, 2023

VII Krieg und Sprengung

1 Steffen Dobbert: *Ukraine verstehen*, Klett-Cotta 2022, Seite 186
2 Berechnung siehe Endnote 69 auf Seite 385. Für das Jahr 2022 ergeben sich für 29.541.000.000 m^3 Erdgas somit 14.018.020.386 Euro.
3 Laut der Notizen der Referentin aus Mecklenburg-Vorpommern, die in der Runde war.
4 Alexei Navalny: »Alexei Navalny's Prison Diaries«, in: *The New Yorker*, 2024
5 Benjamin Bidder (u.a.): »Wie russisch ist die deutsche Öl- und Gasindustrie?«, in: *Der Spiegel*, 2022
6 Martin Greive (u.a.): »Russendisco«, in: *Handelsblatt*, 2023
7 Bernhard Pötter: »Die Gazprom-Entmachtung«, in: *Die Zeit*, 2022
8 Mathis Feldhoff: »Im Sumpf des Blutgeldes«, in: *ZDF.de*, 2023
9 G. Shabaev, N. Sedletska, K. Ovsyanny: »Росія платить солдатам за війну в Україні через Газпромбанк«, in: *RFE/RL*, 2022
10 Catiana Krapp, Klaus Stratmann: »Gazprom verdient immer noch Millionen«, in: *Handelsblatt*, 2022
11 Luisa Hommerich, Holger Stark, Fritz Zimmermann: »Wer hat Nord Stream gesprengt?«, in: *Die Zeit*, 2023
12 Sören Haberlandt: »Jetzt greift der Terminator in den Krieg ein«, in: *Bild*, 2022
13 Seymour Hersh: »How America Took Out The Nord Stream Pipeline«, 2023
14 A. Entous, J.E. Barnes, A. Goldman: »Intelligence Suggests Pro-Ukrainian Group Sabotaged Pipelines, U.S. Officials Say«, in: *New York Times*, 2023
15 Holger Stark: »Nord-Stream-Ermittlungen: Spuren führen in die Ukraine«, in: *Die Zeit*, 2023

16 S. Gjerding, B. Elkjær: »Forsvaret bekræfter: Rusland havde specialfartøj nær Nord Streams sprængningspunkt«, in: *Information.dk*, 2023

17 M. Gebauer, C. Hickmann, R. Pfister, C. Schult: »Das heikle Russlanddinner beim deutschen Botschafter«, in: *Der Spiegel*, 2023

18 Jost Müller-Neuhof: »Privat regieren«, in: *Der Tagesspiegel*, 2022

19 Bojan Pancevski: »The Real Story of the Nord Stream Pipeline Sabotage«, in: *The Wall Street Journal*, 2024

20 Holger Stark, Luisa Hommerich, Fritz Zimmermann: »Ist das Rätsel um den Ostseeanschlag gelöst?«, in: *Die Zeit*, 2024

VIII Nachwort: Über einen historischen Fehler

1 Steffen Dobbert: »Killing Fields«, in: *Fluter*, Nr. 86, 2023

2 Jürgen Dahlkamp (u. a.) »Wir Gas-Junkies«, in: *Der Spiegel*, 2022

3 Catherine Belton: *Putin's People: How the KGB Took Back Russia and Then Took on the West*, HarperCollins, 2020

4 Jens Hovsgaard: *Gier, Gas und Geld*, Europa Verlag 2019

5 Jürgen Roth: *Gazprom – das unheimliche Imperium*, Piper 2013

6 Reinhard Bingener, Markus Wehner: *Die Moskau-Connection*, C. H. Beck 2023

7 Marion van Renterghem: *Le piège Nord Stream*, Arenes 2023